都市を生きる人々

京都大学
東南アジア研究所
地域研究叢書
22

バンコク・都市下層民の
リスク対応

遠藤 環 著

京都大学
学術出版会

コミュニティにおける火災と復興過程
（第6章，第7章）

火災の発生（2004年4月23日）（*Post Today*, 2004.04.24 掲載。AFP 提供）

火災直後の写真（2004年5月）。木造家屋はほぼ全焼し，コンクリートの壁だけが残る。

【居　住】

仮設住宅［1］　サッカー場

①近隣のサッカー場でテント生活を続ける被災者（2004年5月）。②サッカー場に設置された共同トイレと水道。仮設住宅住まいの5年間，住民はこの共同トイレか，近所の飲食店のトイレを使用し続ける。水道に関しては，途中からは，水道局によって臨時パイプが設置された。③緊急支援により木材が支給されたため，雨による浸水を防ぐために床を底上げする住民（2004年6月）。④床の完成後，徐々にテントの布を補って，壁が作られていった（2004年7月）。

サッカー場における仮設住宅

木材支給後に自力建設によって床を底上げ。雨に備える（2004年6月）。

① 2004年7月 自力建設の風景
②
③ 2008年1月密集化の進行
④ 2009年5月

仮設住宅［1］　サッカー場（つづき）

①②アパートでの賃借を諦めて，サッカー場に流入する人々。自力建設の様子（2004年7月）。木材や段ボールを使用して建設。材料費は1万バーツ弱。③長期化する仮設住宅での生活と密集化が進むサッカー場（2008年1月）。④同2009年5月の様子。サッカー場での居住者は，ほとんどが集合アパート入居予定者であった。また，いずれの恒久住宅にも入居する権利がない賃借層も，数家族が住み続けていた。

青空図書室（2004年9月）

焼け跡で，子供たちに絵本を読む様子。

仮設住宅［2］　焼け跡

①賃借を諦めて，焼け跡に流入する人々。焼け残ったコンクリートの床を利用して，仮設住宅を建設中（2004年7月）。②焼け跡で開いた雑貨屋（2004年7月）。③地ならしと恒久住宅建設に備えて，焼け跡内で，仮設住宅を移築するセルフヘルプ住宅派の住民たち（2005年4月）。④再び移築。2週間弱で完成した仮設住宅（2005年12月）。

コミュニティにおける会議の風景（2005年9月）

焼け跡で，月2回開催される貯蓄組合（セルフヘルプ住宅）の全体会議の様子。多数決で議決を行っている所。重要な事項は，全てこの会議で最終的に確認される。

復興に取り組む人々（セルフヘルプ住宅）

①地ならしの監督・作業をする住民たち。他のコミュニティから買い取った土を使って，沼地を埋め立てている（2005年1月）。②当時のリーダーとコミュニティ委員。③焼け跡で開かれた子供の日のイベント。1日中，歌や踊りの出し物が続く（2005年1月）。④地鎮祭。貯蓄組合のメンバーが何百人も集まった（2005年2月）。

上空から見たコミュニティ（2006年10月現在）

写真の中央左側がセルフヘルプ住宅．右側は，コンドミニアムの後ろに集合アパートが立ち並ぶ（Kerry Verkade氏提供）。

復興後の恒久住宅（セルフヘルプ住宅）

①入居が始まったセルフヘルプ住宅（2007年7月）。予算不足のため，壁のペンキはまだ塗られていない。②火災前にコミュニティ内で部屋を借りていた賃借層は，そもそも恒久住宅を得る権利がなかった。セルフヘルプ住宅側は，議論の末，賃借層に関しても貯蓄組合活動への参加を認め，合同出資によるアパートを1棟，建設した。約50の部屋がある。③自宅前に机を出して，近所の住民と食事をする人々。コミュニティでの日常的な風景である（2007年7月）。④壁の塗装や歩道の整備が終わり，賑やかな雰囲気が出てくる。軒先で屋台を開いている人も多い（2010年1月）。

復興後の恒久住宅（集合アパート）

復興後の恒久住宅。5階建の集合アパート。2009年5月より入居が開始された。

【職　業】

① 2004年5月 飲料屋台開始	② 2005年3月 注文屋台再開
③ 2005年8月 イサーン料理再開	④ 2005年9月

火災後の職業変化（再開）

①火災後1ヶ月の時点。支援物資のミネラルウォーターを使用し，飲料屋台を開始する。サッカー場の仮設住宅で撮影（2004年5月）。6月には，鍋を購入し，お粥の販売も始める。②簡易屋台のセットや中華鍋を購入し，注文屋台を始める。メニュー数が多い注文屋台の再開には，1年がかかった（2005年3月）。③焼け跡で建設が始まり，建設労働者が簡易住宅を作って住み始めたため，それらの労働者の需要を見込んで，サッカー場から焼け跡に住まいを移す。焼け跡で，火災前の職業であるイサーン屋台を始めた頃（2005年8月）。④　屋台の収入からだけでは，火災前の収入の水準に遠く及ばない。時には，雑貨の露店を出してみたりと色々と試していた（2005年9月）。

買い出し

炭や野菜をバイクに積んで，市場での買いだしから戻った所。焼け跡でイサーン料理の屋台を出す住民（2004年10月）。

仮設内の雑貨屋

サッカー場の仮設住宅内に開いた雑貨屋の様子（2008年1月）。

恒久住宅入居後の職業

①集合アパート入居後も，1階の自宅で雑貨屋を開店。3部屋の内，玄関に面している1部屋を使用。ドアは常に開けっ放し。②自宅前（セルフヘルプ住宅）にコインランドリー用洗濯機を2台設置。副収入源として。洗濯機を持っていない家族が使用しに訪れる。③セルフヘルプ住宅の自宅前で屋台や雑貨屋を開く人も（2010年1月）。

目　次

はじめに ——— 3
1　フィールド調査から「リスク」の自覚化へ ——— 4
2　コミュニティ論の隆盛と疑義：マクロな視点から ——— 5
3　グローバル化時代の都市研究へつなぐ：本書の目指すもの ——— 9

第1章　都市下層民をどのように捉えるか

1　都市下層民とインフォーマル経済論 ——— 14
　1.1　インフォーマル経済・都市・ダイナミズム ——— 15
　1.2　都市の内部構造を捉える視角 ——— 19
　1.3　インフォーマル経済論と政策の展開 ——— 20

2　本書の分析視角：課題と方法 ——— 24
　2.1　都市におけるリスクへの遭遇と対応 ——— 25
　2.2　生存戦略の場と単位：個人，世帯，コミュニティ ——— 27
　2.3　ライフコース分析 ——— 29
　2.4　都市下層内部の階層分析：職業階層の検討 ——— 31

3　階層分析の方法と内容：職業階層分析を通じて ——— 33
　3.1　職業階層の設置 ——— 33
　3.2　職業経験と就業機会：動態的視点の導入 ——— 34
　3.3　「上昇」「成功」をどう捉えるか ——— 35

4　本書の舞台：バンコクという都市 ——— 37
5　本書の構成 ——— 39

第2章　バンコクにおける都市貧困政策

1　スラム・コミュニティの空間配置の変化とインフォーマル経済：「職業」と「居住」の葛藤 ——— 45

1.1	バンコクにおけるスラム・コミュニティ	── 45
1.2	スラムの現状と傾向	── 49
1.3	タイにおけるインフォーマル経済	── 52
1.4	コミュニティの就業構造の重層化と就業機会	── 56

2　バンコクにおける都市貧困政策の変遷とインフォーマル経済支援政策 ── 58

2.1	スラム政策前史	── 58
2.2	社会経済的側面への注目	── 59
2.3	「インフォーマルセクター」支援政策の登場	── 61
2.4	タイにおける「インフォーマルセクター」の議論の特徴	── 62

3　「インフォーマルセクター」支援の具体的戦略と実績 ── 66

3.1	都市貧困政策における「インフォーマルセクター」支援	── 66
3.2	「インフォーマルセクター」支援政策の実績：届かぬ支援	── 67

4　アジア経済危機とタクシン政権の誕生 ── 69

4.1	タクシン政権とコミュニティ開発政策	── 70
4.2	タクシン政権と「制度外経済」支援政策	── 72

5　小括 ── 74

5.1	1990年代までの「インフォーマルセクター」支援政策：政策の意図と二つのずれ	── 74
5.2	タクシン政権時の「制度外経済」支援政策と従来の政策の違い	── 77

第3章　調査コミュニティの概要と生活状況

1　フィールド調査の概要と方法 ── 81

1.1	調査地の選定	── 81
1.2	準備期間と質問表調査：本調査（第1段階）	── 82
1.3	火災への遭遇とリスク分析：本調査（第2段階）	── 85

2　調査地の概要：2つのコミュニティ ── 87

2.1	都心コミュニティSの概要	── 87
2.2	元郊外コミュニティUの概要	── 88

3　出自と都市居住	—— 89
4　調査地住民の生活水準	—— 91
4.1　世帯の生活水準	—— 91
4.2　耐久消費財の保有状況	—— 92
5　コミュニティの歴史と成り立ち	—— 92
5.1　都心コミュニティSの歴史	—— 92
5.2　都心コミュニティSの火災の経緯と被災状況	—— 96
5.3　元郊外コミュニティUの歴史	—— 97
6　小括	—— 101
【コラムシリーズ　調査地で出会った人々①：性別は男？それとも女？】	—— 102

第4章　都市下層民と「職業」

1　職業階層分類	—— 107
2　調査地における職業構成	—— 110
3　職業階層別特徴と職業階層大分類	—— 113
3.1　被雇用と自営業	—— 113
3.2　職業階層大分類（被雇用・自営業）	—— 116
4　ジェンダーと職業階層	—— 120
5　職業の選択理由	—— 120
6　就業機会と職業構成の変化	—— 124
7　小括	—— 126
【コラムシリーズ　調査地で出会った人々②：最貧層への扶助】	—— 127

第5章　都市下層民と「居住」

1　コミュニティの日常風景	—— 133

2	居住形態と同居の構成原理	135
3	居住空間としてのコミュニティ：住宅・住環境・コミュニティ内住宅市場	143
	3.1 個々の住宅の建設過程と発展	143
	3.2 コミュニティ内外の住宅賃貸市場	146
4	小括	148

【コラムシリーズ　都市の中で①：人々の都市内移動と都市空間】 ―― 150

第6章　リスクへの遭遇①：火災と住宅・コミュニティの再生

1	火災の影響：世帯厚生水準の変化	155
2	仮住まい・仮設住宅の確保：流出しない人々	159
3	仮住まい確保の動態的過程：自力建設と居住空間の整備	162
4	恒久住宅を巡って	165
	4.1 「恒久住宅」再建案をめぐる対立	165
	4.2 二つの住宅形態と選択理由	168
	4.3 再建の長期化と恒久住宅への入居状況（2009年12月現在）	171
5	小括	174

【コラムシリーズ　都市の中で②：「コミュニティ開発」における葛藤と現実】 ―― 176

第7章　リスクへの遭遇②：火災に対する自営業者の対応と階層化

1	火災の職業への影響：自営業者への打撃	183
2	職業階層内の変化と階層間移動	189
3	自営業者の職業の再建過程	196
4	小括	203

第8章　リスクへの遭遇③：レイオフと女性労働者のライフコース

1　ライフコースの検討：インフォーマル経済従事者の増大 ── 208
2　インフォーマル経済内部の階層性：異なる経路の選択条件 ── 212
3　女性の資金確保と家計構造：個人と世帯のはざまで ── 223
4　インフォーマル経済従事者間における競争の激化 ── 229
5　小括 ── 233
【コラムシリーズ　都市の中で③：靴はどこまで旅をするのか： ── 235
　　靴のバリューチェーン】
【コラムシリーズ　調査地で出会った人々③： ── 237
　　コミュニティの一美容師として生きて】

第9章　都市下層民の職業移動と階層移動：「上昇」の経路

1　自立性か安定性か：都市下層民の職業観 ── 241
2　職業経路と職業階層：「上昇」の意味すること ── 244
3　「上昇」の経路と世代間移動 ── 249
4　小括 ── 255
【コラムシリーズ　調査地で出会った人々④： ── 257
　　大学進学を目指す第2世代】

おわりに ── 259
　1　都市下層民のリスク対応と階層性：居住の変化，職業の変化 ── 260
　2　世帯の戦略とコミュニティ：不安定性とともに生きる ── 264
　3　都市を生き抜く人々，都市を作る人々：グローバル化の ── 267
　　　ダイナミズムの中で
　4　今後の課題 ── 269

あとがき ── 271

Appendix ── 279

参考文献 —— 296

索引 —— 307

略語一覧

ADB	Asian Development Bank	アジア開発銀行
ARTEP	Asian Regional Team for Employment Promotion	アジア地域雇用促進チーム
BMA	Bangkok Metropolitan Area	バンコク都
	Bangkok Metropolitan Administration	バンコク都庁
BMR	Bangkok Metropolitan Region	バンコク拡大首都圏 (BMA＋近隣5県)
CODI	Community Organization Development Institute	コミュニティ組織開発機構
CUSRI	Chulalongkorn University Social Research Institute	チュラーロンコーン大学社会調査研究所
FDI	Foreign Direct Investment	外国直接投資
GNP	Gross National Product	国民総生産
GDP	Gross Domestic Product	国内総生産
GRP	Gross Regional Product	地域別総生産
ILO	International Labour Organization	国際労働機関
JICA	Japan International Cooperation Agency	国際協力機構
JBIC	Japan Bank for International Cooperation	国際協力銀行
MOF	Ministry of Finance	財務省
MOI	Ministry of Interior	内務省
MOL	Ministry of Labour	労働省
MOLSW	Ministry of Labour and Social Welfare	労働社会福祉省
NESDB	National Economic and Social Development Board	国家経済社会開発庁
NGO	Non-Governmental Organizations	非営利組織
NHA	National Housing Authority	国家住宅公社
NIDA	National Institute of Development Administration	国立開発行政研究院
NSO	National Statistical Office	国家統計局
SME	Small and Medium-sized Enterprise	中小企業
SVA	Shanti Volunteer Association	シャンティ国際ボランティア会
TDRI	Thailand Development Research Institute	タイ開発研究所
UCDO	Urban Community Development Office	都市コミュニティ開発事務所
UNDP	United Nations Development Programme	国連開発計画
UNICEF	United Nations Children's Fund	国連児童基金
USAID	U. S. Agency for International Development	アメリカ合衆国国際開発庁

単位

1 平方ワー ＝ 4m^2
1 ライ ＝ 1,600m^2

敬称

Phii　　年上の人に対して，親しい間柄で二人称として使う。男性，女性の双方に使用できる。お姉さん，お兄さんといったニュアンスに近い。
Nong　　同様に，年下の人に対して使う。
Lung　　伯父・叔父，もしくは年配の男性に対して使う。
Phaa　　伯母・叔母，もしくは年配の女性に対して使う。

都市を生きる人々

バンコク・都市下層民のリスク対応

遠藤　環　著

はじめに

　本書のテーマは，バンコクを舞台に，都市下層民のリスク対応過程と日々を生き抜く様を，特に居住と職業に着目しながら明らかにすることである。

　都市下層民の生活は，不安定な居住や職業に規定されており，人生の様々な局面で，変化に合わせて居住地や職業を選択せざるを得ない状況に直面する。都市下層民が日常的に直面する，もしくは潜在的に抱えているリスクには，たとえば，不安定な居住形態——スラムといわれるような密集居住地——ゆえに起こる撤去や火災がある。また，都市での生計の維持には現金が不可欠であるが，都市における労働には幾つかのリスクが内在されている。多くの発展途上国では，都市下層民に対する社会保障制度は整っていない。人々の大部分は安定的な被雇用者ではなく，インフォーマル経済や未熟練労働者として働いている。したがって，ひとたび怪我や病気になれば，途端に収入の減少に直面する。そのような個人もしくは世帯的事情のみならず，都市におけるマクロな変化が職業に影響を与えることもあるだろう。例えば，1997年の経済危機前後には，当時の産業構造の転換を背景に，労働集約的産業に従事する女性を中心に，多くの労働者が解雇された (Pawadee 2002)。

　従来，都市下層民を対象とした研究では，「客観的」に貧困状況や生活条件を把握・定義することが重視されていた。しかし，ある時点における生活条件も，リスクへの直面によって，大きく変わりうる。現代のように不確実性が高まっている時代においては，リスクにいかに対応するか，もしくは対応できるのかが，人々の厚生水準（所得水準のみならず，広く生活の質を含む）の変化に決定的に影響を与える。

　都市の変化の中で，人々はいかに活動し，都市を生き抜いているのか。マクロな格差の構造の中で，人々はどのように日々の労働と生活を維持しているのか。先行研究では，マクロには都市を農村の側から分析していることが多く，ミクロには，コミュニティ内部の社会関係（パトロン・クライアント関係）に注目しているものが中心であった。また個別専門化が進む学問の世界では，当然のことながら，分野によって注目，強調する点が異なっていた。フィールドに

赴いては研究史を繙き，渉猟を続けながらも，様々な疑問が頭の片隅でひっかかり続けた。以下では，本書の原点となる問題意識を，幾つかの側面から描き出してみたい。

1　フィールド調査から「リスク」の自覚化へ

　私自身が本格的に長期フィールド調査を始めることになったのは，博士後期課程に在籍していた 2003 年からである。2003 年のバンコクといえば，既にBTS（高架鉄道）は開通し，アジアの生産拠点であり金融のハブともなっていた。グローバル化の中，ますます急激な変化の波が打ち寄せていたが，一方で，林立する高層ビルを背後に，歩道には屋台が並び，一歩路地を奥に入れば，コミュニティが広がっていた。そのようなバンコクに住みながら，修士課程から取り組んできた都市の貧困や開発の問題に取り組み始めた。正直に言えば，調査を開始した当初は，インフォーマル経済の実態を，コミュニティの内と外に留意しながら調べたいと考えてはいたが，「リスク」を切り口にしようと明確に意識していたわけではない。研究の軸は，フィールド調査の中で直面した幾つかの「出来事」によって，徐々に作られていったのである。

　本書は主に，2 つのコミュニティ —— 都心と郊外[1]のコミュニティ —— における調査から展開される。調査の方向性に決定的な影響を持った最も大きな出来事は，都心コミュニティにおける大火災の発生（2004 年 4 月）である。調査を開始した当初は，世帯調査（2003 年 12 月～2004 年 3 月）を経てから，インフォーマル経済職種の経済的分析を中心に調査を続ける予定であった。その計画は，大火災によってコミュニティが全焼したことで立ち消えとなった。火災によって，多くの人は，住居のみならず職業も失った。生産手段が焼失し，また居住空間としてのみならず，市場でもあったコミュニティ空間が消失してしまったためである。火災前の都心コミュニティは，比較的活気があり，一部のインフォーマル経済従事者に関しては，所得水準も決して低くはなかった。火

---

[1]　バンコクの外延的発展とともに，時代によって「郊外」と認識される場所は移り変わってきている。第 3 章で後述の通り，調査対象のコミュニティは，厳密には，1990 年代初頭に，「郊外」と認識されていた地域に位置する。第 3 章以降では，「元郊外コミュニティ」と呼称する。

災は，そんな人々の生活を一変させてしまう。その後の長期に渡る復興過程では，人々は様々な制約の中で，持てるリソースや関係を駆使し，なんとか生活を再建していこうと試行錯誤を繰り返し続けることとなる。

　コミュニティが火災に遭遇したこともまた，都市での生活の現実であり，人々の生活そのものである。改めて，「リスク」の視点からコミュニティの実態を見ると，他のコミュニティでも同様に，人々の現在の生活状況は，かつて経験した火災，レイオフや撤去といった何らかの出来事の影響を色濃く残していることに気づく。リスクへの遭遇とそれに対する対応過程を本研究の一つの柱としたのは，火災への遭遇が大きなきっかけとなっている。

　同時に，火災によるコミュニティや職業の消失と再生の過程は，労働と生活，職業と居住など，様々な側面の密接な関わり合いを改めて露呈させた。複雑さを増し，複層社会の様相を見せる都市を舞台に，あえて，幾つかの側面を共に取り上げるのは，今一度，人々の側から，その営みや生活を総体的に捉えてみたいと考えるからである。それは，後述の通り，政策や理論などのマクロな文脈で，各分野の関心から断片的に取り上げられる都市下層民の実態を，より包括的に理解しようとする試みでもある。

2　コミュニティ論の隆盛と疑義：マクロな視点から

　さて，マクロに見れば，スラムやインフォーマル経済は，常に潜在的な政策対象　――　排除もしくは支援　――　であった。それらを捉える見方，定義は，必ずしもコミュニティに実際に居住する人々の労働や生活とは直接関係の無い場で，その時々の目的によって決められる。行政や都市計画の歴史を見れば，スラムやインフォーマル経済は，常に，「都市問題」として注目されてきた。一つ，大きな衝撃を受けた出来事を紹介しよう。

　2003年の秋，チャオプラヤー川の河岸に，高さ10m，長さは500mにも及ぶ横断幕が設置された。APECがバンコクで開催され，ブッシュ大統領をはじめとする各国の首脳をもてなすために，タクシン首相（当時）主催のクルージングディナーが予定されていたためである。"WELCOME APEC"と記載された巨大な横断幕は，バンコク都庁が，河岸沿いのいわゆる「スラム」を隠すた

写真① APEC 2003 年 10 月

チャオプラヤー川に設置された横断幕。対岸のエメナルド寺院より筆者が撮影 (2003 年 10 月)。

写真② 横断幕に隠されるコミュニティ

横断幕によって隠されたコミュニティ。横断幕が設置されていた間は船の往来にも支障を来たした。横断幕は，APEC 終了後，数週間放置された。

めに急遽設置したものであった。クルージングディナーは，寺院のライトアップや盛大な花火に彩られ，河岸には一般市民用の花火観賞ブースも設置された。ディナーの席では，グローバル化や開発問題についても議論されたと報じられた。

　その横断幕を初めて見たときの衝撃は，今も忘れない。カメラを構えながらも，レンズに収まりきらないほど長い横断幕に，憂鬱な気持ちを覚えた。グローバル化の推進母体の1つでもあるAPECの華やかな祝典やクルージングディナー船と，河岸沿いに立地するコミュニティの物理的な距離は最も近いはずであった。しかし，コミュニティの人々は，巨大な横断幕に視界を遮られ，船の様子さえ見ることができなかったのである。街中に目を向ければ，街の美化のためと称し，APEC開催期間中，屋台の営業が禁止され，一部の許可地域では，行政が準備した「景観に良い」，しかし，およそ機能的とは言いがたい屋台車が支給されていた。1週間や10日の営業停止は，月収の3分の1ほどを失うことを意味した。政府高官の宴の影で，屋台従事者の当該月の収入は大幅に落ち込んだ。

　都市における再開発や大きな催し物に伴うコミュニティの隠蔽や撤去といった動きは，国際的にも決して珍しいものではない。ただし，このような行政的対応の一方で，1990年代以降の発展途上国や中進国では，「コミュニティ」に注目する議論が高まっていた。ソーシャルキャピタル論が注目される中，マイクロクレジットを中心とするコミュニティ開発が開発戦略の主流となっていたためである。タイにおいても，特に1997年の経済危機以降，同様の傾向が強まっていた。例えば，少子高齢化を迎えるにあたって，財務省が，財政的制約を抱える途上国の社会保障制度の一つの手法として，マイクロクレジットを活用したコミュニティにおける福祉再分配を議論するようになっていた。

　かつて，パトロン・クライアント関係として消極的に捉えられていたコミュニティ内の社会関係は，いつしかセーフティネットの基盤，ソーシャルキャピタルそのものとして積極的に評価されるようになった。貧困層自身が持つ潜在能力を引き出すことを中心に据えたマイクロクレジットが，積極的な意義を持っているのは確かである。それでも，ソーシャルキャピタル論への偏重には違和感も覚えていた。「再分配」とはそもそも，コミュニティ内部ではなく，社会全体の中で議論するべき課題であったはずである。ところが，コミュニティへの過度の注目は，いつの間にか，マクロな格差の問題とミクロな人々の労働

や生活の議論を切り離しつつあるのではないだろうか。

　「スラム」「コミュニティ」や「インフォーマル経済」のイメージは，時として都合よく切り取られ，政策的文脈に登場する。セーフティネットの受け皿として積極的に評価されるようになってきた現在においても，APECの横断幕に見られるように，文脈によっては，経済成長と近代化の象徴から逸脱する「問題」として扱われるのである。時には，開発の担い手として積極的な評価をされるものの，局面によっては，隠すべき存在として扱われてしまうのが実際であった。

　このような外部からの視点にもかかわらず，現実のコミュニティに目を向ければ，都市の急激な変化の下で，コミュニティ内部の階層性や関係性は変化してきていた。「都市下層民」と言っても，その内実は決して一様ではなく，都市下層内部の階層性とその変化を明らかにする必要性は高まっていた。ところが，「スラム」対策が行政課題として登場した1970年代や1980年代と比べると，コミュニティ内部に注目した研究自体は減少しているのが実際である。コミュニティ自体の機能や内部の階層性とその変化を理解しないままに，コミュニティに対する期待だけが高まっているのである。

　そこで本書では，現代の都市下層民の労働と生活の実態を，内部の階層性に留意しながら，できるだけ内在的な視点から理解する事を試みる。ただし，内在的視点から検討するということは，分析対象を都市下層内部にとどめるということを意味しない。冒頭で触れた通り，マクロな変化の波は，都市下層民の労働や生活の場にも及んでいるのである。人々の経済活動や生活実践は，コミュニティの中だけにとどまっているのではなく，都市の中で展開される。また，個人や世帯が直面するリスクは，様々なマクロな変化によってもたらされることも多い。

　したがって，本書では，都市下層民の労働と生活の内在的ダイナミズムを，都市の変動との相互作用を念頭に置きながら描き出すことを試みる。リスクへの遭遇と対応を見ることは必然的に「変化」を扱うことになる。本書が目指すのは，複合的な視点を大切にした動態的な実証研究である。

3　グローバル化時代の都市研究へつなぐ：本書の目指すもの

　詳細は第1章に譲るとして，研究方法についてもう少しだけ述べておこう。グローバル化や都市の変化といったマクロなキーワードを掲げているものの，本書は前述の通り，主に2つのコミュニティにおける調査から展開される。もちろん，これらの事例から安易に一般化した結論を導き出す事はできない。また，本書の事例分析から，グローバル化や都市化という現象そのものを充分に分析できるわけではない。それでもあえて，フィールドワークにこだわるのは，一つには，外部から分析視角やモデルを持ち込むのではなく，内在的な論理や機能をふまえながら，インフォーマル経済やコミュニティの実態に迫りたいと考えたからである。経済学がその分析ツールを先鋭化し，要素を限定してシャープな議論を行うような方向に進んできたとしたら，本研究はその流れに沿っていない。むしろ，既に述べたとおり，コミュニティで直面した様々な疑問や課題を考える中で，いつしか様々な分野の分析ツールをも持ち込むことになったのが実際である[2]。

　グローバル化とそれに伴う政治経済の変動は，ますます加速化し，世界に大きな影響を与えている。現代社会の大きな特徴の一つは，不安定性や不確実性の高まりであると言われる。ただし，その影響と変化は，個々の社会，階層，集団に対して，決して一様に現れるのではない。恩恵はいかに波及し，また逆に周辺化が起こるのであろうか。また，その変化の中で，人々の労働や生活はいかに変化してきているのであろうか。マクロなレベルの構造変化はグローバルなレベルからもたらされるとしても，具体的な影響は，常に個別具体的に，ある空間の中で起こる。また，グローバル化時代とはいえ，都市の形を実際に創出するのは，多国籍企業や地場の大企業などの経済主体だけではない。都市で実際に生活し，労働する人々もまた都市を形作っているのである。グローバルなレベルにのみ注目していては，都市の内部構造が見えず，したがって，労働し，生活する主体も見えてこない。ところが，都市のダイナミクスの全容

---

[2]　このように「現場を出たり入ったりしながら，データ収集，データ分析，問題の構造化を同時並行的に進める調査」（青山 2006）は，漸次構造法といわれる社会調査の1つの手法である（佐藤 2002，青山 2006）。

は，このような主体を捉えなければ明らかにはならないのである。さらには，社会内部の階層性や複層的な関係性を的確に捉えることもできないであろう。

　農村研究の圧倒的な蓄積に比べると，グローバル化時代の都市研究は依然として少ない。本書では，「都市の側から都市を見る」ことにこだわり，個人から世帯，コミュニティ，都市へと視点を広げていく。人々は多くの制約を抱えながらも，様々な創意工夫をしながら日々を生き抜いている。リスクを切り口に，個人，世帯，コミュニティ，社会の位相がどのように絡み合い，人々が労働や生活を維持しているのか（もしくは維持できない状況に陥るのか）。まずは現代のバンコクで生きる人々 ── 都市下層民 ── の営みから見えてくる都市の一端を直視してみたい。

第 1 章
都市下層民をどのように捉えるか

21世紀は都市の世紀であると言われて久しい。国連人口基金によると，2008年には都市人口が，世界人口の50％（約33億人）を超えたという。人類史上初めて，都市人口が農村人口を超えたのである。また，2030年には，世界の都市人口は約50億人に増大し，その80％は発展途上国の都市に集中すると予測されている。今後の世界の都市人口は，発展途上国において急速なスピードで増加し，アジア，アフリカ地域においては2000年から2030年までにほぼ倍増するという (UNFPA 2007)。また，今後拡大する都市人口の大部分は貧困層であるとされる。都市はこれらの人々に，ディーセントな居住や職業を提供できるのだろうか。人々は，どのように都市で生き抜いていくのだろうか。この古くて新しい問いは，今後，ますます重要となるだろう。

　かつて，東南アジアで急速な都市化が始まった際には，「過剰都市論」が盛んに議論された。本来の都市の許容範囲を超えて，「過剰」に人口が流入し，膨張し続けているのがバンコクやジャカルタであるというのである。ところが，バンコクの本格的な都市化が始まってから既に30，40年を経た現在，世界を見渡してみると，バンコクのようなメガシティはさほどめずらしいものではない。このようなメガシティを特殊な形態と見なす議論はなりを潜めたが，一方で，このような都市が直面する諸課題の多くは，依然として充分な解決策を見出せずにいる。また，農村と比較すると，都市に関する実証的な研究自体が少ないのが現実である。本書は，タイのバンコクを事例に，都市下層民に注目した実証研究である。都市におけるダイナミズムと現状を理解するための最初の一歩として，まずは都市下層民が都市を生き抜く様を，コミュニティでの実態調査を通じて理解することを目指している。

　本書の課題は，第1にマクロな経済・労働市場の変動，都市の変化を視野に入れながら，都市下層民の労働と生活の実態と変化を，動態的に明らかにすることである。特に「居住」と「職業」の2側面に注目する。第2に，都市下層内部の階層性とその変化を明らかにすることである。「都市下層民」と言っても，その内実は決して一様ではない。都市の急激な変化の中で，都市下層内部の格差も拡大しつつある。ここでは，リスクへの直面と対応過程が議論の一つの柱である。人々は，様々な変化に翻弄され，脆弱性や不安定性を抱えながらも，単にこれらの変化を受動的に受け止めているわけではなく，個々の労働や生活，コミュニティに内在する諸機能を駆使しながら日々を生き抜いている。人々がいかに貧しいかについてのみ注目する静態論ではなく，リスクがもたらす影

響とそれに対する人々の対応の相互作用を分析することによって，内部の重層性や階層化のダイナミズムも明らかになる。結果的に，都市下層民の側から，インフォーマル経済やコミュニティの機能を明らかにすることにもつながるだろう。また，リスク対応の過程では，都市下層内部の格差は拡大し，貧困の悪循環に陥る者がいる一方で，階層上昇を見せる者も現れてきている。第3に，階層上昇が起こっているのか，そもそも都市下層民にとっての「上昇」とは何か，について検討する。

1　都市下層民とインフォーマル経済論

　本書の対象となるのは，都市で生きる人々，主に低所得者層の人々である。ここでは，「中間層」や「上層」に相対的な概念として，ゆるやかに「都市下層民」として定義する[1]。

　発展途上国の都市下層民の労働や生活の実態は，マクロ統計で充分に把握されているとは言いがたい。したがって，都市下層民を対象とした研究は，「居住空間」から接近したスラム研究，もしくは貧困層の多くが従事する「職業」としてインフォーマル経済に注目した研究が主なものであった。理論的には，インフォーマル経済，「インフォーマルセクター」論が鍵となってきた[2]。インフォーマル経済の定義や議論の内容は，時代と共に移り変わってきた。再定義，もしくは議論の分散の歴史は，そのまま政策や支援戦略の変遷の歴史へとつながり，人々の生活にも影響を与えてきたといえる。ここでは，その内容を簡単に振り返り，本書の分析視角の議論へとつなげよう。

---

1)　なお，中間層に関して，必ずしも決まった定義があるわけではない。現在のタイでは，世帯収入でいえば，30,000バーツ以上の世帯を中間層とすることが一般的である。その他，職種（専門職，技術職，公務員や企業の管理職など），学歴（大卒以上），ライフスタイル（一戸建ての住宅に住み，自家用車や携帯電話を持ち，ゴルフやジョギングが趣味）など，研究者によって重視する指標が異なる（末廣2009）。

2)　筆者は「インフォーマル経済」という用語を使用しているが，研究史においては，長く「インフォーマルセクター」が用語として使用されてきた。本章，および次章では，政策主体や各研究者が議論の中で使用した用語を優先的に用い，カギ括弧に入れて表記する。

1.1 インフォーマル経済・都市・ダイナミズム

　伝統的な開発経済学における「インフォーマルセクター」論は，「単線的近代化論」として特徴付けられる。従来の議論では，工業化や近代化が進展すれば，「インフォーマルセクター」は縮小すると考えられてきた。その議論の特徴は，第1に「フォーマルセクター」と「インフォーマルセクター」を二分法的に捉えた事，第2に，農村と都市の人口移動から，「インフォーマルセクター」の生成を説明した点にある。第3に，マクロな視点から，フォーマル化，近代化への道筋が「発展」であると想定されていた。必然的に，個々人に関しても，インフォーマルからフォーマルへの職業移動が「上昇」の経路とされる。

　ところが，伝統的な開発経済学の予想に反して，発展途上国の成長と発展にもかかわらず，「インフォーマルセクター」は縮小する兆しを見せなかった。むしろ，グローバル化の一層の進展の中で，発展途上国のみならず，先進国でも，労働のインフォーマル化[3]が顕著となっている（世界銀行 1995, United Nations 1999, ILO 2002）。発展途上国においては，従来の議論が想定していたような「インフォーマルセクター」職種が依然として観察される一方で，雇用労働の非正規化も進行している。伝統的な「インフォーマルセクター」論は，同時並行的に進むこれらの新旧の現象に対して明確な説明を与える事ができなかった。

　国家を基本的な分析の単位とした伝統的な開発経済学は，主に農村と都市の人口移動からインフォーマル経済の生成を議論してきた。発展途上国に広範に見られる露天商や行商人，サームロー[4]の運転手，廃品回収人，日雇い労働者，売買春従事者，家事労働者や家内工業従事者など，零細規模の商業・運輸・サービスの自営業者や製造業従事者，もしくは臨時労働者として生計を立てている都市雑業層は，近代の「産業」分類にあてはまらないものであった。初期の研究では，このような集団を潜在的失業者の一時的待機地として否定的に見る議論が中心であった（例えば Armstrong & MaGeem 1968, Todaro 1969 など）。

---

[3]　「インフォーマル化」の定義は，論者によって異なっており，まだ画一的な定義はないが，おおまかには，正規の労働条件で採用される労働者が減らされ，非正規雇用や下請け，外注化が増大している傾向を指している。

[4]　手動，人力の三輪自動車。

代表的な研究であるトダロの三部門労働移動モデルには，単線的近代化論の発想が顕著に現れている。ルイスの「二重構造論」を修正したモデルでは，農業部門からまず都市伝統部門へ，そして次に近代工業部門へ移動する経路が，都市と農村の賃金・所得格差によって説明された。都市に流入した過剰な人口を近代工業部門が吸収しきれないため，まず移住者は都市伝統部門に滞留し，そこに大量の貧困層が形成されるとしたのである。ここでいう都市伝統部門とは，都市近代部門に吸収されないために失業や不完全就業の状態にある労働者が，やむを得ず従事する零細規模の商業やサービス業の類とされた。また現実の都市生活の中では，このような集団が，様々な都市問題（スラム，交通渋滞，犯罪など）の根源になっているとも考えられていた[5]。

　このような否定的な見方を転換し，「インフォーマルセクター」に関する議論の火付け役になったのが，ILOの「ケニヤ雇用調査団」である。ILOは「働いているのに貧しい人々（working poor）」に焦点をあて，貧困層の所得稼得機会として，「インフォーマルセクター」の積極的な意義を評価した（ILO 1972）[6]。その後，最も長く使用されてきた経済学的な定義が，この調査団によって提唱された定義であった（表1-1）。この定義は，二分法に基づくものであり，「フォーマルセクター」を「インフォーマルセクター」の裏側として位置づけ，後者は，ルールなどに規制されていないという点で，完全競争的であると想定している。「インフォーマルセクター」は，経済的には効率的で，収益を生み出すものであるが，様々な経済的，社会的な構造問題がその発展を阻み，雇用問題を生じさせているとした。

　ILOの議論の特徴は，第1に「インフォーマルセクター」と「フォーマルセクター」を相互に分断しているものとして二分法的に捉えた事，第2に貧困問題の所在として，都市への移住者，スラム住民，「インフォーマルセクター」がほぼ一体のものとして想定されたことにある。ILOによる問題提起は，「インフォーマルセクター」そのものにスポットライトが当たるようになったという意味で画期的であった。一方で，その多義的な定義や積極的支援の戦略は

---

5) 1970年代までの理論的議論と実態については，鳥居・積田（1981）が詳しい。
6) 当時の先進国においては，「貧困」とは「失業」の問題であると考えられていた。ケニヤ雇用調査団は，ケニヤにおいては，「失業」が問題なのではなく，働いているのにもかかわらず貧しい人々の「雇用」が問題であるとしたのである。「貧困・不平等」の問題と，「雇用」の問題を結びつけ，多くの貧困層が従事する「インフォーマルセクター」の「雇用創出効果」を積極的に評価しつつ，政策提言がなされた。

表1-1　ILOによる「インフォーマルセクター」の定義

インフォーマルセクター	フォーマルセクター
低い参入障壁	参入が困難
現地資源の採用	海外の生産資源への依存
家族経営	法人組織の事務所
小規模経済単位	大きな生産規模
労働集約的な低い技術水準	資本集約的輸入技術への依存
公教育外での技術習得	公教育もしくは海外での技術習得
公的規制のない競争市場	関税，クォーター，輸入許可制などによる保護

出所：ILO (1972),p. 6.

様々な議論を巻き起こし，その後の議論を先導することとなった。1970年代の議論は，主に「労働」と「貧困」問題への注目から活発化された。ここではインフォーマル経済の概念・実態規定に絞って話を進めよう。

　ILOが提示した「インフォーマルセクター」を完全市場とする想定や，明確な二分法モデルは多くの実証研究により反証されている。例えば，中西（1991）は，フィリピンのスラムの実態調査から「都市インフォーマル部門」の形成要因やその構造にせまり，移住者はもともと近代部門を目指して都市へと移動するのではなく，「都市インフォーマル部門」での就業を目的としており，さらには，「都市インフォーマル部門」に参入障壁がなく，自由に参入できるという新古典派の仮説は当てはまらないと結論づけた。仮説的に「都市インフォーマル部門」を，高生産性部門と低生産性部門に区分した分析では，内部構造は決して一様な市場ではないことを明らかにし，その上で，パトロン・クライアント関係の存在を観察し，非競争的現実があることを指摘した。

　中西らに代表される二元論批判の実証的研究は，インフォーマル経済内部の多様性や階層性を明らかにした点で先駆的であった。ただし，多くの研究が，その視点を発展途上国内部（すなわち，国家を単位）に設定しており，農村と都市の人口移動からインフォーマル経済の生成を説明してきた点においては，伝統的な開発経済学の議論の延長にあった。また，分析が最終的には，パトロン・クライアント関係といった慣習や文化，社会関係の議論に収斂し，インフォーマル経済は，しばしば貧困の文化，非近代的要素として分析されていた。

　このようなインフォーマル経済の捉え方に対し，マクロな視点から批判を展開したのは，カステルやサッセンなどを中心とする研究チームであった。カステルらは，インフォーマル経済は生産関係における特殊な形態であるとし

て,「対象 (Object)」としてよりも,その「過程 (Process)」に注目する議論が重要であるとした。つまり,インフォーマル経済とは,個人の状況ではなく,所得創出生産関係の一種の特殊形態を考える上で,有効な概念である。同類の活動ならば規制を受けているはずの法的・社会的環境において,社会の制度から規制されていない活動であることが特色であるとした。インフォーマル経済とフォーマル経済を分断したものとして捉えるのではなく,その構造的なリンクを分析し,インフォーマル経済は,経済のダイナミクスを生む源であるが,貧困は分配の問題であり,インフォーマル経済の議論からは直接的な解決法はでてこないとした (Castells, Portes & Benton 1989)。

グローバル化の進展は,インフォーマル経済に関する議論にも大きな影響を与えた。元来,インフォーマル経済を二分法的に捉える見方が,その対比として想定していたのは,先進国のフォーマル経済であった。ところが,経済成長を続ける発展途上国において,インフォーマル経済が縮小しないばかりか,先進国においても,雇用労働の非正規化が急激に進行するようになったのである[7]。そのような変化に着目し,サッセンは,先進国の大都市であるニューヨークにおいて進行する二極化傾向や,移民労働者を中心としたインフォーマル経済の創出と拡大の実態を明らかにした (Sassen 1988, 1998)。世界都市論として注目されたこの議論は[8],発展段階の過渡的現象としてインフォーマル経済の生成を説明していた単線的な議論の土台を揺るがし始めることになる。

---

[7] カステルは,第3世界の問題として議論されてきたインフォーマル経済は,先進諸国においても成長しており,工業化の停滞の象徴ではないと,1980年代後半にいち早く指摘している (Castells, Portes & Benton 1989)。現代的な意味でいうグローバル化は,1980年代後半から本格化したことを考えると,先見的な指摘であった。

[8] 世界都市とは,国家の中にある一都市ではなく,国家を超えるような影響力をもつ都市であり,「現代資本社会のマクロな構造変動を通じて作り出される象徴的な場であるのと同時に,またそれらの変動を促進していく場でもある」(町村 1994)。世界都市の定義については,さしあたり,Friedmann (1986) を参照のこと。町村によると,世界都市論の各論者は,いずれも,都市外部と都市内部の社会過程を連続的に扱うことに大きなポイントがあったが,フリードマンらの議論は,機能主義的な都市階層論の側面が強い。それに対して,町村は,各都市固有の歴史条件と都市を形作る多様なアクターに注目している点で,他の論者と異なっている。また,カステルも,「情報都市」としてグローバル都市を捉え,二極分化を捉えていた。大都市で,第1に,先端的な企業サービスとハイテク製造業の急速な成長,第2には,伝統的部門の衰退,第3には,「格下げされた労働」に基づくインフォーマル経済の興隆が,同時に生起するとされた。大都市内部には,新しい経済的・社会的な双対的二元性が生み出されているとしており,その分極的な社会空間構造は,都市内部で,諸活動,社会集団,文化を凝離化させつつ,構造的相互依存性によって再統合されている (カステル 1999)。

1.2 都市の内部構造を捉える視角

　インフォーマル経済の生成を，工業化に伴う，農村から都市への過剰な人口流入から説明する議論は，都市におけるインフォーマル経済の生成，消失，変化の内在的なメカニズムを説明してはくれない。一方で，前述の通り，都市の内部に目を向けた二元論批判の実証研究は，主に文化・社会論に還元されていた。研究対象である「スラム」や「インフォーマル経済」の特殊性や外部との差異 —— もしくは農村との連続性 —— の理解を課題とした結果であったともいえるだろう。それに対して，サッセンらは，都市を舞台に展開される力学に注目し，インフォーマル経済の生成を明らかにした。グローバル化時代の「空間的階層分化」，およびそれが露呈する場として「都市」を捉えたのである。世界都市論者の貢献は，「中心」の中の「周辺」を描きながらも，その創出過程における経済の再編成と社会の再編成の構造的結びつきを分析した点であったといえよう。言い換えれば，グローバル化の議論と都市内部の構造分析の接合を試みたともいえる。ただし，その後の世界都市論者は，都市内部の階層性に関する実証研究に向かうのではなく，むしろ，「都市」を分析単位にグローバルな社会を捉えようとした。都市内部の階層性・重層性に関しては，その創出を指摘したにとどまり，むしろグローバル都市に関わる機能的・抽象的議論が中心となった。つまり，各都市内部のダイナミクスを描くよりも，ヒエラルキー的な固定的序列に基づいた都市像や都市間競争の議論へと結び付いていったのである。

　一方，都市の内部の階層性や重層性に注目した議論は，異なる系譜から登場してきた。グローバルバリューチェーンと労働者に注目したカベールの研究がその代表的なものであろう（Kabeer 2000）。カベールは，グローバル化に伴う産業と労働市場の再編に目を向けながらも，あくまで主体としての労働者を中心に議論を構築する。彼女が取り上げたのは，ダッカで工場労働に参入していく若いバングラディシュ人女性と，ロンドンの最底辺で縫製内職労働者として働くバングラディシュ人の移民労働者である。それぞれの地域における就業機会自体はマクロ条件（経済・社会の構造）に規定されている。その中で，各職業を選択した女性労働者達が，どのようにその機会に対峙し，対応し，そして，個人や世帯が変化していったのか。カベールの視点は，マクロではなく，ミク

ロな主体に向かっていく。

　カベールの研究は，バングラディシュやイギリスといった国家ではなく，ダッカとロンドンという2都市に注目し，現代の重層的な世界の様相を見事に捉えている上に，積極的な主体としての労働者と構造との相互作用を描き出そうとしているのである。彼女の関心は，マクロな労働市場における女性労働者の役割や貢献ではなく，人々にとって，そのような労働がどのような意味を持ったのかという点である。ただし，その分析の過程では，必然的に，労働者が背後に背負うマクロな諸条件に規定された制約条件や階層構造が浮かび上がってくる。

　本書では，都市に注目し，その内部構造と外部構造の連動したダイナミクスを見る動態的な視点を世界都市論者から学びつつも，分析の焦点はあくまで「主体」が中心である。グローバル化時代の「モノ」「ヒト」「カネ」の流動性の高まりは，単にそれらの各要素が「越境」するだけではなく，様々なレベルで結びつくことを意味する。その相互の関係性は，都市内部，都市間，都市と他地域でも，多様な関係が重層的に取り結ばれることを意味する。ただし，ますます複雑さを増す都市の様相は，上から眺めているだけでは解明できない。まずは分析の単位を，特定の集団，もしくはコミュニティという具体的な場に定める必要があるのである。

1.3　インフォーマル経済論と政策の展開

　インフォーマル経済に関する研究の中心的な関心が移り変わるのに並行して，政策の内容も変化してきた。否定的見方が中心であった1960年代は，インフォーマル経済は支援の対象であるというよりも，遅れたものの象徴として撤去の対象となっていた。インフォーマル経済が政策の支援対象として認識されるようになるのは，ILOによる積極的な見方が登場した1970年代以降のことである。ILOの報告書は，当時の開発経済学で支配的であった「トリクルダウン」信仰を明確に批判しつつ[9]，「インフォーマルセクター」に対する包括的な政策支援・開発戦略が必要であるとした。その基本となるコンセプト

---

9)　「トリクルダウン」とは，経済成長の恩恵はやがて貧しい人々にも「滴り落ちる」とする仮説である（絵所1997）。マクロレベルでの成長の恩恵が，自然に貧しい人々にも浸透することを想定していた。

が,「成長による再分配」であり,「ベーシックニーズアプローチ」が提唱された[10]。

　ILOによる規定的特徴の提示以後,様々な理論上の議論が展開されたが,その後も画一的な概念や定義が確立されることはなく,実際の把握の際には,各国の事情によって定義がなされてきた。ただし,議論の主要な関心は,マクロな経済変化や理論・政策的潮流の影響を受け,変化してきた。例えば,1980年代は,マクロ経済の変化に伴って,「労働の現象」としての関心から「生産」の側面へと研究の関心が移行し(Lubell 1991),分析対象は,「生産」単位としての零細小企業群が中心となっていく。つまり,個々人の就業形態から経済主体としての企業体へと関心が移行したのである。その過程で,理論や概念の枠組みに関する議論が次第に下火となり,インフォーマル経済の成長可能性・潜在性に関する実証研究や,発展性の高い企業体に注目する個別の研究が増大してきた。そのような流れを受けて,具体的政策も,包括的開発戦略ではなく,インフォーマルな企業の未熟な部分に対し政策的に介入していくという,中小・零細企業の振興を目的としたターゲットアプローチが中心になっていった。ここでいうターゲットアプローチとは,技術,金融,マーケティング,販売,生産などを全体的に支援し,最終的にはフォーマル化を目指す戦略である[11]。

　また,ILOと同様に「生産」の側面を重視しながらも,デ・ソトは,異なる視点から問題提起を行い,政策的な影響力を持つ事となった。デ・ソトは,ペルーに関する実証研究から,「インフォーマル部門」は「フォーマル部門」よりも発展可能性に満ちており,政府による規制がそれを阻んでいると議論した(De Soto 1989)。そのため,具体的政策は規制緩和が中心となる[12]。国際機関においても,1980年代のネオリベラリズムの影響を受け,規制改革と小規模融資を中心としたミニマリストアプローチが登場してくる。

---

10)　『ケニヤレポート』で提唱された「成長による再分配」戦略とは,成長を継続しつつ,生産的な雇用を創出するような投資を行うことを重視したものである。「ベーシックニーズアプローチ」とは,「社会が最貧困層の人々に設定すべきミニマムな生活水準(ベーシックニーズ)」の充足を優先する開発戦略である。1976年のILO世界雇用会議においてまず提唱された(絵所1997)。

11)　1970年代の『ケニヤレポート』が発表された当初は,直接的な促進政策のみならず,農村開発も含めた包括的な構造改革が必要とされていたが,1980年代以降の基本的政策方針は個別の企業体の生産性向上を図る直接的支援が強調されるようになったといえる。ただし,労働者の保護に関する視点も依然として重要としていた。それに対して,同時期の世界銀行は,市場ベースの経済的アプローチを提唱しており,直接的な労働者保護政策に関しては慎重な姿勢を見せていた。

12)　デ・ソトの「制度」に対する注目は,経済効率性と関わる範囲での法的側面が中心である。

グローバル化の進展は，インフォーマル経済論にも大きな影響を与えた。ILO は，ケニヤ雇用調査団から 30 年目となる 2002 年の総会で，『ディーセント・ワークとインフォーマル経済』という報告書を発表し，1970 年代の「インフォーマルセクター」論に対する自己批判を展開した。カステルらの研究も一部取り込みながら，従来の「インフォーマルセクター」論の視座はますます複雑となる現象を説明するのに不十分であったとして，新たに「インフォーマル経済」という名称を採用し，インフォーマル経済とフォーマル経済は分断されたものではなく，連動して動くものであるとした (ILO 2002，日本語版は 2003 年に発行)。ただし，インフォーマル経済従事者は，非常に脆弱な基盤を持っており，法の保護の外にあることを指摘し，不安定性などの問題を克服するためにディーセント・ワークを促進することを目標に掲げた。雇用か生産か[13]，ではなく，両方を同時に実現することが可能なインフォーマル経済上層部における仕事の創出，および労働の質の確保と向上が重要であるとされた。また，生産関係においても，「柔軟な雇用」[14]や下請け関係の中身，その質を問うようになってきたといえよう。

　世界銀行は，1990 年代より，ILO とは異なる観点から，インフォーマル経済従事者や都市貧困層に注目する議論を活発化させてきた。「貧困」を重要なテーマとして取り上げた 1990 年の『世界開発報告』では，経済成長と貧困削減の両立を実現するために，貧困層が最も豊富に所有する資産である「労働」を生産的，効率的に活用することが重要であるとした。「インフォーマルセクター」の雇用および所得創出効果を積極的に評価し，第 1 に，不必要な規制の緩和，第 2 に，都市インフラストラクチャーの提供を通じて，成長を促すことが必要とされた (世界銀行 1990)。

　世界銀行が，より本格的に都市貧困層に注目するのは 1990 年代後半である。その背景には，移行経済や 1997 年のアジア経済危機を経て，市場の自由化と両立する政策としてセーフティネットに注目し始めたことがある。セーフティネットとは，市場競争の下で何らかのリスクに直面した際に，そのショックを

---

13) 2002 年の総会に先立つ 10 年前の 1992 年には，同じく総会において，「インフォーマルセクターのジレンマ」が議論された。労働の保護を進めると，生産性上昇と雇用創出効果がそがれるため，生産と雇用の両立をいかに実現するのかが議論されていた。2002 年には，より積極的に，両側面を同時に促進すべきであるとしている。

14) 「柔軟な生産」「柔軟な雇用」の議論に関しては，まずは Piore & Sabel (1984) を参照のこと。

緩和する役割を持つ安全網である。その担い手としては，政府や援助機関のみならず，「当事者」が重視された。個人や世帯，コミュニティのソーシャル・キャピタルとしての機能に注目が集まり，かつてパトロン・クライアント関係として消極的な評価を受けていたコミュニティ内の社会関係は，むしろ積極的に評価されるようになる。

　開発の現場に目を向けると，政策的には，住民主体，貧困者のエンパワーメントがキーワードとなり，政策手法としてはマイクロクレジットが主流となっていった。このような議論は，当事者が貧困にどう対応するかといった視点をもたらす。そのような視点によって，貧困者の抱えるリスクとそれに対する対応に関する議論が登場し始めた。経済・社会基盤の「脆弱性 (Vulnerability)」に注目した議論からは，従来の「貧困者は何を持っていないのか」という視点から，「何を持っているのか」に着目するという分析軸の転換があった（例えば，Moser 1998）。貧困層が保有する諸々の資産 (Asset) が定義され，「労働」もひとつの資産として位置づけられた。インフォーマル経済は，貧困者が保有する自己のリソース（＝労働）を行使する活動として積極的に定義され，むしろ脆弱性に対する対応能力，リスク管理能力が主要な争点となる。

　以上のように，ILO は，法・制度的側面も含めて広く労働の観点からの対応を重視しているのに対して，世界銀行は，市場アプローチの原則を取りながら，当事者のリスク管理能力や自助能力の向上を重視しているといえるだろう。この違いは，インフォーマル経済従事者に対する社会保障制度の拡張に対して，積極的な姿勢を見せる ILO と，慎重な姿勢を見せる世界銀行の違いとしても現れている[15]。

　インフォーマル経済論は，時代時代の政策課題と密接に関わりあいながら展開されてきた。とはいえ，確立された概念や定義がないまま，理論上の議論は，1980 年代以降，個別の関心に分散していった。にもかかわらず，概念は各国に紹介され，「インフォーマル経済」「インフォーマルセクター」支援策が，各国の政策に登場してきた。ただし，1990 年代後半からは，発展途上国に限

---

15) 世界銀行は，むしろ，コミュニティや家族が保有する福祉機能を活かすことを提案している。ただし，コミュニティ内の社会関係やインフォーマル経済が消極的に評価された 1980 年代と現代において，人々の労働や生活，社会関係の特質に，どのような本質的な変化があったのか（もしくはなかったのか）に関して，十分に議論されているわけではない。「水平的関係」が一つのキーワードとなっているものの，消極的な評価と積極的な評価の間で何が決定的に異なるのかという点に関しては曖昧であることに留意する必要があるだろう。

らず世界全体で進行するフォーマル経済の「インフォーマル化」をどのように捉えるかという概念的な関心が再び浮上してきている。

　本書では，インフォーマル経済とフォーマル経済の連動を念頭におきつつも，あらかじめ特定の理論や政策枠組みによる理解を想定し，分析対象にあてはめていくのではなく，実態・実証分析を通じて，インフォーマル経済の実像とダイナミズムにせまりたい。支援政策を捉える際にも，時代ごとに異なるその影響の実態に留意し，その背景とあわせて検討を行う。ここでの目的は，理論的な再定義や整理を行うことではなく，「インフォーマル経済」としてくくられてきた人々の労働の営みを，できるだけ内在的な視点から捉えなおすことである。

2　本書の分析視角：課題と方法

「10年かけて築いたものが1日で消えてしまった」（Lung N 火災の後の会話より）。

　静態的な都市貧困論ではなく，動態的な視点を持ちつつ，人々の労働や生活をとらえるには，どのような分析視角が有効であろうか。前述の通り，ここでは1つの試みとして，リスクへの遭遇と対応過程を取り上げる。特に大きく取り上げるのが，調査地における火災やレイオフといったリスクである。

　都市下層民の労働や生活は，不安定性を抱えており，様々なリスクに直面する可能性を持っている。その脆弱性ゆえに，リスクへの遭遇によって，長年かけて築いてきた都市での生活基盤が一瞬にして壊れてしまうことさえある。またリスクへの対応過程は，当然のことながら，様々な制約条件を持つがゆえに，必ずしも平坦な道とはならない。人々の対応や選択は，それまでの経験や人生，それによって作り出された生活状況に規定されており，ある変化に対する各人の対応や選択には差異が生じてくる。この違いが最も顕著に現れるのが，リスクの対応過程である。都市生活におけるリスクとその対応過程は，都市下層民を規定する脆弱性とその内容を露呈させると同時に，内部の階層性を露にするのである。リスク対応過程とは，コミュニティ内の階層性が再編成さ

れる過程でもある。

　本節では，まず，都市において遭遇しうるリスクとその対応に関して整理する。リスクには，都市下層民が固有に抱えるリスクのみならず，都市の変化やマクロ条件の変化によってもたらされるリスクがある。また，リスク対応のレベルも重層性を持っている。

　リスクの対応レベルの検討とあわせて，本書の分析単位に関しても説明しておこう。本書が分析単位の出発点とするのは，「主体」（＝個人）のレベルであるが，個人は，世帯やコミュニティ，より大きな社会の諸関係の中で生きている。個人への注目は，個人を社会から切り離して考えることを意味しない。むしろ，個人を出発点としながら，世帯やコミュニティ，外部のアクターなどがどのように関わり合うのかを捉えることを重視する。

　リスクへの遭遇と対応過程を分析の課題とすることは，「変化」を扱うがゆえに，動態的な研究となることを意味する。つまり，分析に必然的に時間軸が導入されることとなる。ここで重要なのは，都市自体も常に変化し，人々の労働と生活に影響を与えている点であろう。本書が注目するのは主に1980年代以降のバンコクである。タイにおいて1980年代後半から始まる経済ブームを牽引したのは，バンコクであった。その産業構造や労働市場の変化は，人々の労働と生活の局面においても，時として機会，時としてはリスクとして現れ，影響を与える。そのような相互作用を捉えるために，1つの試みとして，ライフコース分析を取り入れる。ライフコース分析を通じて，ミクロな労働と生活の側面と，マクロな経済や就業構造の変化との相互作用を見ることが可能となるであろう。ライフコース分析と都市下層内部の階層分析は議論の重要な柱となる。以下で，より詳しくそれぞれを取り上げてみよう。

2.1　都市におけるリスクへの遭遇と対応

　モーゼは「脆弱性」を，「環境の変化に直面した際の，個人，世帯，コミュニティの福祉における不安定性と鋭敏さ，その過程に暗に露呈するリスクに対する彼らの対応（Response）と回復力（Resilience）」と規定し，都市は，商品化，環境のハザード，社会的分断といった特徴によって，農村とは異なるタイプのリスクを抱えていると指摘する（Moser 1998）。都市の商品経済では，農村とは異なり，土地などの生産資本には依存できないため，都市貧困層は，何らかの

賃金労働，もしくは所得創出活動が必要となる。また財やサービスに対する支払いの必要性が，現金獲得の必要性を上昇させる。同時に，劣悪な居住条件や，公的サービスに依拠せざるを得ない水道・電気などの基本インフラの問題は，都市下層民に対しても，環境条件・居住条件の制約として立ち現れる。さらに，異質な階層・集団を包摂する都市では，社会的分断が進行し，社会関係の希薄さといった問題を生み出す可能性があるのである。都市の物理的な側面から，都市のリスクを規定した藤田は，密集した集住という都市の形態が，第1に疫病の蔓延，第2に災害の発生の可能性，第3には飲食確保の必要性を生じさせると指摘する（藤田2003）。これは言い換えれば，衛生の問題，都市災害などの環境の問題[16]，そして，都市での経済的生活基盤の確保の問題といえるであろう。住まいを確保し，日々の糧を得る手段を見つけることは，人々にとって，都市生活の主要な課題である。以上のような都市の特徴とリスクは，本書が注目する都市下層民の「居住」と「職業」を大きく規定するのである。

ところで，リスクの発生レベルは重層的である。リスクには，個人的なレベルで発生するリスクと，地域的に起こるリスクがある。また，経済的リスク，社会的リスク，政治的リスク，自然によるリスクなど，性質によっても区分可能である（世界銀行2002）。例えば，個人レベルのリスクでは，病気や怪我，暴力，高齢化に伴うリスクなどが想定できるであろう。都市における密集コミュニティで言えば，火災や撤去，移転なども考えられる。マクロレベルでは，インフレや不況，経済危機など経済的リスクから政治の不安定や戦争などの政治的リスクなどがある。感染症の蔓延や地震，火災などの災害も，都市特有の居住形態によって危険度が増長されうる。都市の基本インフラの整備が充分でなければ，そもそも安全な水や住環境へのアクセスが制限されていることもあるであろう。都市下層民は，その労働形態や居住形態から，これらの様々なリスクに対してより脆弱である。

ここで留意すべき点は，リスクの発生レベルと対応のレベルは同一とは限らないという点である。例えば，個人的なリスクとして現れる「失業」の背景に，マクロレベルの経済危機や不況が存在したとする。このような場合，個々人が直面するリスクも，同時に社会の中での対応が必要となるし，逆にマクロレベ

---

[16] 災害の発生の中でも，放火を含む火災は都市構造が被害を助長する可能性が高く，最も大きなリスクの1つである。都市と火災は密接に結び付いており，古来，都市は火災に悩まされてきたのである（藤田2003）。

ルで生じたリスクも，個々人に個別な影響を与える。リスクの対応過程では，リスクの発生レベルと性質の特徴を認識し，それぞれに適した対応をすることが重要となる。場合によっては，複数の対応主体が協力し合う必要もあるだろう。対応のレベルもまた，重層的にならざるを得ないのである。

このような視点は，セーフティネットの供与主体の多様性を考える際にも重要である。リスク発生と対応のレベルを個人やコミュニティに限定することは，リスク対応の困難を，個人の努力不足や能力不足といった「自己責任論」に安易につなげてしまう危険性を持っている。事例では，個人や世帯のリスク対応過程を通じて，政府などのマクロなレベルの対応も，都市下層民の側から見ていくことにする。

2.2　生存戦略の場と単位：個人，世帯，コミュニティ

リスク対応のレベルの重層性を捉えることは，生存戦略の場と単位を考える際に重要となる。ここで言う重層的な図式とは，単に大小の単位が層になっているというものではなく，相互に有機的に作用しているものである。例えば，個人の行動は世帯のあり方に影響を与えるが，逆に世帯の条件も，個々人の生活や厚生水準に影響を与える。本書がまず注目する単位は都市を生きる人々，すなわち「個人」である。世帯は，様々な個人が集合する集合体として捉え，コミュニティは，様々な個人や世帯が集住する地域として捉える。

分析単位として，世帯ではなく，個人から出発するのは，個人と世帯の関係，もしくは世帯内の個々人の関係がリスク対応過程における対応能力を規定するからである。先行研究では，通常，世帯主の職業からその世帯の階層を規定し，世帯の厚生水準を測定する場合は，世帯主に世帯を代表させていることが多かった[17]。夫婦共働きの場合，往々にして世帯主は男性とされ，夫が不在の世帯に関しては，寡婦の女性世帯主が代表しているとして，その生活水準を把握しようとする見方が一般的であった。例えば Becker（1981）に代表される「新家計経済学」では，世帯を単一の単位とみなし，世帯に全てのリソースがプールされ，男性世帯主によって公平に分配されるとみなされる。しかし，そのような議論には，世帯内の権力関係に関する検討が抜け落ちており，ジェ

---

17)　日本に関しては，藤原（1994）によるレビューが参考になる。その他，インドネシアの事例を議論した嶋田（2001）も参照のこと。

ンダー間の不平等の視点が入っていないという問題提起が広くなされている（例えば，Kabeer 1994，嶋田 2001 など）。

近年の家族社会学や家計の研究ではむしろ，最も小さい社会の単位である家計をより積極的に1つのシステムとして規定し，その組織内部の関係や原理を解明しようとする動きが活発になってきている（家計経済研究所 1992，室住 2000）。これらの研究は，個人の集合としての家族の分析および，その内外でのネットワークの分析を可能とした。このような視点は，世帯内の資源配分や，権力関係，協力関係が，世帯全体および世帯の構成員の潜在能力の向上にいかなる影響を与えているかを考察する上で非常に重要である。

本書では，世帯内の権力関係については深く立ち入らないが，夫と妻の経済活動と，家計に対する寄与度に関しては，若干の考察を行う。共同経営の夫婦を除いて，職業とは，個々人が個別に従事する活動である。個人は様々な制約条件のなかで，従事可能な職業を選択し，稼得活動を行っている。制約条件に対応するための個人の潜在能力は[18]，世帯での教育投資やリソースの配分条件に規定されると同時に，潜在能力の向上がより多くのリソースの獲得に寄与するという循環的な関連性を持っている。ただし，各人が獲得した収入は，そのまま世帯の厚生水準に反映されるとは限らず，個々人が世帯に繰り入れ，共通のリソースとして運営されることで初めて，世帯の厚生水準向上に寄与するのである[19]。したがって，個人の労働と世帯条件は，密接な関係を持っているが（Moser 1998），この連関は，世帯を均質な単位ではなく，個人の集合体として，その内部編成に目を向けなければ明らかにならない。本書では，主に職業に注目するため，経済的側面を中心にこの問題についても目を向ける。

個人と世帯を明確に分けて考える利点は，都市空間の固有性を考える際にも

---

[18] 「潜在能力」とは，ある個人が選択可能な機能の集合・組み合わせのことである。定義については，Sen（1985, 1992）を参照のこと。

[19] ゴフは，必需品が消費され，加工され，個人の必要充足に変換される「必要変換過程」の一部が「世帯」内で起こることを指摘する。そこには，①世帯の個々の構成員間での必需品の分配，②投入物を，個人の健康と自律性という，基本的必要充足の「産出物」に転化する過程の二過程が含まれる。前者は，世帯内における分配と消費の不平等問題や格差に考慮する必要があり，後者は投入物が必要充足に変換される際の効率性が問題となる（例えば，耐久消費財のストック，知識，コミュニティにおける集合財やサービスの供給状況などに規定される）（Gough & Doyal 1991, pp. 233-234）。この視点は，各世帯が，収入も含めた様々なリソースを必要充足に転換する過程を分析する際に重要である。なお，ゴフは，さらに，仕事・労働過程や，自然環境・人工的環境の二つの要素も，必要充足に大きな影響を与えていることを指摘する。

重要である。都市は異質なものが集住する空間である。巨大な都市の空間のなかでは，家族であっても，個々の生活空間，労働空間，消費空間，娯楽の空間の広がりは全て重なり合っているわけではない。コミュニティは生活空間として共有されてはいるが，同時に，活動空間が様々なレベルに広がっている個人の集合体でもある。つまり，コミュニティは内的に自律した機能を持ちつつも，決して閉じた空間として完結することはできない。様々な活動を都市で展開する個々人が世帯を形成し，ともに居住する空間，それがコミュニティである。コミュニティは，都市の中の孤立した空間ではなく，都市と有機的につながっている。都市のダイナミズムは，時には外的なリスクとしてコミュニティ全体に影響を与えるが，時には個々人に対する個別の影響を与える。様々な契機がコミュニティの中に持ち込まれることで，結果としてコミュニティも変化していく。

2.3 ライフコース分析

個人のレベルで現れるリスク，たとえばレイオフは，その背後にマクロな経済危機が存在している場合，同時代的にある集団に共通して影響を与えつつも，各個人の対応過程は階層性を帯びているだろう。ある個人の選択は，それまでの人生経験や歴史に規定されているためである。そのような相互作用を考える際には，ライフコース分析が有効である。

ライフコースとは，「個人が時間の経過の中で演じる社会的に定義された出来事や役割の配列のこと」である（Elder & Giele 1998, p. 22；邦訳 p. 70）。

ライフコースの議論の重要な特徴の一つは[20]，個人を分析の対象としながらも，同時に，コーホート概念（社会的に経験を共有する，同一年齢の人々の集合体）を導入することによって，社会変動や歴史的文脈に対する視点を分析に接合した点にある[21]。エルダーによると，個人のライフコースの様々な軌跡

---

20) ライフコースの議論は，個人が分析の焦点であり，様々な出来事や役割を考慮にいれる。同時に，マクロとミクロを別次元に捉えるのではなく，その相互作用に注目する点において，ライフサイクル論と決定的に異なる。ライフサイクル論は，家族により注目し，家族周期，家族変動を発展段階論的に捉えることが中心となり，あらかじめ決まった幾つかの配列が想定されている。またマクロな社会の規定力や時間・空間との相互作用の視点が弱い。
21) コーホートは個人の加齢（誕生以来の個人の歴史的時間）とより大きな社会を指し示す歴史時代の交差を表している。時代（あるコーホートに属している人たちによって経験される特別な歴

は,「時空間上の位置 (location)」「結び合わされる人生 (linked lives)」「人間行為力 (human agency)」「人生のタイミング (timing of lives)」の4つの基本的要素が相互に関連するところに生成する (*Ibid.*, p. 26; 邦訳 p. 75)。「時空間上の位置」は歴史,社会構造,および文化を指している。「結び合わされる人生」とは,様々なレベルで展開される他者との関係であり,諸個人が全体社会の制度や社会集団と相互作用した結果である。「人間行為力」は,個人の目標や肯定的な自己感覚・自意識の追求によって具体化される個人の目標志向性を表す。個人や諸集団は,必要を充たすために,諸目標をめぐって積極的に意思決定を行い,自らの生活の組織化を行うのである。

　これらの3つを結びつけるのが,「人生のタイミング」である[22]。人は,目的達成のために,外部の出来事に反応し,行動を意図し,資源を用いて対処し,行動する。つまり,人生の出来事のタイミングとは,個人もしくは集団の目標を達成するための受動的・能動的な適応と捉える事も可能である。ある時代の歴史的変動や,個人の人生上の出来事を個人が経験するタイミングとは,個人的,集団的,および歴史的出来事を同時に結び付けるのである。

　個人がその人生において経験するある特定の役割は,発展段階や過程に関係している。人は様々な役割を担い,それらをバランスさせながら生きている。家庭内での役割,仕事上での役割,地域社会での役割などは相互に関連しあっている。その中でも,成人期には,主に二つの役割,職業キャリアと結婚・家庭生活がライフコースに影響を与える大きな二大要素である (Clausen 1986)。職業キャリアとは,ある個人が担う役割と,そのために必要となる自己投資の一連の流れを表す。その傾向は,一貫性と持続的な傾向を示すこともあれば,不連続で変化に富む場合もある。

　ただし,「一貫性」と言った場合,物理的安定性のみを意味するのではない。人々の将来像や目的と照らし合わせて,個々人が計画を実施できているかという意味で捉える事が重要である。たとえば,居住や職業の移動が,個人的意思と将来設計によるものであれば,個人の生活向上に寄与する経路も考えうる。

史的文化的出来事),コーホート,年齢の3つの次元は相互に関わりあい,異なる「世代」間に異なる生活パターンを生み出していくと考えられる。「世代」概念は,年齢と歴史を連結させるものであり,「年齢」と共に重要な鍵となる。より詳しくは,Elder & Giele (1998) を参照のこと。
22) タイミングの配列は,家族形態,就業,教育などの個人の人生軌道と,より広い社会的・歴史的文脈の影響との相互作用を示している。その連関を明らかにする形で,社会経済的地位の世代間の移動と配分を明らかにすることが重要である。

専門的職工がしばしば職場を変更するのは，技能と経験の向上を意図しており，したがって自己の自律性と能力の向上につなげるためである。グローバル化や特定の社会変動による出来事やリスクが，人々の生活にマイナスの影響を与える場合，人々はその影響に後追い的に対応せざるを得ない。このように合目的的な移動と対処療法的な移動の違いの区別は重要である。

ライフコースの議論から着眼点を得た本書のケーススタディでは，第1に，職業経験に大きく着目する。職業経験とは，人々が人生に適応していく過程を示している。個人的潜在能力と意図，そして，就業機会や労働環境を規定するマクロ構造との相互作用を表すものである[23]。第2に，都市下層民の階層性を見る際に，二つの世代概念を用いる。1つは，通常使われる年齢区分を中心とした「世代」であり，もう1つは，都市形成の歴史を視野に入れた「都市世代」である。後者は，都市の動態分析の観点から，バンコク拡大期に都市に流入した第1世代，そして，移住者の子供世代を第2世代と考える。第3に，リスクへの対応も，ライフコースの分析枠組みと関連させて考えることができる。「危機とは結果を制御できない要素が発生したときに起こる。リスク状況への新たな適応は，環境に対する制御力を獲得するための資源や選択肢を扱う方法である」ためである（Elder 1985, p. 42, Giele 1998, p. 253；邦訳 p. 418）。リスクへの対応過程は，個人や世帯の対応能力の差異に規定されている。たとえば，あるマクロな経済構造の変化に伴って生じるリスクが都市下層民に与える影響を考察するということは，都市下層民の側から捉えれば，個人・世帯の脆弱性と耐久性を見るということでもある。ある共通の危機に直面した際に，ある個人は他の個人に比べてより脆弱であったり，より素早く対応可能であったりする。その差が生じる要因を分析することは，個人の対応能力を規定する諸条件や潜在能力・危機管理能力の拡大に必要な諸要素を明らかにするのである。

2.4　都市下層内部の階層分析：職業階層の検討

それでは，都市下層内部の階層分析にはどのような方法が適切であろうか。「階層」分析では，様々な社会的属性や地位が指標とされるが，最もよく用い

---

[23]　クローセンは，「社会変動が個人のライフコースに及ぼす影響」は，「労働者の各コーホートと職業キャリアの関係を調べるときにもっともはっきり分かる」とする（Clausen 1986, p. 113；邦訳 p. 169）。

られるのが「職業」である。ここでは，都市下層民の「職業」を手がかりに階層分類を行う。スラム内の職業階層に着目する視点は幾つかの先行研究において既に展開されてきた。例えば，中西は，フィリピンにおけるスラム実態調査を踏まえて，「都市インフォーマル部門」を高生産性部門と低生産性部門の二つに仮説的に分類し，「インフォーマル部門」内移動に関しても分析を行っている（中西1991）。パースックもまた，タイにおける「インフォーマルセクター」の分析において，高生産性部門と低生産性部門を明示的に区分した（Pasuk 1992）。日本のスラム研究においては，氏原正治郎や江口栄一による都市貧困層の研究（例えば，氏原・江口1959）や，杉原薫・玉井金五の研究チームによる大阪・大正のスラム研究においても（杉原・玉井編1986），スラム内労働市場の構造や，職業階層の移動が取り上げられていた。特に，氏原・江口（1959）では，男女別に詳細な階層分類を行い，その移動を検討していた[24]。労働市場における男女の違いに早くから着眼している点，また，都市下層民の詳細な職業階層を分類した上で，「上昇」の実態を検討している点は先駆的であると言えよう。

　本書ではこれらの研究を参照しながらも，コミュニティの人びとが従事する職業の基本的類型（分類）を，タイの文脈に留意して設置する。公式のマクロ統計では，都市下層民の従事する職業，特にインフォーマル経済は充分に把握されていないか，大雑把にくくられがちであり，分析は容易ではない。独自に職業階層を分類する視角を附与することで，事例を通じた，より詳細かつ緻密な分析が可能となる。次節では，職業階層分析の方法と内容について簡単に述べておこう。

24）氏原・江口の社会階層分類は，職業を基本視点として，男女別に社会階層の類型化を行っている。まず，第1に社会階級による差異に着目し，①使用者階級②労働者階級③自営業主層を本質的に異なる性質のものとして区分する。さらに，第2に産業別，第3に雇用上の地位の差異（例えば，監督者と平の工・職員では地位が異なる），第4に労働の格による差異（精神労働か肉体労働か，複雑労働か単純労働か，など），第5に雇用形態上の差異（家内労働者，職人層などを区別），第6に雇用・収入の規則性（安定・不安定の差異）に注目し，男性27分類，女性10分類を類型として抽出した（氏原・江口1959）。

3 階層分析の方法と内容：職業階層分析を通じて

3.1 職業階層の設置

　実際の分類と具体例の紹介は第4章に譲るとして，リスクを考える上で，重要となる概念と区分のみ説明しておこう。第1に，労働分析の観点から重要となるのは，雇用労働と自営業の区分である。1つには，雇用形態と仕事の特質が明確に異なるためである。「雇用されている」被雇用者と，自ら投資し事業を営む自営業者では，稼得形態および仕事内容（責任や役割），潜在的リスクの性質が大きく異なる。企業に勤務する被雇用者は，受け取る賃金の幅の揺れが小さく，その点では安定性がある。また，組織の中で働くという点においては，事業活動の全責任を個人が背負うこともない。そのような被雇用者が抱える最大のリスクは企業の倒産や解雇である。それに対して，自営業者は，自ら事業を営む者である。被雇用者と比べると自由度が高い一方で，全てのリスクも自身が背負うことになる。2つには，生存戦略にも関わる点であるが，社会保障制度の有無も考慮すべきであろう。多くの発展途上国と同じく，タイにおいては，自営業者に対する社会保障制度は未整備である[25]。それに対して，被雇用者は，規定上は，1人以上の従業員を持つ事業所に関しては，社会保障制度が適用されることとなっている[26]。

　以上の点を考慮して，職業階層分類では，就労地位別の区分を第一義的に考える。通常，国際的な統計基準を採用しているタイの労働力調査では，「就労地位」は，「雇用主（Employer）」「政府関係被雇用者（Government employees）」「民間企業被雇用者（Private employees）」「自営業者（Own account workers）」「家計補充者（Unpaid family worker）」の5つに区分される。ケースの分析において過度

---

[25] 2010年現在，タイにおいては，自営業者や農業従事者を対象とした年金制度をはじめとする社会保障制度の導入が議論されている。
[26] 1993年以降，社会保障法によって，10人以上の被雇用者を有する事業所は社会保障を提供しなければならないことが規定された。2002年より，適用範囲が拡大され，1人以上の被雇用者を抱える事業所，つまり全事業所は社会保障を提供しなければならない。

の細分化を避けるため，ここでは，「雇用主（いわゆる経営者）」「被雇用者（政府・民間を含む）」「自営業者」の3つに分類する。また内職労働者は，出来高賃金をベースとした雇用関係を結ぶものとして，他の被雇用者とは雇用形態が異なること，また，家内労働者（Home worker）としてタイでも政策的関心が高まっていることに留意し，「家内労働者」として「被雇用者」「自営業者」の職業階層とは区別して1つの階層として設置する[27]。なお，「家計補充者」の区分は使用しない。夫婦や家族で共に従事している職業の場合，統計的な手続きでは，通常，男性「世帯主」のみを有職者として計上し，その他の世帯員（主に女性）を無給家族労働者もしくは家計補充者として計上する。都市下層民の職業で該当するのは，例えば，夫婦で共同運営する屋台従事者ではあるが，男性を屋台に従事する自営業者，女性を無給家族労働者として考えるのは実態と乖離が大きいためである。

第2には，第1の就労地位ごと，特に「被雇用者」と「自営業者」内をさらに詳細な職業階層に分類する。国際的な統計基準における「産業」「職種」別分類を参照しながらも，コミュニティに存在する様々な職業の実態をなるべく的確に表現できるような分類を設置する。職業階層の高生産性，低生産性の区分は，先行研究をそのまま援用するのではなく，調査地の職業構成を検討した上で定義する。実際の手続きと分類に関しては，第4章にて改めて議論する。

なお，インフォーマル経済に相当するのは，自営業者，家内労働者のすべて，および被雇用者の中の一部，日雇い労働者などの社会保障が適用されていない労働者である。社会保障の適用される被雇用者はフォーマル経済となる。

3.2　職業経験と就業機会：動態的視点の導入

都市下層民には，頻繁に，職業を変更する人，もしくはせざるを得ない人も多い。したがって，労働者の視点から職業分析を行うためには，職業を固定的に捉えるのではなく，職業移動と階層移動の軌跡を考える事が重要である。通

---

[27] ILO は 1996 年に「家内労働条約（Home Work Convention, C177）」を採択し，積極的に，「家内労働者（Home worker）」に関する支援・調査の促進を各国政府に呼び掛けてきた。タイでは，1996 年に同法を採択し，1998 年には労働社会福祉省内に家内労働者事務所（Office for Home-based Worker）が設置され，調査や法律の制定が着手された（2001 年 8 月の家内労働者事務所でのインタビューによる）。また，国家統計局（NSO）による「家内労働調査（Home Work Survey）」も発表されるようになった。

常，マクロ分析の文脈では，ある産業や就労地位に属する労働者が定点観測される。そのような分析からは，全産業や労働市場における労働者の位置づけや役割は明らかになるが，労働者の労働や生活にとっての就業の意味は部分的にしか解明されない。例えば，1990年代には，多くの若年女性労働者が，労働集約的産業の担い手として，労働市場に参入した[28]。このような現象は，新国際分業の「女性化（feminization）」として，様々な問題関心から注目された。しかし，マクロな視点からの注目は，これらの女性が輸出産業の担い手として貢献したことは明らかにしたものの，これらの女性にとって，工場労働がどのような意味を持ったかは明らかにしてこなかった。労働者の側から職業経験を分析することで，これらの女性の労働が当該産業に対して持つ意義だけではなく，職業経験の変化や職業移動が個々人にとってどのような意味を持つのかが明らかになるであろう。ライフコース分析を用いることによってそのような見方が可能となる。

　ところで，バンコクの変化── 都市機能の再編成 ──は，職業の観点から見ると，労働市場の再編成と結び付いており，個別の空間における就業機会を変化させる。産業構造の変化，空間の再編成と人々の職業経験の変化は相互に規定し合っている。本調査地は，バンコクの都心と郊外という立地条件の異なる2つのコミュニティである。マクロにはバンコクにおける労働市場や空間の再編成を共通の背景としながらも，ミクロにはそれぞれ，コミュニティの立地の違いから，就業機会の特徴に差異が生じている。分析の際には，コミュニティの立地による共通性と差異に留意しながら検討を行う。

3.3　「上昇」「成功」をどう捉えるか

　開発経済学は，都市雑業層やいわゆるインフォーマル経済従事者を，近代部

---

[28] タイにおける1970年から1990年の間の民間被雇用者の変化を見ると，全体としては，3.3倍の伸びを見せており，男性が2.9倍（約115万人から，334万人）へと増大したのに対し，女性は，4.0倍（約67万人から，270万人）へと増大している。民間被雇用者の生産従事者に限っては，同時期に，全体としては，4.0倍の伸びを見せており，民間被雇用者全体の3.3倍よりも高い伸びとなっている。男女を比較すると，男性の生産従事者は，3.5倍（約47万人から163万人）へと増大したのに対し，女性は5.0倍（約23万人から113万人）へと大きく増大している（NSO 1970, 1990）。この時期に，急速な女性の雇用労働への参加があったことが見て取れるであろう。特に生産従事者の大きな伸びは特記に値する。

門に参入していくまでの過渡的な地位として分析していた。日本の都市下層民に関する先行研究においても，しばしば，社会「上昇」とは「近代工業労働者」になることだとされており（例えば，杉原・玉井 1986 など），類似の視点が共有されている。このような上昇のイメージは，単線的な発展論と無縁ではない。ところが，現在の発展途上国における工場労働者，特に未熟練労働者は，最低賃金レベルで雇用されることが多く，またその雇用関係も必ずしも安定的なものではなかった。実際，1997 年のアジア通貨・金融危機の後に，多くの工場でレイオフが実施されたが，その大部分が女性労働者であった（例えば，1998年時点でレイオフにおける女性の割合は，衣料 92.34％，玩具 89.14％，繊維 87.52％，靴・皮革製品 79.13％，電気・電子 70.90％であった（Pawadee 2002））。その他レイオフの実数については，バンディット 1999, 浅見 2000 を参照）。そのようなマクロ条件を背景とした都市下層民の職業経路を考察するためには，タイの文脈に沿った形で上昇を捉える必要があるだろう。「上昇」の経路をあらかじめ想定するのではなく，まずはコミュニティ内の階層分布を明らかにし，人々の職業経路，職業経験の変化を考察する。その上で，当事者の職業観を検討し，当事者の文脈を加味した「上昇」の経路を明らかにする。日本の階層研究では，40歳時の父親世代と子世代間の階層移動を見ることが多い。しかし，職業変更の多い都市下層民の「上昇」は，日本の階層分析で行われているように，特定年齢時の職業を抽出する形では明らかにならないだろう。都市下層民の視点から，上昇や成功とは何か，という点を考察するためには，事例を用いた研究が必要となる。また，重要な留意点として，産業論の視点からではなく，労働者の側から検討する必要性を指摘したい。フォーマル・インフォーマルの二元論的見方や，日本における「近代的産業部門」と「遅れた中小部門」という二部構造論は，産業の視点からは，タイにもあてはまらないわけではない。タイにおいても，大企業と地場産業，中小企業の生産関係は分断されており，むしろ日本よりもその分断が顕著である。しかし，規模別企業間の分断は，そのまま労働者の流動性の断絶につがなるとは限らない。したがって，フォーマル・インフォーマル二元論や，二部構造の議論の枠組みを予め想定するのではなく，労働者の職業移動を丹念に追跡することで，枠組みそのものについても再考する必要がある点を強調しておく。

　具体的な分析では，職業階層を高生産性部門と低生産性部門に区分することで，人々の職業経験 —— 職業の選択やその変更 —— と職業経路を検討する。

職業階層を基にした職種の違いのみならず，ジェンダー，世代などの要素にも考慮しながら，様々な選択や変化の結果，階層の上昇が起こっているかについて検討する。

4　本書の舞台：バンコクという都市

　現代のタイの特徴は，「圧縮された変化」とそれに伴う「重層的」な構造にあると言えるであろう。急速な経済成長と工業化は，経済や社会に段階的な変化をもたらすというよりも，先進国と共通の課題を持ち込むと同時に，発展途上国としての諸課題にも同時並行的に対応せざるを得ない，というような重層的，複層的な様相を生み出した。中進国となりつつあるタイの首都バンコクは，金融中枢機能と，グローバルな分業の生産拠点としての役割を併せ持っている一方で，最低辺の低賃金職種には移民外国人労働者を吸収し，まさに重層的な様相を見せている。たとえば，前述したようなインフォーマル経済の新旧の諸現象の共存，また，出稼ぎ送出国であると同時に，受け入れ国であるというような構図はそのほんの一例である。複雑な関係性が絡み合う世界の縮図が，まさに圧縮して表れているのである。

　タイでは，1980年代から1997年の通貨・金融危機以前まで，平均8％の高い経済成長を維持してきた[29]。急速に工業化が進展し，アジアの生産拠点の1つとして，また，1990年代以降には，金融の準ハブ地域としても重要な地位を占めるようになってきた。タイにおいて，1980年代後半から始まる経済ブームは，外国直接投資（FDI）の増大と密接に関わっており[30]，この時期は，今日的な意味でのグローバル化がもたらした経済と労働市場の再編成の「第一期」と定義できるであろう。この時期には，繊維・衣料，履物，電子・電気産

---

[29]　実質GDPの成長率の平均は，1980年から1996年では7.8％であり，1986年から1996年の10年間に限ると，9.2％の高成長率を示している（NESDBの'National Income of Thailand'の新シリーズの数値を使用）。

[30]　日本が最も大きい投資国であり，1980年代後半には26.7％だったFDIに占める日本のシェアは1990年代後半には，50.8％まで上昇している。タイ資本の累積資本額に対する海外からの直接投資の比率は，1：0.4（1960-1985），1：1.12（1985-1994），1：1.59（1985-2001）となっている（バンコク日本人商工会議所［1991，1998/1999，2002/2003］，BOI［各年度］）。

USドル（100万）

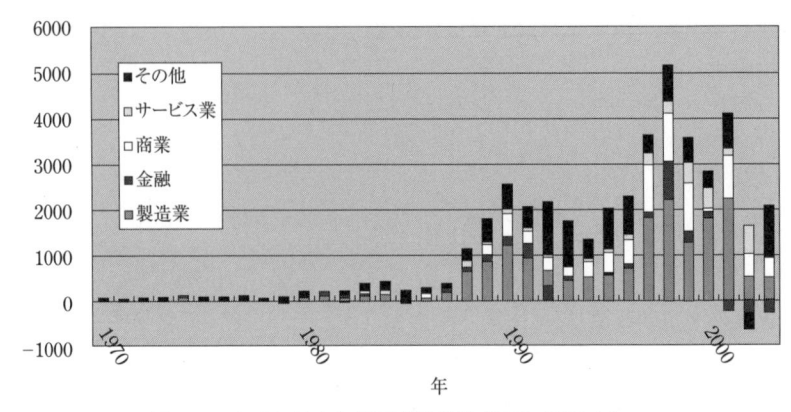

図1-1　タイに対する外国直接投資（1970-2003年）
出所：Bank of Thailand (http://www.bot.or.th) より作成。

業といった労働集約的産業が，主要な輸出産業であった[31]。これらの産業は，労働集約的な生産工程にその特徴があり，多くの未熟練労働を必要とする。したがって，これらの産業に雇用された大部分の労働者が，若年女性労働者であり，若年女性労働者と彼女達の「手」が，第一期の経済ブームを支えた貢献者であるとみなされた。

　しかしながら，これらの産業は，1990年代における経済の再編成の中で急速に競争力を失っていく。主要な輸出産業は，1980年代後半に，外貨獲得1位となった繊維・衣類産業から，電気・電子産業，そして近年ではより資本集約的な自動車産業などへと移行していった（詳しくは，末廣・東編著2000，末廣2000a）。そのような中，1997年の経済危機を境にFDIを検討すると（図1-1），1980年代後半から経済危機以前と比較して，2倍の規模に増大し始めている。その内容も，製造業における主要産業のシフトのみならず，金融や商業，サービスへの投資の増大といった特徴が顕著になってきている。タイでは，1990年代後半から，経済と労働の再編の第二段階（「第二期」）が始まっていることが予想されるであろう。

　その急速な成長の牽引役はバンコクであったと言っても過言ではなく，バンコクへの経済活動や都市人口の集中は際立っていた。周辺の5県を含めた

31）繊維・衣類産業は，1987年に外貨獲得高第1位の産業となる。

バンコク拡大首都圏（BMR）の地域総生産（GRP）は，1990年の時点で，製造業が76.1％，金融に関しては70.7％が集中していた。地方の発展に伴い，BMRへの集中は緩和されつつあるものの，2004年を見ても，依然として製造業の半分近く（48.4％），金融に関しては67.3％が集中している。バンコク都のみで見ると，周辺県へ工場立地が移転していく傾向があるため，2004年時点では，製造業は17.3％であり，むしろ周辺5県に生産機能が集中しているのが分かる。それに対して，金融は，67.3％のうち，バンコク都のみで58.8％という高水準の集中率を見せている（NESDB 1990, 2004）。管理中枢機能の都心への集中は，タイにおいても顕著である。

バンコクへの機能の集中に伴って，バンコクの人口は急速に拡大していった。バンコクの都市人口は1960年代から1990年代までの間に約3倍の規模となっている。急速な膨張は，2000年代に入り収まりつつあるが[32]，それでも人口は約1,000万人であるとされる[33]。現代のバンコクは，都市拡大期を経て，都市内再生産の時代へ入ってきている。特に，初期都市拡大期に流入した層の第2世代，第3世代が既に登場してきている。繰り返しになるが，農村からの視点は，急速な都市化の到来は説明するものの，都市自体の変化や，その内部における貧困やインフォーマル経済の実態を説明してはくれない。バンコクの内部構造に目を向ける重要性が高まってきていると言えるであろう。

5　本書の構成

第2章では，まずはスラム政策として展開された都市貧困政策とインフォーマル経済に対する支援政策の変化を，理論，政策，実態の関わりの中で明らかにする。画一的なインフォーマル経済の定義を想定するのではなく，まずタイ

---

[32]　バンコク都の都市人口の年変化率は，3.7％（1970年），4.4％（1980年），2.2％（1990年），0.7％（2000年）と変化してきた。ただし，周辺5県は，2000年の時点でも4.4％の高い変化率を見せている（Sopon 2004）。

[33]　バンコク都の2004年の統計によると，公式な人口は約560万人である（BMA 2004）。ただし，バンコク都庁（BMA）や内務省によると，住民登録票を地方から移していない人口も多いため，2000年時点で人口は1,000万人を超えていると考えられているという（2000年6月をはじめとし，2001年，2004年などに行ったBMAおよび内務省でのインタビューによる）。

の政策主体において「インフォーマル経済」「インフォーマルセクター」がどのように認識され，政策の中に取り込まれていったのかを，その政治経済的背景とあわせて理解することを目指す。その中で，政策がダイナミックに変動する実態に追いついていない現状を明らかにし，政策と実態のずれの中身を明らかにする。あわせて，都市下層民の「居住」と「職業」の二側面が密接に関わりあっていること，また都市下層内で階層化が進行している事実を示唆する。

第3章では，2003年から実態調査を続けている2つの調査地の概要と生活状況，コミュニティの歴史を紹介する。

第4章以降では，都心と郊外の立地条件の異なる2つのコミュニティを事例に，「居住」と「職業」の二側面に注目して分析を行う。

第4章と第5章では，質問表調査を実施した時点 (2004年) でのコミュニティにおける「居住」と「職業」の側面を掘り下げる。「都心コミュニティS」に関しては，「火災」が起こる前の状況であり，「元郊外コミュニティU」[34]では，1990年代後半に，多くの労働者がレイオフを経験してから10年を経た時点での状況となる。第4章では，職業と職業階層に関して分類を行う。また，コミュニティの人々の就業機会の変遷を概観する。第5章は「居住」に関する分析である。2つのコミュニティの住民の居住形態を概観し，多くが都市定着層であることを確認した上で，同居の原理を分析する。その上で，動態的な居住の変化に着目し，コミュニティの居住空間としての機能を明らかにし，バンコクという都市空間とコミュニティの有機的な関係を明らかにする。第4章，第5章の2つの章を読めば，生存戦略の単位である，個人，世帯，コミュニティの重なり合いが見えてくるであろう。

第6章以降は本書の中心テーマである都市下層民のリスク対応を扱う。第6章と第7章は火災の事例である。火災の後，困難な過程にもかかわらず，人々は，都市から流出するのではなく，コミュニティを再生しようと試みてきた。都心コミュニティSの火災の事例から，コミュニティの消失と再生の過程（第7章:「居住」），また火災で生産手段を失った自営業者の再建・復興の過程を追跡していく（第8章:「職業」）。職業構成の変化や職業階層間移動をふまえながら，リスク対応能力の差異と住民の階層化の現状を観察する。

火災の後のリスク対応の過程では，ジェンダー間の格差も浮かび上がってく

---

34) 「元」郊外と名付けた理由に関しては，第3章を参照のこと。

る。第8章は，女性に焦点をあて，元郊外コミュニティUの女性労働者のライフコースに着目する。1980年代以降の経済ブームの主な担い手であった労働集約的産業に，工場労働者として従事していた女性労働者が，1990年代におけるマクロ経済の再編成の中で，工場労働から閉め出されていき，階層性を帯びながらもインフォーマル経済に参入していく過程を観察する。ここでの分析を通じて，生存戦略における女性の役割，個人条件と世帯条件の絡み合いも見えてくる。第7章と第8章を通じて，インフォーマル経済論の視点からは，従来の議論があまり注目しなかったインフォーマル経済従事者の職業移動やリスク対応，動態的な変化の過程が浮かび上がってくる。

　第9章では，そのような職業移動の経路をふまえつつ，タイにおける都市下層民の「上昇」経路に関して分析する。従来の開発経済学の中で想定された上昇のイメージと，都市下層民が身をおく自己の職業世界の中での上昇のイメージは必ずしも同じではない。その点を考慮しながらも，ジェンダーや年齢世代，都市での居住歴による差に注目しながら，「上昇」と都市での成功の経路を分析したい。以上，9つの章を経たうえで，「おわりに」で，本書の含意を総括する。

　なお，本書には幾つかのコラムが含まれている。1つは，都市空間内におけるモノやヒトのつながりや移動を様々な角度から捉えたものである。もう1つのシリーズは，調査で出会った人々についてである。コラムに登場する人々は，たくさんの出会いの中の，ごくごく一部の人々でしかない。本書はこのような人々との無数の出会いとやり取りに支えられている。質問表を使った調査は，どうしても調査者の「鋳型」を持ち込んでしまう。しかし，人々の中には，そんな型には収まりきらない無数のストーリーがある。その中のごく一部，日常のごく一風景を，筆者との関わりも交えながら綴ったのが「調査地で出会った人々」のシリーズである。

第 2 章
バンコクにおける都市貧困政策

本章では，タイにおける都市貧困政策，特にその中心となるスラム政策の変遷とその過程で登場するインフォーマル経済支援政策を，実態の変化と合わせて考察する。

　タイの都市貧困政策はまずバンコクのスラム対策を中心に展開された。バンコクにおけるコミュニティは，1960年代から始まる都市拡大期を境に急増するが，その大部分はスラム・スクォッター地区であり，行政側からは，開発課題の対象として認識されてきた。「インフォーマルセクター」論も，政策の変遷過程の中で，貧困の社会経済的側面に対する注目が高まった際に登場することとなった。何らかの実態がある際に，そこには常に住民のニーズが存在する。存在するニーズに対して，住民は，直接・主体的な解決を試みる場合と，政策課題として外部に支援を要求する場合の二つの方法を取りうるだろう。また行政の側も，要請を一方的に受けるだけではなく，政策的課題を予見し，能動的に介入・支援する場合もある。実態と政策的対応は常に相互作用を繰り返しながら変化していく。その相互作用の過程は，実態の把握，各アクターの対応，実態とのずれやもしくは実態自体の変化，それらに応じた各アクターの再対応，といった具体的な過程の繰り返しとして理解できるのである。現状分析に入る前に，まずは現在に至る外的条件として，その変容の過程を概観してみよう。タイにおいて，インフォーマル経済がどのように認識され，また都市貧困政策の中に，政策対象として取り込まれていくのかを，その政治経済的背景と合わせて検討することが課題である。

1　スラム・コミュニティの空間配置の変化とインフォーマル経済：「職業」と「居住」の葛藤

1.1　バンコクにおけるスラム・コミュニティ

　住民にとってのコミュニティとは，生活を営み，自己・世帯を再生産する一つの空間的場の単位である。したがって，コミュニティとは地理的概念でもあり，その構成員によって認識されうる境界を持った地域社会である。日本ではコミュニティというと，町内会の範囲となるような町が該当するであろうが，

バンコクのコミュニティは登録制であり，都市空間すべてを網羅する行政の最小単位とはなっておらず，都市の中に点在しているという点に留意する必要があるだろう。

　バンコク都において，コミュニティの登録制度が本格的に開始されるのは，1990年代である。しかし，1970年代の早い時期から，コミュニティは，主にスラムを中心に，政策対象として認識されてきた。バンコクでは，1960年代から，産業化とともに，新しく形成されたスラムが急増する。急速な都市化は，都市人口の急速な増大をもたらしたが，地方からの大規模な流入者が購入可能な安価な住宅は絶対的に不足していた[1]。したがって，これらの人々は，多くが線路沿いや運河沿いの湿地，その他の土地（寺社用地や民間所有地の空地など）に居住をしていったのである[2]。

　このような現象に対して，政府の側からも住宅問題の一部として，諸々の取り組みが開始された。各スラムが，政策の対象として認識され，したがって，コミュニティ政策とはつまりスラム対策のことであり，当時の政策機関の視野に入ったコミュニティとは主にスラムであった。それゆえに，当該時期に定義・把握されているコミュニティの中心は，スラム・スクォッター地区である。

　図2-1は，バンコクにおけるコミュニティ数の変化である。バンコクの人口の増大に伴って，スラム・コミュニティの数が急増していったのが見てとれるであろう。

　1980年代に入ると，次第に行政の関心は，スラム以外のコミュニティに対しても向けられるようになっていく。この時期には，都心の人口が停滞する一

---

1) Sopon (1992) によると，民間市場で供給される新規住宅に対する購買可能性を検討した場合，1980年では，バンコクの世帯のわずか20％しか購買力はなく，したがって，デヴェロッパーによる住宅供給は高所得者層用物件に限定されていた。1986年では，低コストのタウンハウス（1軒辺り17万5,000バーツ）で検討した場合，購入が不可能な世帯は46％へと若干縮小していた。1991年は，タウンハウスの供給は減少し，安価なコンドミニアムが供給され始めたが，購入可能な層は50％であった。1993年は，不動産市場の不況を受け，低所得者層用の住宅市場は再び縮小し，購入可能世帯は，40％へと減少し，賃貸市場が発展することになる。スラムやスクォッターの増大は，このような住宅市場の状況を背景としている。1990年代後半から2000年代にかけての，民間部門による住宅供給に関しては，Sopon (2004) の博士論文に詳しい。

2) Sopon (1992) によると，1974年は，バンコクにおける全住宅数のうち，スラム内住宅は，2番目に戸数が多く，25％を占めていたが，面積では，3位であり11％のみであった。1984年には，スラム住宅の面積は，わずか7％であるが，戸数では18％であり，バンコク人口の17.8％が居住していたという。安価な住宅の不足と，スラム・コミュニティにおける密集度の高さが示唆されているといえるだろう。

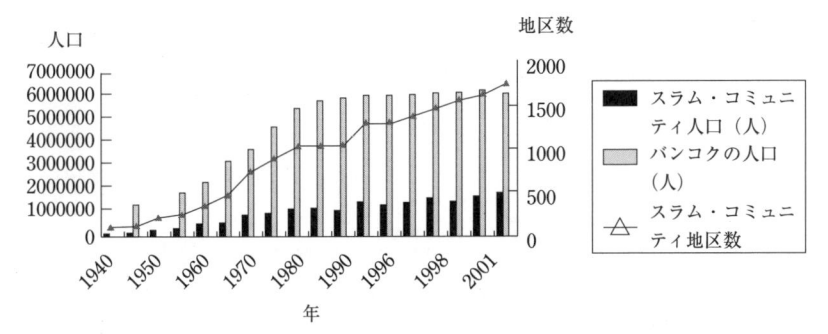

図 2-1　バンコクのスラム・コミュニティ人口／地区数の増大
出所：新津（1998），Sopon（1985），Statistical Profile of BMA 各年度版より筆者が作成。

方で，郊外に分譲住宅地が形成されていった（松薗［橋本］1998a）。主に中間層をターゲットとして開発されたこれらの地区は，スラムとは異なる形態をとってはいるが，一つのまとまりとして，コミュニティとして認識された。また1990年代に入ると，バンコク拡大首都圏（周辺5県を含む）の都市人口増大が顕著になり[3]，コミュニティを対象とする政策の増大と並行して，スラム以外のコミュニティに対する行政的関心も高まっていった。

現在のバンコク都庁コミュニティ開発局（1993年設置）によるコミュニティ（Chumchon）の定義は，以下の通りである。

①密集コミュニティ（Chumchon eeat）
密集地区で，居住環境は悪く，最低でも1ライ（0.16ヘクタール）に住宅が15軒以上ある地区。
②郊外コミュニティ（Chumchon chaanmuang）
郊外に形成されたコミュニティで，住宅は密集していないが，排水などの基本インフラの整備が必要な地区。
③分譲住宅地区（Chumchon baanchatsan）
民間により開発された分譲住宅地区。
④公社住宅地区（Chumchon kheha）
国家住宅公社（NHA）によって供給された公団地区。

---

[3]　バンコクの郊外の研究については，ノンタブリー県の分譲住宅地を検証した河森（2005）や，Askew（2002）がある。

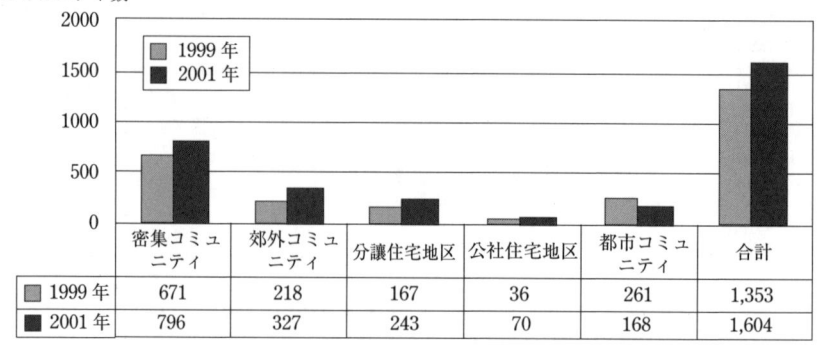

	密集コミュニティ	郊外コミュニティ	分譲住宅地区	公社住宅地区	都市コミュニティ	合計
1999年	671	218	167	36	261	1,353
2001年	796	327	243	70	168	1,604

図2-2　バンコク都におけるコミュニティ数

出所：BMA（2001）。
注：登録済みコミュニティ数を集計。

⑤都市コミュニティ（Chumchon muang）

密集コミュニティと郊外コミュニティの中間の密集度を示すもの。

　各コミュニティの内訳は図2-2の通りである。公式登録制度の開設後，元々スラム政策の対象となっていたスラム地区がコミュニティとして登録したケースも多い。ただし，このうちのどれだけの比率が，現在の都市下層民の居住空間を表しているのか，正確に把握するのは難しい。密集度からしてスラムとされている①の地区に加えて，通常，1950年代以前からあった長屋の集落や下町が一部スラム化しているような地区は，⑤の都市コミュニティに分類されているため，⑤は下層民の居住空間である可能性が高い。また，公社住宅地区，郊外コミュニティは都心のスラムを移転させる過程で形成されたものも多い。後述する通り，都心の開発圧力の増大と共に，スラムの郊外への移転が活発化している。政府が支援・提供する移転地は，居住空間としては整備されているが，移住後の住民は，深刻な経済社会的問題に直面する場合も少なくない。したがって，分譲住宅地区は，中間層の居住空間として省くとして（約15％），残り85％のうちの大部分，もしくは少なくとも，密集コミュニティと都市コミュニティの合計約60％が，下層民の居住空間に該当するといえるだろう。なお，本章では，バンコク都庁の定義①に当たるコミュニティのみではなく，都市下層民の居住空間全般に注目する。「スラム」という表現を用いる

際も，特に注記がない限りは，広義な意味で使用している。

1.2 スラムの現状と傾向

　1980年代初期までの都市拡大期に形成されたスラムは，バンコクに就業機会を求めて流入した人々によって形成された。都市下層は，他の階層と比較すると，一般的に，交通費の負担を切り下げるためにも，職住近接の傾向が強い。他方で，就業機会は主に都心に集中している。したがって，多くのコミュニティが都心に集中することとなった。Sopon (1985) が1985年に実施した1,020のスラム調査によると，全スラム数のうち，約50％が都心から直径6.5キロ，約75％が，都心から直径8.9キロの範囲内に集中していた[4]。

　ところで，1980年代後半からの経済発展は，都市下層の就業機会をも拡大し，都心への都市下層民の集中を促す一方で，居住空間としては，都心の地価の上昇と都市開発圧力の増大により，スラムの撤去・移転の圧力が増大する時期でもある。大規模な移転地の建設も，主に1990年代に入ってから実施されているが，それらは主にバンコク郊外地である (NHA 1991, Vichai 1999)。図2-3は2000年におけるバンコクのコミュニティの分布図であるが，密集コミュニティ，都市コミュニティは依然として都心に集中していることが分かる。これに対して，中間層の居住地である分譲住宅地区は郊外に分布し，また，行政がスラムの移転政策の一環として整備している公社住宅地区に関しては，郊外が多いことが分かる。したがって，移転政策の活発化によって，都心から郊外への移転を余儀なくさせられたコミュニティも多いが，多くが都心でインフォーマル経済に従事するスラム住民にとって，郊外地の就業機会は限定されていた。したがって，近年の特徴として，以下の点が重要である。まず第1に，1990年代からの撤去・移転圧力の増大と，都心に集中していたコミュニティの郊外への分散化の傾向である。第2に，都心におけるコミュニティの密集化の傾向である。都心の新たな土地でスラムを形成するのが難しくなっているにもかかわらず，郊外への移転に適応できなかった多くの世帯が都心に戻ってくる。したがって，既存のコミュニティに流入することになるのである。表2-1を参照すると，1985年から1996年にかけて，郊外でコミュニティが大きく増大して

---

4) パトゥムワン区を，都心の基点として測定した距離である。

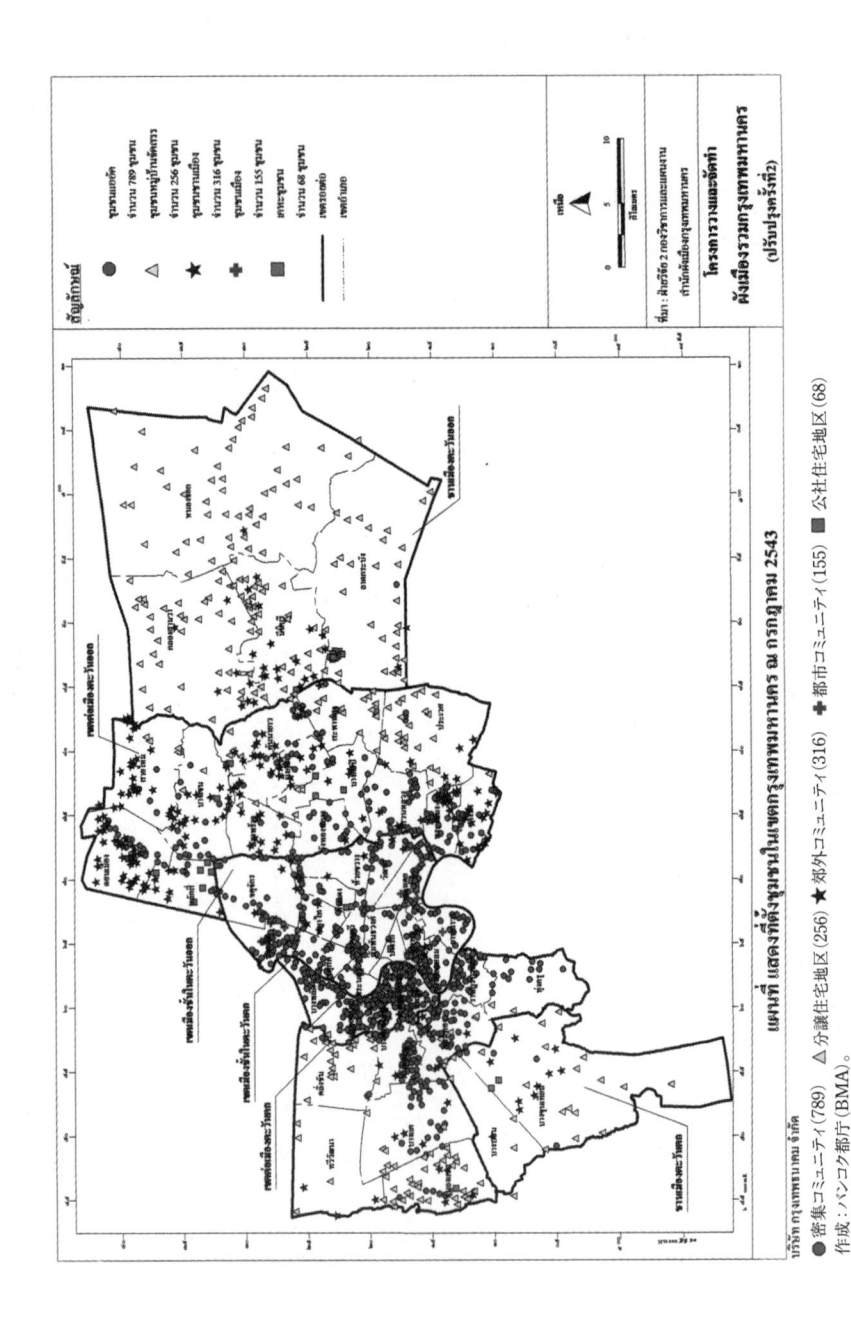

図2-3 バンコクにおけるコミュニティ地図 2000年

● 密集コミュニティ(789) △ 分譲住宅地区(256) ★ 郊外コミュニティ(316) ✚ 都市コミュニティ(155) ■ 公社住宅地区(68)
作成：バンコク都庁 (BMA)。

表 2-1　バンコク都における地域別スラム分布状況の変化：1985 年/1996 年/2006 年

	年	内区	中間区	外区	合計
スラム地区数	1985	406	486	51	943
	1996	422	566	258	1,246
	2006	534	860	380	1,774
スラム人口 (1,000 人)	1985	372.6	538.1	45.8	956.5
	1996	544.0	556.1	147.1	1,247.2
	2006	579.6	912.2	314.6	1,806.4
都区域別人口 (1,000 人)	1985	2,933.4	1,843.5	397.8	5,174.7
	1996	2,360.9	2,301.5	922.6	5,585.0
	2006	1,804.7	2,809.7	1,081.5	5,695.9
スラム地区当たりの平均人口 (人)	1985	917	1,107	898	1,014
	1996	1,289	983	570	1,001
	2006	1,085	1,061	828	1,018
スラム人口比率 (%)	1985	12.7	29.2	11.5	18.5
	1996	23.0	24.2	15.9	22.3
	2006	32.1	32.5	29.1	31.7

出所：1985 年，1996 年の数値は新津 (1998) を参照。2006 年は，バンコク都庁からデータを入手し，筆者が計算（地区区分は他の 2 年のデータと揃えている）。

注：内区，中間区，外区の区分は Appendix[1] を参照のこと。2006 年のデータは，密集コミュニティ以外の数値も含む。「スラム地区数」は，コミュニティ統計（生データ）を集計。「都区域別人口」は Statistical Profile of BMA の 2006 年度版を使用して計算。地区当たりの面積は，区域によって大きく異なっており，平均面積は内区が 14.6，中間区が 44.9，外区は 225.9 (ライ) である。

いるのに対して，都心では地区の絶対数はほとんど増加していない。しかし，地区当たりの人口は都心のスラム地区で明らかに増加しているのである。2006 年にかけては，郊外のコミュニティの密集度も若干上昇し，逆に都心は低下している。ただし，注にあるように，地区当たりの平均面積を比較すると，内区は 14.6 ライのみであるのに対し，外区は 225.9 ライと，大きな開きがあり，都心におけるコミュニティの密集状況が垣間見られるだろう。移転地におけるウィチャイの調査では，移転地に定着するのはたった 3 割に満たなかったことが明らかになっている (Vichai 1999)。近年，新たに様々な再開発政策が発表されており[5]，今後もこの傾向が促進されることが予想されている。都心の土地

---

5)　例えば，旧市街地では，観光開発のために 21 のコミュニティや，バンコク都庁によって運河沿い 180 のコミュニティの撤去が計画されており，住民組織や NGO から危惧の声があがっていた (*Bangkok Post*, 2003.7.21, 9.20)。その他にも，最大規模のスラムがあるクローントゥーイ地区の商業用再開発計画と撤去計画，ラーマ三世通り近辺のビジネス地区開発計画，新国際空

をめぐる競争は，都市下層民にとっては，「職業」と「居住」のジレンマとして先鋭化しているのである。

1.3　タイにおけるインフォーマル経済

　タイにおけるインフォーマル経済，「インフォーマルセクター」の定義を確認してみよう[6]。従来のインフォーマル経済の概念は，ある特定の産業区分というよりも，「状態」や「機能」を全体として捉えて，その構成集団を総称した用語であった。質的側面を多分に含む上に，実態は公式統計に反映されない部分がほとんどであるため，実際の規模を厳密に把握するのは難しい。そのため，政府による推計は，便宜上，労働統計や企業統計を用いることが多かった。タイにおいては，国家統計局（NSO）によって1994年に最初の「インフォーマルセクター」に関する公式統計書が発表された。そこでは，毎年実施される「労働力調査（Labour Force Survey）」第3期のデータをもとに，「フォーマルセクター」を，「規律を持った経営・管理システムを有し，少なくとも10人以上を雇用する公的，もしくは民間の組織」，「インフォーマルセクター」を，「小規模かつ組織化のレベルが低い経営形態や，低賃金もしくは不確実な賃金，社会福祉や社会保障の不適用などに規定される事業所」と定義していた（NSO 1994, p. 32）[7]。この定義によると，1994年8月の時点で，タイの総労働人口の76.8%（農業従事者を含む），都市労働人口の47.6%，バンコクの労働人口の41.1%が「インフォーマルセクター」に従事しているとされた。共通して見られる特徴としては，「フォーマルセクター」従事者と比較して低教育水準であること，女性の比率が若干高いこと，若年層や高齢者が比較的多いこと，社会

　　港と都心をつなぐ鉄道整備など，数多くの計画がコミュニティの撤去・移転を必要としている。2009年現在，一部のプロジェクトは既に実施されたが，大部分は，調整・交渉が続いている。詳しくは第5章のコラムを参照のこと。
6)　タイで初めて「インフォーマルセクター」という用語が公式の政策文書に登場するのは，国家経済社会開発計画の第7次計画（1992-1996年）である。以下，第1章と同様に，引用文献を扱う場合，その筆者が「インフォーマルセクター」という用語を使用していた場合のみ，「インフォーマルセクター」として表記し，それ以外はインフォーマル経済とする。
7)　10人という基準はILOが目安としている国際標準でもあったが，実際には国ごとの事情により適用される基準は異なっていた。タイにおいては，社会保障法が適用された1992年当時，従業員10人未満の民間事業所は適用外とされたため，10人を基準にすることは一定の手続的合理性があったと思われる。

保障など公的福祉の適用を受けていない不安定就業であることが指摘された。

　以上のように便宜上，従業員数などの指標に基づいて両セクターの線引きをした公式統計以外にも，様々な基準に基づいた測定が研究者や国際機関によって行われてきた。例えば，「労働市場の分断性」に注目したチャロンポップは，民間被雇用者の59％は「インフォーマルセクター」に属すると算出し，バンコクの総労働人口の約60％が該当するとした（Chalongphob 1987）。その他各種推計値が存在するが[8]，バンコクにおける同セクターの規模は大体40％から60％前後とみなされていた。2000年には，浅見が，社会保障の有無を第一の基準とし，商業省に登録している事業所と未登録事業所，さらに，登録していても社会保障制度に加入していない事業所とを区分し，両セクターの比率を計算している（浅見2003）。それによると，2000年時点で，「フォーマルセクター」：「インフォーマルセクター」の比率は，1：2.7となる。またタクシン政権時には，「制度外経済」「制度外労働」として自営業者や零細企業に対する関心が高まり，新たな調査が急増した。2005年に発表された制度外労働に関する統計書では，全国で就業者の62.1％は「制度外労働」であるとされた（ただし，38.0％は農業従事者である）。バンコクに限定すると，29.2％で比較的低くなっている（NSO 2005）[9]。

　あわせて，表2-2, 2-3から社会保障の適用状況を見ておこう。2004年に発表されたILOと労働省，NSOの合同統計調査によると，社会保障のカバー率は，全労働力人口の27.5％となっている。地域別の分布を見ると，バンコク都と周辺5県を含めたバンコク拡大首都圏に社会保障対象者の約60％が集中している。一方，社会保障非対象者を特定集団で区分したデータを参照すると，インフォーマル経済にあたる自営業，露天商，家内労働者，家事関連労働者のいずれも非対象者が90％〜95％を占めている[10]。運輸関連労働者に関しても，一部の被雇用運転手以外は，カバーされていないと見てよいだろう。また，非対

---

8)　例えば，鳥居・積田（1981）：68％［1970年・トンブリを含む］，パスク・ポンパイチット＆糸賀滋編（1993）：約60％［1988年］，社団法人地域問題研究所（1993）：54.67％［1984年］/51.69％［1988年］，United Nations（1996）：約40％［1994年］など。

9)　農業従事者も制度外労働に区分しているため全国の比率はバンコクよりもかなり高くなる。バンコクの就業者数は，387万5,741人，制度内が274万4,621人，制度外が113万1,120人である（NSO 2005）。

10)　自営業者は自己加入方式の制度があるが実際にはほとんど機能していない。家族に公務員がいる場合は，家族全体が適用対象となっている。

表 2-2　社会保障対象者（全国・地域別）

表 2-2a　社会保障対象者（全国）

	労働力人口	非労働力人口 & 15 歳以下	合計
社会保障対象者	9,742,308	3,105,780	12,848,088
非対象者	25,711,371	25,588,015	51,299,386
カバー率（％）	27.5	10.8	20.0
不明	29,874	60,625	90,499
合計	35,483,553	28,754,420	64,237,973

表 2-2b　企業数および社会保障対象者（地域別）

地域	企業数	社会保障対象者数	構成比（％）[1]
バンコク都	116,918	2,500,584	36.2
バンコク都周辺県	38,514	1,540,251	22.3
中部	45,514	1,409,651	20.4
北部	32,589	477,919	6.9
東北部	37,315	483,050	7.0
南部	30,741	488,768	7.1
全国（合計）	301,518	6,900,223	100.0

出所：ILO (2004a)。
元出所：Contributions Division, Social Security Office。
注：Voluntary contributors を除く。2002 年 12 月現在。
　1）全国の社会保障対象者に対する各地域の比率。

象者の教育水準を見ると，小学校卒業以下の者が大半を占めている。

　以上の統計を概観すると，いわゆるインフォーマル経済職種の大部分が社会保障の適用外（制度の外）であることが明らかである。空間別に見ると，バンコク拡大首都圏には，社会保障の対象となるようなフォーマル部門の雇用が集中していることが分かる。ただし，フォーマル部門が集中する一方で，インフォーマル経済自体もまた，農業従事者を除いては，バンコクにおける就業機会が大きい。インフォーマル経済の各職種は，バンコクの都市化の発展と密接に関係し，拡大してきた。幾つかの職種の動向を確認してみよう。

　例えば自営業者に目を向けると，バイクタクシーは都市化と密接に絡み合って成長した典型例である。バイクタクシーは 1980 年代の渋滞を背景に，バンコク近郊で登場した。1988 年の調査では，1 万 6,000 台であったとされるが（Nipon 1991），その後急速に増大し，2005 年の登録制度導入時には，約 11 万

表 2-3　特定集団・職業別社会保障の非対象者

	対象者	非対象者	合計	非対象者比率 (%)	小卒以下 (%)[3]
農業・漁業従事者	627,758	13,615,004	14,242,762	95.6	83.3
低所得世帯[1]	681,922	10,523,484	11,205,406	93.9	79.6
自営業（被雇用者無し）	753,670	9,999,186	10,752,856	93.0	79.9
高齢者（55 歳以上）	1,731,798	7,030,893	8,769,928	80.2	95.9
高齢者（55 歳以上未亡人）	385,465	2,114,717	2,501,681	84.5	97.8
建設労働者	122,337	800,119	922,456	86.7	82.1
露天商	37,805	715,520	753,325	95.0	76.0
家内労働者	70,861	701,039	771,900	90.8	77.3
運輸関連労働者[2]	287,586	529,080	816,666	64.8	67.4
家事関連労働者	19,647	170,915	190,562	89.7	82.5

出所：ILO（2004b）
注：1) 世帯所得（月収）が 2,500 バーツ以下の世帯。
　　2) タクシー，トゥクトゥク，バイクタクシー，バン運転手。
　　3) 社会保障非対象者の内，学歴が小学校 6 年生以下の人の割合。

台が登録した[11]。チュラーロンコーン大学に委託された調査によると，営業スポットも，1994 年の 1,570 ヶ所から，2003 年には 4,440 ヶ所へと約 3 倍に増大していたという。

　露天商に関しても同様である。バンコクの露天商は，都市の外食文化にも支えられ[12]，都市化の過程で成長してきた。1980 年には 8,000 人程度であった従事者は，1990 年代には約 2 万人へと増大している（Chomlada 1991）。2005 年時点では，683 地区の許可地区があるが，露天商の登録も着手された[13]。また家内労働者（Home worker）に目を向けると，NSO が 1999 年に発表した統計では，推計値は世帯数が約 23 万世帯，従事者数は 30 万人とされたが（NSO 1999），過少評価であるとされてきた[14]。2002 年に再度，NSO が発表した統

---

11) 2005 年 11 月時点で 10 万 9,527 台が登録していた（バンコク都庁交通局提供の資料による）。
12) 国家経済社会開発庁（NESDB）の調査によると，バンコク都民で 1 週間に 1 度以上袋入りの調理済み食品を購入する人は，86.4%にのぼり，毎日購入する人も 22.7%になる（『週刊タイ経済』2005 年 7 月 25 日号）。ヤスミンは家計調査を参照し，1990 年代中旬のバンコク首都圏では，世帯の食費の約 50%が調理済み食品に支出されていると指摘する。1962 年には 30%に過ぎなかったという。バンコクにおける屋台産業と消費の実態に関しては，Yasmeen（2006）に詳しい。
13) 都市警察の資料およびインタビューによる（2005 年 12 月 5 日）。
14) 世帯数は 22 万 6,473 世帯，従事者数は 31 万 1,790 人とされた。同時期に，労働社会福祉省家内労働者事務所（Office for Home-based Workers）は「少なくても 90 万人以上」，NGO の Justice & Peace は 150 万人以上としており，かなりの開きが見られた（労働社会福祉省，NGO の数値は

計によると，内職に従事する家内労働者は全国で約40万世帯，従事者は約60万人とされる（NSO 2002)[15]。推計方法の見直しの影響もあるが，いずれにしても従事者の規模が決して小さくないことは明らかである。従事者のうち，女性が78.1%を占めており，業種では製造業が77.3%，地域別分布を見ると，バンコク都は11.1%であり，約4万5,000人が従事している。

以上の事例を見ると，インフォーマル経済職種もまたバンコクの発展と共に成長してきたといえるであろう[16]。これらの職種は，都市下層の労働市場の一部を形成している。被雇用部門の低賃金職種を構成する未熟練労働者や日雇い労働者，また，近年，労働過程の柔軟化やインフォーマル化が進行していることが指摘されているが（Voravidh & Teeranat 1998, 末廣 2000a)，非正規雇用の低賃金職種など被雇用部門の下層と，インフォーマル経済職種である自営業や家内労働者は，バンコクの中で，フォーマル部門の労働者との格差構造の下にありながらも，バンコクの発展に連動して，その経済活動の規模を拡大させてきている。

現代のバンコクでは，インフォーマル経済従事者の増大と被雇用部門の低賃金職種の拡大の両方が観察されている。また前述のとおり，フォーマル部門のインフォーマル化も進行しつつある。つまり，発展途上国に広く見られるとされてきたインフォーマル経済職種に加えて，先進国と同様に労働の非正規化が進行し，新旧の現象が同時進行する傾向を見せている。

1.4 コミュニティの就業構造の重層化と就業機会

話をコミュニティに戻そう。近年のコミュニティの郊外化と住民の還流の現象は，就業機会を視野に入れながら，空間的に把握すると分かりやすいだろう。前述の通り，ソーポンの調査では，スラムの多くが，就業機会の集中する都心に集中していた。住民の構成を見ると，1985年の調査時点でも，既に世帯主

インタビュー，内部資料による）。
15) 世帯数は40万6,473世帯，従事者は59万2,235人である（NSO 2002)。
16) なお，政府の見積もりによると，2001年時点で，インフォーマル経済の経済規模は約2兆3,300億バーツであり，GDPの45.6%に相当するという。その内，33.3%はGDPに計上されているが，約12%は違法な賭博や売春，麻薬に関わる部分であり，計上されていないという。性サービス従事者は，1996年時点で，全国で約20万人とされる（『週刊タイ経済』2004年7月19日号)。本書では，賭博，麻薬に関わる違法職種は扱っていない。

の41％はバンコク生まれであったという。松薗によると，1980年代以降，徐々にバンコク生まれの第2世代が育ちつつあり，その傾向は1990年代を通じてますます促進された。その中で，都市の労働市場，スラムの住民の就業構造のそれぞれが，インフォーマル経済のみならず，不安定賃金職種，安定賃金職種など，重層化していることを指摘している（松薗［橋本］1998b）。

また，バンコクの外延的拡張と就業機会は連動して変化してきている。チュラーロンコーン大学社会調査研究所が1999年に実施した都市の貧困実態調査によると[17]，内区では，居住年数が10年に満たない住民は，36.1％にすぎないが，中間区，外区では，それぞれ52.9％，69.1％にも及ぶ[18]。20年以下の場合は，内区が57.8％であり，中間区，外区は，75.8％，98.4％になる。郊外の住民が比較的新しい時期に流入したことが見てとれるだろう。就業構造を見ると，内区では，有職者のうち，露天商が28％，政府系サービス・公的機関・民間被雇用者が約30％であり比率が最も高い。これに対して，外区は，露天商15％，被雇用者が25％である一方，工場労働者も14％と高い（CUSRI 1999）。スラムの撤去と郊外への移転の傾向が強化される一方で，都市下層の労働市場は重層化し，地区により就業機会が異なっている。これらの諸条件に対して適応を図りながら，住民は都市の中を移動しているのである。

以上のように，バンコクにおけるスラムの空間的配置および就業構造は都市の発展とともに変化してきている。スラム人口は減少する兆しを見せていないが，政策主体のスラムやインフォーマル経済に対する認識と優先される政策課題は変化してきた。次に，スラム政策を含めた都市貧困政策の変遷を概観してみよう。

---

[17] JICAの要請を受けて実施した都市貧困調査である。バンコクを，内区，中間区，外区の3つのゾーンに区分し，それぞれ4区，4区，3区をランダムに選び出し，さらにその中でコミュニティをランダムに選出して質問表調査を実施している。対象となっているのは密集コミュニティ12ヶ所，都市コミュニティ6ヶ所，郊外コミュニティ2ヶ所，公社住宅地区2ヶ所であり，サンプル数は計1,103人である。

[18] 調査コミュニティ内で世帯をランダムに抽出し，さらに世帯内の回答者1人をランダムに抽出しているため（ただし18歳から70歳の世帯構成員が対象），回答者は世帯主とは限らない。

2 バンコクにおける都市貧困政策の変遷とインフォーマル経済支援政策

2.1 スラム政策前史

　タイにおける「貧困政策」は，農村を中心に展開されてきた。都市においては長らく包括的な貧困政策が展開されることはなく，またスラム問題は住宅問題の一部として対応されてきた。初期のスラム政策は，スラムの撤去と低所得者用住宅の供給が中心であった。しかし，撤去は他のスラムへの住民の流入を促したにすぎず，低所得者用住宅の供給もそのコストの高さから，限界につきあたる[19]。したがって，1970年代後半からは，世界銀行の提言を受け，代替的手法として，サイトアンドサービスとスラム内改善方式に比重が移行した。前者は，依然として政府負担が大きいため，1980年代に一旦中止された。一方，スラム内改善プロジェクトは住宅ストックの維持という側面から見ると，一定の成果をあげた。スラム地区は，湿地や未利用の条件不利地など居住環境が悪く，都市の基本的な生活インフラストラクチャーの整備が行き届いていない場所に立地することが多い。したがって，改善プロジェクトは，歩道の整備に重点がおかれ，その他にも上下水道，電気，ゴミの収集など様々なプロジェクトが実施された。

　しかし，物理的環境が改善しても，必ずしも経済的生活の向上には直接つながらなかった。他方で，1980年代に入ると，都心の開発圧力などから，スラムの撤去圧力も高まるようになり，代替移転地を準備する移転プロジェクトも同時並行的に増大する。ところが，職場から離れた郊外の移転地に多くのスラム住民は定着せず，政策実施機関の国家住宅公社（NHA）による事後評価では，

---

19) 低所得者用住宅は，ディンデーン地区に建設されたものが有名である。当該地区にあった大きなスカベンジャー地区の住民の移転政策の一環として建設された。しかし，賃借料を賄いきれない住民が多く，また移動することにより，既存の経済・社会関係が破壊されてしまうといった問題が生じ，移転した人々の多くが権利をより所得の高い階層に転売し，別のスラムに戻っていった。廃品回収人として生計をたてていた住民の多くは，ゴミ捨て場が移転した先のオンヌットや，クロントイスラムなどへ流入していったという。現在，ディンデーン地区の低所得者用住宅は，老朽化のため，取り壊しが議論されている。

多くのスラム住民が再び都心のスラムに戻ってきてしまうことが明らかになる（NHA 1991, Sopon 1992, 新津 1998, Vichai 1999, Joan Biji *et al.* 2002 など）。様々なスラム対策の試みは，かなりの住宅問題を解決したが，全体としてみれば撤去や住宅不足の問題に対応しきれず，土地の権利の問題や貧困層の支払い能力の問題等が未解決のまま残っていた。したがって，1980年代後半に入ると，貧困層の負担能力向上と自助能力向上のためにも，社会経済的側面に対する支援の必要性が認識されるようになる。

2.2 社会経済的側面への注目

貧困問題の社会経済的側面を理解する必要から，1980年代は政府機関によって多くのスラムや都市貧困層の実態調査が行われた。国家経済社会開発庁（NESDB）に提出されたタマサート大学のメーティーらによる『タイにおける都市貧困層の研究』(1986, 1987) は，その代表的なものであり，政策提言のために実施された初めての本格的な実態調査である[20]。この調査では，貧困の原因は失業にあるのではなく，不完全就業にあることを確認し，貧困解決のための最も重要な解決法として，雇用の問題を大きく取り上げた。また，貧困層は「フォーマルセクター」従事者と「インフォーマルセクター」従事者の双方に見出されるが，インフォーマルな特徴を持った従事者に貧困層がより多く観察されるとして，「インフォーマルセクター」の活動を，「消極的」な現象として排除するのではなく，むしろ積極的に支援することが重要であると提言した。一部引用してみよう。

「最終分析結果から，世帯主が充分な所得を稼げる雇用を見つけることができれば，都市貧困問題は解決することが明らかになっている。都市地域の貧困問題への長期的対策で最も重要となるのは，都市住民（既存の住民と将来的移住者の両方）のための雇用創出である。もしくは，何らかの自営業を営むような機会を保障することである。雇用は，フォーマルセクターに限定されるべきではない。インフォーマルセクターにおける雇用は同様に重要とな

---

[20] USAIDによる資金援助を受けてマクロ統計分析と，雇用調査，ミクロなスラム実態調査を実施。メーティーはこの調査に基づいて提案する貧困緩和政策は，第一義的に経済政策であり，包括的な貧困政策のためには別の調査が必要になるとしている（Medhi *et al.* 1986, pp. 5-10）。

る。例えば，露天商，一般労働者などに対する設備の提供は，都心で生計を得る手段のために重要となる。職を得ることは，貧困問題にとって最も重要な解決法であることを，各政府担当者は認識しなければならない。」(Medhi *et al.* 1986, pp. 5-11)

さらに，貧困層は「フォーマルセクター」従事者と「インフォーマルセクター」従事者の双方に見出されたが，しかし，インフォーマルな特徴を持った従事者に貧困層がより多く観察されるとして，以下のように提言している。

「路上露天商，靴磨き，花売り，車洗浄，職工，スカベンジャー，街角の修理工などのインフォーマルセクターの活動は，消極的な現象 (negative phenomena)，もしくは排除される，消滅させるべきものとしてみなされるべきではない。むしろ，有力な経済的または社会的反論がない限りは，これらの活動を，価値あるものとして認め，できるだけ干渉せず，資源の制限がある場合には支援することが必要である。したがって，都市自治体は，インフォーマルな活動を抑制し，貧困を悪化させるのではなく，それらの通常の活動のために，適切な立地，物理的支援，モニタリングなどの支援をすべきである。」(*Ibid.*, pp. 5-12)

政策提言のための各種調査で「インフォーマルセクター」として取り上げられた都市雑業の類は，従来都市問題の根源，もしくは非近代的なものとして排除，撤去の対象となっていた[21]。しかし，これらの調査では，貧困層の生計の場としての機能が積極的に評価され，発想の転換が促されるようになったと言える。また，都市人口の拡大は社会増が多く，スラム住民の調査からは，「インフォーマルセクター」従事者が相対的に多いことが指摘されており，貧困と移住者，スラム，「インフォーマルセクター」のリンクが意識されるようにもなった。

---

21) 例えば，1960年代のサリット政権時代の都市美化計画におけるサームロー（三輪タクシー）を交通渋滞の原因，もしくは非近代的交通の象徴として禁止する政策や，1983年の閣議決定にみられるような街並みの美化と衛生，交通の妨害の原因として行商人や露天商を排除しようとする政策などがある。その後の露天商をめぐる政策の変遷については，Phongsaton (2002) や Narumol (2005) が詳しい。その他，Chomlada (1991) も参考になる。

2.3 「インフォーマルセクター」支援政策の登場

　スラム内の就業構造の分析は，政府機関が着手する以前から幾つかの蓄積があり[22]，またNGOやスラム住民の側からも，生業として日々従事する経済活動として位置付けられ，公的機関が否定的な介入をすることに対して疑義が申し立てられていた。政策的関心の高まりは，政策実施機関が「インフォーマルセクター」に対する肯定的評価を共有するようになったことを表している。しかし，両者の個別具体的注目点は，必ずしも同じではなかった。

　政策指向的に活発化した「インフォーマルセクター」の調査研究は，同セクターが支援に値することを証明するために，いかにマクロな経済開発に貢献しているかという点に焦点をおいてきた（Amin 2001）。その中で特に強調されたのは，タイ経済（もしくはバンコク経済）と都市貧困層の相互依存関係である[23]。

　それでは具体的にはどのような業種が政策対象となりうるのか。ILO-ARTEPが1988年に実施したバンコクの自営業者調査では，「インフォーマルセクター」の高生産性部門に対する支援が重要であることが指摘されていた[24]。その主張は，その後の個別業種の調査に反映され，周辺的な低生産性部門ではなく，生産性が比較的高く，経済成長に直接連関する高生産性部門

---

22) 例えば，イーゲルは，「インフォーマルセクター」が未熟練な農村からの移住者や都市貧困層にとって，「生存の経済」としての機能を担っていると規定した（Igel 1992）。

23) 例えば，労働社会福祉省とILOによって1994年に開催されたワークショップでは，露天商はバンコク経済に18億バーツの貢献をしており，毎日約7,500人の中間層レベル以上の民間，公的機関被雇用者に安い食事と財を提供していることや，廃品回収人は，毎日約1,000トンのごみを回収しており，約1億1,200万バーツの税金の節約に貢献しているという推計が報告された（ILO & MOLSW 1995, p. 11）。

24) 自営業の高所得サブセクターは，第1に，利潤を生み出していること，第2に，小企業にとって資本蓄積の源泉になっていること，第3に，訓練の場として機能すること，そして第4に，農村労働者などに，雇用の場を提供できることから促進に値するとされた。それに対して，低所得のサブセクター（露天商など）は，<u>経済的には</u>（効率性・生産性の議論からも）促進すべき正当な理由は見当たらない。しかし，従事者に職の場を提供するという，<u>重要な福祉機能があるため</u>，政府は<u>制約</u>をするべきではないと指摘した。つまり，<u>潜在力のある自営業促進</u>は，小企業向上と拡大，雇用の創出の両方から支持できるため，特に急速に成長している活動（宝石，修理，卸・小売，金属・非金属製品）に対して支援を行うべきであるとされた（下線部筆者）（ILO-ARTEP 1988, pp. 85-87）。

に関心が集中していった。また，注目内容も，零細製造業従事者のベーシックニーズに関するものというよりも，事業活動そのものの発展可能性が中心であった。高生産性部門への関心の集中は，同時に当該時期の経済構造の変化とも結びついていた。例えば，1980年代後半に外貨獲得第1位に浮上する繊維・衣料産業をはじめとして，輸出競争力をもった労働集約的産業における労働需要の増大，下請け化や外注化による「インフォーマルセクター」の拡大が観察されていた (Pasuk 1992, パスク・糸賀編 1993, Lazo 1996, Vagneron 1999)[25]。そこには，従来経済発展と共に縮小していくものとして捉えられていた「インフォーマルセクター」の一部が，むしろ経済発展に伴い拡大しているということ，そしてタイ経済にとって重要な位置をしめているという認識があったといえる。つまり，タイの国際競争力の維持，雇用の安定といったマクロ経済の課題からみれば，「インフォーマルセクター」とは，安価な労働力の供給源であり，景気循環のクッションとしての役割を果たしているとみなされ，さらには都市生活のコストを引き下げる役割や不足するサービスの代替機能を担っているとみなされ，またそのような側面が肯定的に評価された。そしてそれは，貧困問題と経済側面における「インフォーマルセクター」に対する積極的評価が重なる領域で，都市貧困政策の戦略が立案されることにつながるのである。

2.4　タイにおける「インフォーマルセクター」の議論の特徴

ここで，都市貧困政策の具体的な戦略と政策枠組みの検討に入る前に，タイにおける「インフォーマルセクター」の議論の特徴を簡単に整理しておこう。「貧困」問題との関わりで展開された初期ILOの議論と比較すると，タイでの議論では，まず第1に「インフォーマルセクター」と「フォーマルセクター」の分断は想定されていないことが指摘できる。むしろ，都市経済における両セクターの相互依存関係が強調されているのである。これは，政策的関心が高まったのが1980年代後半であることと無関係ではないだろう。第2には，「インフォーマルセクター」の特徴については，経済的，政治的，社会的側面で様々な規定が可能であるが，主たる関心は事業活動の成長可能性など経済的側面に

---

[25]　ただし，輸出用衣料産業といっても，品質，顧客のターゲットは多岐にわたっている。当該時期のインフォーマル経済に関連する下請け化の促進は，有名ブランドよりも，むしろ，近隣諸国を対象とした安価な衣料製品の製造が中心であろう。

集中していた。また，初期の国際的な議論が「貧困」との関わりで「労働」に注目していたのに対し，タイにおいては，「生産」とマクロ経済の課題として，「労働」が注目された。第3には，したがって「インフォーマルセクター」と総称される集団内に混在する様々な業種の中でも，特に高生産性部門の零細・小規模製造業に関心が集中した。第4には，実態調査においては，移住者，スラム住民，「インフォーマルセクター」を三位一体のものとは必ずしも結論付けていない。しかし，農村からの移住者の増大への懸念や，また実際の政策展開が，実務上スラム地域が中心となる傾向もあるため，具体的な貧困政策の対象を検討する際には，かなりの程度，三位一体の想定を受け入れていたと言えるだろう。

以上のようなタイにおける議論の特徴は，市場重視型というマクロレベルの基本的戦略を踏襲した形で，「自助」促進を柱として，具体的な支援戦略が策定されることにつながった[26]。より安価で，効率的，かつ実行力のある都市貧困削減戦略の実施に向けて，別々の文脈から登場した，「インフォーマルセクター」に対する二つの積極的な評価が重なる領域が注目されることとなる。しかし，これらの二つの側面は，時に相反するものである。一方で生産性を上昇させながら，他方で労働者の雇用状態を改善しなければならないという「政策のジレンマ」(ILO 1992) に直面せざるを得ない。次節では，以上のような政策変遷をふまえながら（表2-4），具体的な政策枠組みについて検討することにしよう。

---

26) 1988年のNESDBとILO共催のワークショップでは，「扶助または福祉手段として考えるべきではない。（中略）経済ベンチャーとして自立していけるよう」に支援戦略を検討すべきことが提案されていた (NESDB & ILO 1988, p. 2)。

表 2-4 政策変遷の一覧

国家経済社会5ヶ年計画	IE・IS の評価	貧困政策		IE・IS 支援政策	都市貧困政策実施機関		政府・国際機関による事前調査など
			都市貧困政策		政府機関/準政府機関	都市貧困政策実施機関(*)	
第1期	否定的	農村中心					
第1次計画(1961～1966)			スラム対策中心	黙視・排除 例：サームロー、売春の禁止 (1960)	BMA (1960～)		
↓		第3次計画～不均衡是正	撤去・移転		NHA (1973～)		
第5次計画(1982～1986)			物理環境改善 ①サイト＆サービス ②スラム改善政策	都市美化政策：行商・露天商規制 (1983)	BMA/NHA 管轄調整 (1982～)		
第2期 a	肯定的 1. 貧困問題の側面 2. 経済的側面						『タイにおける都市貧困層の研究』(1987)
第6次計画(1987～1991)		社会経済面に注目		下請け・小企業・家内企業促進			都市 IS に関するセミナー：NESDB/総理府/ILO (1987)
第7次計画(1992～1996)		都市貧困に注目	福祉・非福祉アプローチ	都市貧困層・インフォーマルセクター従事者支援 ターゲットアプローチ ミニマリストアプローチ (マイクロクレジット) BMA/UNICEF 職業訓練プロジェクト (1993)	UCDO 設立 (1992) * BMA コミュニティ開発局独立		『都市開発計画』NESDB/UNDP/TDRI (1991) 都市貧困／IS 実態調査：TDRI (1991, 1992) IS 公式統計書：NSO (1994～)
			貯蓄融資活動開始				

64

		BNsアプローチ（BMA）		都市ISに関するワークショップ：ILO/労働社会福祉省 (1994)
第2期b 金融危機以後 第8次計画 (1997〜2001)		セーフティネット コミュニティ開発	社会資本・セーフティネットの強化 SMEs支援	世界銀行：社会投資基金 (SIF) 新宮沢基金 労働社会福祉省家内労働者事務所設置 (1998) CODI設立（旧UCDO：2000）*	金融危機の都市貧困層への影響、社会資本、SMEの調査など多数：世界銀行, ESCAP, UNDP, ILO, ADB, UCDO, など 家内労働者の公式統計発表：NSO (1999) TDRI年次総会―貧困削減 ― (2001)
第3期 タクシン政権 第9次計画 (2002〜2006)	課税・保障の対象	30B医療サービス制度 一村一品運動 村落基金 低所得者用住宅政策 バーン・ウア・アートン (NHA) バーン・マンコン (CODI)	「制度外経済」として注目 露天商に対する小規模融資 バイクタクシー登録制度の導入	各政府機関、NHA、CODIなど	NESDB Report「制度外経済」

出所：筆者作成。
注：IE=インフォーマル経済、IS=インフォーマルセクター、BNｓ=ベーシックニーズ、SMEs=中小企業 BMA=バンコク都庁、NHA=国家住宅公社、UCDO=都市コミュニティ開発事務所、NESDB=国家経済社会開発庁、UNDP=国連開発計画、TDRI=タイ開発研究所、NSO=国家統計局、CODI=コミュニティ組織開発機構

3 「インフォーマルセクター」支援の具体的戦略と実績

3.1 都市貧困政策における「インフォーマルセクター」支援

「インフォーマルセクター」という用語が初めて国家計画上に登場するのは，第7次計画（1992-1996年）が初めてである。第7次計画では，タイが急速な経済成長を経験する中で，その牽引役であるバンコクの都市問題の悪化が懸念されていた。これらの諸問題を放置することは，「金の卵を産むガチョウを殺してしまう危険性」を持っており（TDRI 1991），早急な対応が重要とされた。そのため，大規模な「都市開発」に関する調査や提言がなされ，都市貧困政策も一つの独立分野として取り上げられる。その中で，都市貧困緩和の一つの戦略として，「インフォーマルセクター」を支援する必要があると明記された[27]。

効率性と公平性の衝突による成長の鈍化を防ぐために，適切な政策手段の組み合わせが必要とされるが，「インフォーマルセクター」の支援は，「成長」と「福祉」の両立を可能にする手段として，注目された。「インフォーマルセクター」は「フォーマルセクター」よりも雇用創出面で優れているが，成長可能性に関しては逆の傾向を示しているため，「インフォーマルセクター」の成長可能性を拡大させることによって，最終的に「フォーマルセクター」への参入を促すことが必要とされた。また，ミクロなスラム実態調査からは，「インフォーマルセクター」従事者の社会経済的特徴が，より不利な状況にあることが明らかになり，基本的な社会サービスの充実や不安定性に対する対応が必要であるとされた。そのため，貧困政策については，「福祉サービス（Welfare Service）」と「非福祉サービス（Non-welfare Service）」の両方を有機的に統合した形で実施する必要があるとされた。特に後者に関しては，ILOが提起している

---

[27] 第7次計画の設計に向けて，大規模な「都市開発」に関する調査と政策検討が実施された。そこでは，都市に関して8つの重要研究分野が設定され，その研究分野6では「都市貧困層の地位向上（Urban Poor Upgrading）」が独立の領域として取り上げられる。格差，社会的分断は，都市の不安定性を高め，成長の阻害要因になりうるからである（TDRI 1991, pp. xviii）。都市は経済発展の要であると同時に，都市問題の悪化が懸念されるため，スラム支援政策や「インフォーマルセクター」支援政策が必要であるとされた。

零細，小企業などの振興に特化した「ターゲットアプローチ」，つまり「インフォーマルセクター」の構成企業体が「フォーマルセクター」に比べて持つ問題を，直接的，包括的に支援するという戦略とほぼ同じものであった。この枠組みを基本にし，国家住宅公社（NHA）やバンコク都庁（BMA），内務省などを中心に，各政策機関の連携の下に都市貧困問題の緩和を図るとした。このような枠組みを意識した政策設計の際には，労働社会福祉省などが従来から実施していた社会保障支援などは除外されており，「自助」を基本に据えた枠組みであるのが特徴である。また同時に，第7次計画下における都市貧困政策として，クレジットや土地の問題等に対応できる戦略を考案する過程で，1992年にはNHAの下に都市コミュニティ開発事務所（UCDO）が設置された。グラミンバンクを参考にした無担保の融資支援制度は，「インフォーマルセクター」支援にもつながり，「インフォーマルセクター」支援政策の観点からいえば，ラベルの言う「ミニマリストアプローチ」（Lubell 1991）に近いものだと言える（詳しくは，遠藤 2003）。

3.2　「インフォーマルセクター」支援政策の実績：届かぬ支援

第7次計画では，政策理念の中で「インフォーマルセクター」が言及されることとなったが，実際の政策実施主体にまで概念として浸透していたわけではなかった。したがって，各政策機関の支援プロジェクトが調整されることはなく，福祉政策と非福祉政策の総合的なパッケージが提供されることはなかった。各省庁の職業訓練や，融資支援の対象は，大企業，もしくは中小企業でも比較的大きいところに集中しており，「インフォーマルセクター」に分類されうるような零細企業は，ほとんど支援の対象になっていなかった（Allal 1999）。「インフォーマルセクター」従事者にアクセスしたプロジェクトは，むしろ，スラムを対象に実施されたミニマリストアプローチ的な小規模貯蓄サービスが中心であり，UCDO（現CODI）がその役割を担っていた。

表2-5からも分かる通り，UCDOはスラムを対象にした小規模貯蓄活動で実績をあげており，1997年の金融危機以前までは返済率も高く，プロジェクトの評価は高い。この活動の意義は，従来公的資金へのアクセスの道を，そのインフォーマル性ゆえに拒まれていた人々が，経済的，社会的資源へのアクセスの手段を手に入れたことにあった。一つのプロジェクトが終了した後，活動

表2-5 UCDO（都市コミュニティ開発事務所）の実績

	1995年9月	1996年9月	1997年9月	1998年9月	1999年9月	2000年9月
加入コミュニティ・組織数	470	576	670	759	939	1,273
貯蓄活動加入数	266	355	448	484	645	916
バンコク	197	216	248	236	252	271
所得創出活動グループ（組織・人数）	NA	NA	NA/3,446	70/4,598	123/5,612	133/5,760
融資認可を受けた組織・プロジェクト数	84/192	129/359	174/583	203/737	221/839	304/1,010
所得創出資金融資	55/71	91/137	123/213	141/271	154/303	158/316
融資認可金額（百万バーツ）	393.64	543.08	683.50	764.05	836.19	1,127.21
所得創出資金融資	74.96	109.32	144.72	163.25	190.91	202.31
未払い金額（百万バーツ）	255.34	382.82	485.61	498.12	514.27	512.07
所得創出資金融資	51.96	73.36	86.47	85.40	96.07	67.93
受益者（コミュニティ・世帯数）	150/12,788	195/17,629	263/25,272	320/31,172	369/34,854	491/47,949
バンコク拡大首都圏	142/12,171	171/15,452	218/19,098	257/21,963	293/23,820	301/24,704
返済状況に問題がある組織数／未返済率（%）	5/1.26	8/1.24	28/1.34	65/4.15	59/6.80	50/8.18

出所：UCDO, Summary of Operations.
注：特に断りのない場合は，タイ全体における実績結果。

が継続しない例やスラム内の最下層が取り残されている例もあり，必ずしも万能ではないが，しかし，当時の諸政策の中では，最も積極的な成果を挙げたプロジェクトであった（遠藤2005a）。

それでは政策主体側からではなく，貧困層の側から見るとどのように評価できるのか。幾つかのスラム実態調査からは（例えば，TDRI 1992, Somboon 2001），何らかの政府やNGOが提供したサービスに参加したことがあると返答したスラム住民は10％に満たないことが明らかになっている。「インフォーマルセクター」支援を意図したサービスは，実際にはアクセスできるものが限られており，特に最下層の貧困層には到達していなかった。

4 アジア経済危機とタクシン政権の誕生

　1980年代後半以降の都市貧困政策は，もともとは不均衡是正と成長優先主義に対する批判を背景に登場した「インフォーマルセクター」の議論が，経済成長政策と密接に結び付けられ，市場主義的な戦略の路線上で位置付けられていた。しかし，提言された支援政策は，現実にはさほど具体化されず，「成長」と「福祉」の幸福な一致による貧困の解決は必ずしも起こらなかった。UCDO が一定の成果をあげつつあり，コミュニティや NGO のネットワークは育ちつつあったが（遠藤 2005a），これらは熱心なリーダーや住民と NGO，UCDO の協同に支えられており，コミュニティ全体に広げていくのは容易ではなかった。ところが，経済危機以後，特にタクシン政権（2001-2006 年）では，この状況は一変する。コミュニティ開発が政治化し，コミュニティ全般が対象となるプロジェクトも急増する。並行して，インフォーマル経済に対する注目も，格段に高まっていくのである。

　1997年の経済危機の影響は，失業の増大など雇用不安を起こし，その影響は都市のコミュニティにも及んだ。農村が「クッション」の働きをするであろうという期待にもかかわらず[28]，実際のデータは，農村が余剰人口を吸収したのは危機直後の一時期に過ぎず，想定されていたほどの労働吸収力はなく（Gray 1999），都市貧困層に対する打撃も大きかったことを示していた（UCDO 1999）[29]。にわかに市民社会の議論が活発化し，セーフティネットの受け皿として，コミュニティ開発が注目を浴びる。

　経済危機に対する対応策として，世界銀行や日本政府からの援助が相次ぎ，

---

28) 例えば，JBIC のインタビューで大蔵省副事務次官のソンマイ氏は，農村が緩衝の役割を果たしたため，貧困層への打撃はそれ程大きくなかったと述べている（国際協力銀行 2000，p.3）。

29) ILO 統計局のグレイは，労働統計を使用し，農村の雇用吸収力について分析している。また，UCDO の調査は，1999 年に貯蓄活動の対象となっている 28 の貯蓄グループ，約 6,000 世帯に対して実施されたアンケート調査である。その他にも，経済危機の影響を検証した調査報告書，分析レポートは数多く存在する。例えば，NESDB は，'Indicators of Well-being and Policy Analysis' というニューズレターを 1997 年 10 月から 1999 年まで発行し，第 2 巻第 4 号は経済危機の影響を扱っている。その他, World Bank (1999, 2000b)，TDRI から出版された Jere & Pranee (2000) や，家内労働者に対する影響を分析した Homenet Thailand (2002)，ADB が委託した Isara (1999) などなど。

社会投資基金（SIF：約44億バーツの無償融資）や，新宮沢構想の基金の一部が，都市のコミュニティにも投入された[30]。従来，住民組織やネットワークは，任意団体であるため，直接資金が供与されることはなかった。しかし，危機発生後の5年間は，社会投資基金から，コミュニティ組織やネットワークに対して直接資金が提供される。社会投資基金は，5つのカテゴリーから成っており，この資金を用いて職業への投資や，コミュニティ活動などを実施することが可能であった。社会投資基金の農村部門を担っていた農村開発基金事務所は，その後，UCDOと統合され，都市と農村の両方を対象に活動するコミュニティ組織開発機構（CODI）となっている。主な活動領域は，貯蓄活動，居住関連，そして職業関連のネットワークであるが，バンコクでも，タクシー協同組合，手工芸品促進センターネットワークなどが活動を始めた。

4.1　タクシン政権とコミュニティ開発政策

2001年に登場したタクシン政権は，貧困撲滅を公約の一つに掲げていた[31]。当選後，ソーシャルセーフティネット，コミュニティ開発に関わる多くのプロジェクトが具体化される。保健医療分野では，30バーツ医療サービス制度[32]，コミュニティの経済支援では，一村一品事業や村落基金（1村辺り100万バーツを供与）が開始され，都市のコミュニティも村落と準ずる単位として，政策の対象となった[33]。また，居住に関しては，NHAの下で，低所得者用住宅バーン・ウアアートン（We Care の意）の供給を開始した[34]。同時に，CODIを通じ

---

30) 世界銀行が経済危機後，1999年から刊行を始めた'Thailand Social Monitor'シリーズの第3巻が，ソーシャル・キャピタルについてであったことからも分かるように，コミュニティの機能に対して大きな期待が寄せられていた（World Bank 2000a）。

31) 5年以内に，低所得者用住宅を100万戸供給し，スラムを撲滅，貧困問題も6年以内に解決するとした。

32) 保健省管轄のもと，2001年より導入。1回30バーツで医療サービスを受けることができる制度。導入後は，国民の95％が何らかの健康保険にカバーされていることとなった。その内，30バーツ医療保険が国民の73％をカバーしている。一方で，国立病院の3分の1が赤字経営に陥ったとの報道もあり，財政・運営制度に関する批判も出た。

33) 村落基金は全国7万8,892の村落・都市コミュニティを対象としている。2004年からは，村落銀行へと昇格させることが検討され始め，パイロット事業も開始された。そのほかにも，農村を対象にした政策として，農民に対する債務救済や，2004年に発表されたSML政策（村落の規模に合わせて20～30万バーツを直接配分）などが実施された。

34) 月収1万5,000バーツ以下の世帯を対象に，5年間で100万戸の供給を目指すとされた。その

ては，バーン・マンコン（安定した住居の意）プロジェクトを開始した。前者は中間層の下層から都市下層が主な対象であり，後者は都市下層が対象であるという。またその他にも，薬物一掃プロジェクトが各コミュニティでも実施されるなど[35]，コミュニティの住民の社会経済面に関わるプロジェクトも多い。自己申告制による貧困者登録制度も実施され，登録者のニーズの把握も進められた[36]。

バーン・ウアアートンとバーン・マンコンの実施手法は対照的である。前者は，政府による住宅供給政策であるが，後者は従来のCODIの方針を継承し，まずは住民が組織を形成し，貯蓄活動を行い，また住居・居住計画，建設計画を全て，自ら議論しなければならない。前者は社会福祉的であるのに対し，後者は自助開発の流れを汲んでいる。

タクシン政権の一連の政策は，国家「経営」の一部をなすものであり，競争原理に基づく政策と，下層に対する社会政策の混合政策の形態をとっている。その特徴は，政府からの直接支援，補助金のコミュニティレベルへの直接投入と，企業家精神に基づく経済的・経営的な競争原理の併用である。例えば，村落基金では，その運営状況により，優良度を三段階で認定し（AAA，AA，A），AAAのコミュニティに対しては，追加の補助金を提供する。職業訓練の実施などではなく，生産目的の資金を直接注入することにより，コミュニティの住民の企業家精神が生かせる機会を創出し，その成功者には，さらなる援助を行うのである。これらのグラスルーツのプロジェクトは，社会的不安の「クッション」の機能を期待されている。貧困の撲滅は，社会的統合と政治的安定を保証し，したがって，経済の回復と成長を保障するとされた（Thaksin 2001, Pasuk &

うち，NHAが担当するのは60万戸である。NHAは設立以来の30年間で，既述の通り，コミュニティや低所得者に対する住宅供給を試みた経験はあるものの，総数としては10万戸程度であった。実施体制が充分整わないままプロジェクトが開始されたため，認可や予算承認が遅れ，建設が遅れがちであったが，入居希望者は少なくなかった。

35) 2003年12月3日に，タクシン首相によって麻薬戦争勝利宣言が出されたが，取締・逮捕の過程で，2,000人以上が殺害され，人権団体からは批判の声も上がっている。

36) 登録は，2003年12月から開始され，2004年3月まで募集された。管轄省庁である内務省によると，最終的な登録者は約800万人であり，80％は農民や日雇い労働者であった。問題登録件数は，1,290万件であり，第1位が債務問題で39.2％，第2位が耕作問題で31.8％，第3位が住宅問題で15.4％である。バンコク首都圏での登録は，バンコク都が約40万人，周辺県は約20万人であったという。バンコク都に関しては，直面している問題に住宅問題を挙げた人が最も多く，全体の42.9％，次に債務問題の25.0％となっている（内務省における2005年のインタビューより。『週刊タイ経済』2005年8月1日号，8月8日号も参照）。

Baker 2004)。

4.2 タクシン政権と「制度外経済」支援政策

　タクシン政権では，自営業者および農業従事者を，「制度外経済」と定義し，インフォーマル経済の個別職種も具体的な政策対象として広く脚光を浴びた。「制度外経済」には，納税をしていない，もしくは制度外にあるために納税を免れている零細な自営業や下請け，内職などの従事者と，賭博や売買春など，違法とされている経済活動の二種類があるとした。国家の保護を受けていない集団でもあるが，いずれも政策の対象として視野に入れている。NESDBは，研究者に調査・研究を委託し[37]，2004年6月の年次報告会では議題として取り上げた。「制度外経済」と称したレポートもシリーズで刊行され，様々な特集が組まれた[38]。また広く，政策提言を含めたセミナーも何度も開催されている。
　具体化された政策も多岐にわたっている。例えば，自営業者に対しては，小規模自営業者に対して運転資金を無担保で貸し付ける人民銀行が，2001年に開始された[39]。また，SMEs支援政策や，バイクタクシーの登録制度の導入（2003年）とインフォーマルな元締めとの金銭のやり取りの禁止，露天商の登録制度の開始（2005年）などである[40]。

---

37) 総括部門は当時チュラーロンコーン大学の経済学部教授だったパースックであり，労働に関しては，タマサート大学のパワディーが社会保障の適用可能性に関して報告している。またCODIのパイブーンやパンティップが，コミュニティ開発とインフォーマル経済従事者の自助促進に関して報告をしている。

38) NESDBは，2004年から「制度外経済（Setthakit Nokrabob）」というニューズレターを毎月発行し，識者インタビューやセミナー報告，各特集などを掲載している。2004年1月号では，NESDBのタノンが，制度外経済には，「合法」と「非合法」の二種類があり，非合法の制度外経済は，ドラッグ販売や非合法な金貸，および脱税者であるとしている（NESDB 2004c）。

39) 原型は，1995年にタイ・ドイツプロジェクトの協力の下，政府貯蓄銀行で開始された事業である。人民銀行の月利は1%であり，リスク最小化のため，政府貯蓄銀行での口座開設が利用の条件とされている。2003年6月時点で融資申請者は延べ約70万人であり，合計融資額は約122億バーツである。債務不履行は約7%であった。初回の融資の上限は3万バーツであるが，融資額平均は，14,579バーツであった（『週刊タイ経済』2003年11月17日号など）。

40) バイクタクシー運転手に対してゼッケンを配布し，登録制とした。屋台政策に関しては，タクシン政権の以前から，許可地域が設置されているが，実際には許可地域以外でも販売がなされていた。政府は，露天商・行商人の実態を把握するため，実態調査を実施し，また，許可地域の拡大をアピラック知事のもと，検討することにした。ただし，都市の再開発の活発化とともに，都

タクシン政権時に「制度外経済」に対する関心が高まった理由は主に2つある。1つは，制度「内」に取り込むことで，非正規な手続きやその背後にいるマフィアを一掃し[41]，同時に徴税のシステムを整えることであった。NESDBは，自営業のみではなく，経済規模の大きい賭博や売買春に関しても合法化し，政府の管理下に置くことを提言し，賛否両論の議論が沸き起こった。もう1つは，セーフティネット強化の視点からである。経済危機の教訓のみならず，先進国と比較しても急速な速度で進む社会の少子高齢化問題が背後にあった[42]。労働市場の大部分を占める「制度外」の就業者をどのように位置付けるかが重要な課題となり，労働省やILOは，将来の社会保障制度設計の文脈から，制度外経済に注目している。ILOはNSOや労働省と協力し，社会保障の潜在的なニーズと支払い能力を検討するために，広範な調査を実施した（ILO 2004a, 2004b）[43]。労働省社会保障事務所は，2005年から，自営業者や内職労働者に対する社会保障制度を検討し始めた[44]。一方で，財務省は，自由化政策の流れと両立する政策として，コミュニティにおけるマイクロクレジットを通じた年金積み立てと，コミュニティ内の再分配機能の設置を提言していた（Ministry of Finance 2005）。その後の政権交代に伴い，2009年以降，アピシット政権では，国民全体を対象とした年金制度の実現可能性に関して，検討が行われている。

　「制度外」労働者に対する社会保障制度については，現在も議論の途中であるが，いずれにしろ，タクシン政権以降，制度外経済に対する関心は急速に高まったといえるであろう。以前は研究者や政策主体の中でしか認知されていなかった「インフォーマルセクター」「インフォーマル経済」という用語も，「制度外経済（Setthakit Nokrabob）」というタイ語で一般に浸透するまでになり，

　　心の屋台撤去の動きも同時に活発化している。
41) 2004年6月24日に開催されたNESDB主催のセミナーにおいて，タクシン首相は次のように発言している。「制度外経済は政治と結び付いており，地方，全国レベルの政治家を送り出す源になっている。送り出す源が良くなければ，よい国政運営も行えなくなる。この問題は，勇気をもって徐々に解決しなければならない。影の実力者，特に制度外経済に関わる者が人を選挙に出馬させ，その結果，政治権力を握り公務員を抑えつける。これは民主主義の姿ではない」（『週刊タイ経済』2004年8月23日号。セミナーの内容はNESDB 2004bを参照のこと）。
42) タイにおける少子高齢化の進行状況と新しい課題は，大泉（2005, 2007）を参照のこと。
43) 最終的には，7つの社会保障の手段のうち，年金制度の確立が提言されている。
44) 労働省社会保障事務所インタビューによる（2005年9月13日）。2005年9月には制度外経済従事者に対する公聴会も開催された。この時点では，任意制度が議論されていたが，2009年時点では，強制加入制度の導入も検討されている。

様々な方面から注目を浴びるようになったのである。

5　小括

インフォーマル経済は，1990年代以降，まずは都市貧困政策の中で注目され,「インフォーマルセクター」支援政策の対象として登場した。その後，2000年代に入り，タクシン政権では，広く政策の対象として注目されているのは前述の通りである。時代の変遷とともに，注目される対象や政策内容は変遷してきているが，それぞれの時代の政策を，貧困削減政策の視点から考察するとどのように位置付けられるであろうか。

5.1　1990年代までの「インフォーマルセクター」支援政策：政策の意図と二つのずれ

1990年代の支援政策が広範な効果を持ちえなかった点は先に指摘したとおりであるが，その原因は，政策の実施過程やプロジェクトの規模にのみ起因するのではない。前述のように，「インフォーマルセクター」支援政策の登場の背景には，貧困層の側からの要請と，経済成長に伴う「インフォーマルセクター」の役割への関心の増大という二つの異なる文脈が存在していた。この二つの意図が結びついた形で具体化された戦略は，必然的に貧困削減政策と経済成長政策の混合政策としてあらわれざるを得ない。しかし，この混合こそが政策の意図と対象にずれを生じさせていたのである。以下，概念図を用いながら，総括してみよう。

① **ターゲットのずれ：「インフォーマルセクター」**

1990年代の諸政策は，伝統部門よりも，都市や工業の発展を背景に拡大する「インフォーマルセクター」，とくに近代部門とリンクした「インフォーマルセクター」を重視したものであった。つまり，成長可能性が高く，「フォーマルセクター」に直接的な連関性が高い部門である。「フォーマルセクター」に上昇しやすい上層部を中心にターゲットアプローチによってフォーマル化を目指すことの政策的含意は，雇用創出と工業の近代化の二つを同時に促進すること

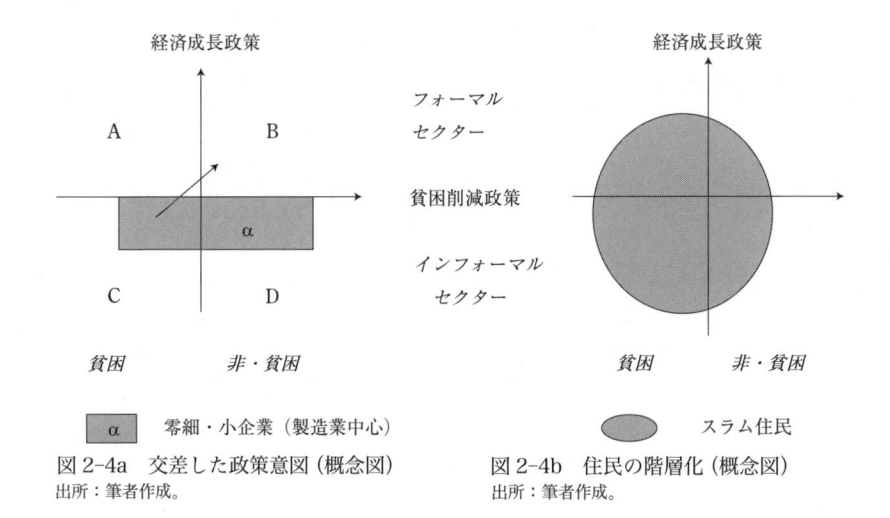

図 2-4a　交差した政策意図（概念図）
出所：筆者作成。

図 2-4b　住民の階層化（概念図）
出所：筆者作成。

にある。つまり，タイの経済成長政策がその中心に位置付けられているのである。

このような交差した政策意図を概念図で表すと図 2-4a のようになる。概念図の縦軸は経済成長政策のベクトルである。これは，近代化とも言い換えられるだろう。横のベクトルは貧困削減政策である。貧困層と非貧困層を分ける基準は，貧困をどのように定義するかによって大きく変化するが，さしあたり政策主体は，貧困ラインによる区分を前提にしているものとして差し支えないだろう。つまり，X 軸を右に行くほど，所得が高くなると考えられる。「インフォーマルセクター」従事者と貧困層をほぼ重なるものとして政府が捉えている場合，ターゲットアプローチの発想とは，C に対して，「フォーマルセクター」と比較して不十分と思われる要素を，様々なパッケージによって支援することにより，C は B に上昇転化できるというものである[45]。現実の政策の対象は，成長可能性，企業家精神を持つと想定される零細，小企業，特に製造業を中心にした部分，つまり「インフォーマルセクター」においても比較的上層部にあ

---

[45] 成長可能性，潜在能力，もしくは企業家精神をもった経営者を政策対象として想定し，不十分な要素を支援するというのがターゲットアプローチの発想である。その中でも特に，製造業の中小企業育成や下請け化の促進が重要な課題となっていた。しかし，貧困政策の側から見れば，プロジェクトの失敗，もしくは貧困問題の未解決は個人の能力の問題に還元される危険性を持っていた。

たる，斜影のかかったaの部分になるだろう。しかし，多くのスラムや都市貧困層の研究が示すように，「インフォーマルセクター」として定義される集団において中心となるのは，零細商業やサービス業である。つまり，一部の高生産性部門従事者を対象にした支援は，貧困解決という文脈から考えると，多くの支援を必要とするマジョリティにアクセスするものではないことを示唆している。

「インフォーマルセクター」支援政策の文脈では，提言が実際に具体化されたとは言いがたい中，UCDOの活動が，事実上，都市貧困政策の中核となっていく。このプロジェクトは，当事者のニーズと自己決定権が最大限尊重されるかぎりにおいて，「インフォーマルセクター」と「フォーマルセクター」の二分法を既に乗り越えている。言い換えれば，「権利」や「不安定性」の克服といった経済的側面以外の問題が視野に入ってきていると言えるかもしれない。結果として，経済成長に寄与するかどうかにかかわらず，自己の能力の発揮と機会の活用が可能になったということであった。

② ターゲットのずれ：都市貧困層

従来の都市貧困問題の議論では，農村からの移住者，スラム住民，「インフォーマルセクター」従事者が三位一体のものとして捉えられる傾向が強かった。しかし，バンコクへの人口流入が活発化し始める1960年代とは異なり，前述のとおり，バンコクの就業構造・都市貧困層の階層は重層化してきている。

例えば，農村との関係を持たないスラム定住者で「インフォーマルセクター」に従事している者，一時的滞在者で「フォーマルセクター」に従事している者など，単純な三位一体論では整理しきれない多様な層が存在するのである[46]。また，「インフォーマルセクター」従事者と「貧困」の関係は，一義的に出てくるのではなく，定義上「フォーマルセクター」に分類されうる労働においても，就業形態の非正規化や，未熟練労働者としての雇用と，生活難が重なっているケースもあるだろう。住民の階層化，重層化の進行は，図2-4bで言えば，ス

---

[46] ただし，「スラム」と「インフォーマルセクター」が重なっていないという場合，「貧困ライン」以下の人口規模とのずれを想定しているわけではない。NESDBが規定する2004年のタイの貧困ラインの所得水準（月1,243バーツ）は，最低賃金水準（月170バーツ×25日＝4,250バーツ）の約30％の水準にすぎない。

ラム住民は，象限Cにのみ重なるのではなく，他の象限への広がりを持つことを意味している。したがって，そのような重層化の現実をふまえず，「インフォーマルセクター」支援政策の対象が明確でなかったことも，政策を具体化する際の足かせになっていたと言えるであろう[47]。

5.2 タクシン政権時の「制度外経済」支援政策と従来の政策の違い

タクシン政権による貧困政策は，前例を見ないほどの実行力を有し，その影響はコミュニティ全域に及んだ[48]。また，「制度外経済」という定義自体が市民権を得るようになった。

タクシン政権の政策は，直接住民にリソースを提供し，企業家精神に基づいた発展の方向を探るという意味で，従来のフォーマル化を目指す政策とは一線を画していた。インフォーマル経済自体が直接的な促進対象となっており，インフォーマル経済をフォーマル経済へと転化していくというよりも，インフォーマル経済自体をマクロ経済や制度に統合していくことが目指されていた。コミュニティに直接資金を注入する方法は，ばら撒き政策であるとの批判もあり，住民がアクセス可能なリソースの拡大につながってはいるものの，評価は分かれていた。政府から発表される各種レポートが，政策の大規模な実施状況を強調する一方で，幾つかの実績報告書は，政策の効果に疑問の声を投げかけている（例えば，Ammar & Somchai *et al.* 2006）。最も懸念されているのは，第1に，家計レベルでの借金の増大傾向である（Kasikorn Research Center 2004a, *Nation* 2004.8.18, *Bangkok Post* 2004.11.16, 2005.1.11）[49]。第2には，住民に対する

---

47) インフォーマル経済従事者の生活水準が相対的に低いとしても，貧困層がインフォーマル経済従事者であるとは限らないのである。また，重層化の一例として，都市の最底辺には，いわゆる3K職を担う外国人労働者が増大していることにも留意する必要があろう。

48) タクシン政権自体は，2006年9月のクーデターで幕引きとなった。

49) 首相府が，NIDAのウィチャイ准教授の研究チームに村落基金に関する業績評価を委託し，19県8,000村から2万4,447件のサンプルを抽出した調査でも，借金の増大傾向が指摘された。タマサート大学で2004年11月に開催されたセミナーでのウィチャイ氏の報告によると，農村の所得向上は停滞しているが，借金は，2000年から2002年までの間に20％増となっており，世帯あたり8万4,603バーツとなっている。また負債・所得比率も，2000年の5.7倍から2002年には6.1倍へと増加した。その他に，返済義務の伴ったローンではなく，タクシンによる施しであると考えている人がいることや，生産的目的以外での使用が多く見られることを指摘している。村落基金の弱点として，①会計システムの技術的問題，②各アクター間の調整の不備，③使用目的問題，④データ収集問題，⑤制度・実施体制の設計問題を重視し，政策の趣旨は評価できるものの，公

直接的支援が増大する一方で，NGOに対しては厳しい姿勢を見せていたことに対し，現場での調整問題やパートナーシップの構築を懸念する声も強かった。第3には，各プロジェクトの目的と実際の使用状況とのずれの問題である。例えば，村落基金は，全体としては，投資的使用よりも消費財の購入に使われる傾向が強かった事が指摘されている（NESDB 2003, 2004aなどを参照のこと）。

　以上の点を指摘するに留めるが，調査実施期間は，タクシン政権の各種のプロジェクトがコミュニティに入って来た時期とちょうど重なっている。前述の通り，グローバル化や都市化の進展と共に，都市構造のみならず，コミュニティの内部構造の重層化はますます進んでいる。タクシン政権時代は，コミュニティやインフォーマル経済従事者に対する政策が急増すると同時に，セーフティネットやソーシャル・キャピタルとしての個人・コミュニティの機能に対する期待が高まってきた時期でもある。これらの政策の浸透度や効果は，実態の変化とどのように絡み合っているのであろうか。また，コミュニティは，実際にはどのような機能を担っているのであろうか。支援政策自体も，コミュニティの住民の日常の生活を形作る要素の1つである。次章以降では，コミュニティにおける実態分析が中心となるが，その分析を通じて浮かび上がってくる支援政策の実際に関しても，必要に応じて言及する。

約実現を急がず，充分に準備して実施体制を整備すべきであったとした。ウィチャイ氏の報告に対しては，首相府が不満であるとして，反論を発表している（ウィチャイ准教授に対する2005年1月のインタビュー，*Bangkok Post* 2004.11.16, 2005.1.11）。

第 3 章

調査コミュニティの概要と生活状況

本章では，調査の具体的な方法と内容，および調査地の概要と歴史を紹介する。第4章と第5章では，職業と居住の側面から，その内部構造を掘り下げて検討する。これらの章は，第6章以降，リスクへの対応過程を分析する際の重要な前提となる。リスクに伴う変化が起こる前，もしくは起こった結果（都心コミュニティSの火災や元郊外コミュニティUにおける1990年代後半のレイオフと現在）としての現在の様相やメカニズムを，職業と居住の側面から確認する。それらがリスクによってどのように変化するのか，もしくは作られてきたのかを理解するための準備となる。

1　フィールド調査の概要と方法

　調査地は，行政によって「密集コミュニティ（スラム）」と定義されている2つのコミュニティである。1つはバンコクの金融・オフィス街の中心地に近い都心のコミュニティSである。もう1つは，元郊外とも言うべき[1]，都心と現在のバンコクの郊外の中間にあるバンナー区に位置するコミュニティUである。いずれも，約40年の歴史を持つコミュニティである。分析の中心となるフィールド調査は，タイに長期滞在していた2003年から2005年にかけて実施した。また，2006年以降は短期訪問を繰り返し，追跡調査を実施している。

1.1　調査地の選定

　予備調査の期間は，NGOや住民リーダーの助言を元に多数のコミュニティを訪問した。その上で，調査地選定のために10ヶ所のコミュニティで簡易質問表調査を各5世帯ずつに対して実施した。予備調査を通じて見えてきたのは，コミュニティの立地による職業構成の違いである。その差異は，周辺の就業機会とも密接に関連していた。したがって，本調査地の選定の際には，コミュニ

---

[1]　「元」郊外とするのは，1980年代までは，当該地域がバンコクの「郊外」と認識されていたからである。バンコクの外延的発展に伴って，現代のバンコクでは，「郊外」と言う際には周辺5県にまで範囲が及ぶ場合が多く，Appendix [1] に掲載したバンコク都による定義でも，現在では「中間区」と区分されている。

ティの立地条件の違いを考慮し，最終的には都心と郊外の2つのコミュニティを選定した。

1.2 準備期間と質問表調査：本調査（第1段階）

本調査は，質問表による調査，インタビュー，参与観察，および雑貨屋や内職労働の経営調査（帳簿記入），世帯の家計簿調査など，複数の手法を併用している[2]。

調査地選定後，住民との交流などによる，約半年間の準備期間を経て，2003年12月から2004年の3月まで，それぞれランダムに抽出した，66世帯（都心コミュニティS），50世帯（元郊外コミュニティU）に対して質問表による面接調査を実施した[3]。調査内容の主要な目的は，労働や生活の実態に関して，特に「居住」と「職業」の側面に注目して明らかにすることである。都心のコミュニティでは，ホストファミリーを紹介してもらい，質問表調査の際には宿泊することもあったが，その後火災を経てからはコミュニティ内の分裂や混乱への影響を懸念し，特定の世帯に宿泊することは避け，通いながらの調査となった。なお，都心コミュニティSに関しては，質問表の一部が火災で焼失してしまったため，実際の集計には65世帯のデータを用いる[4]。

分析の単位に関しては補足説明が必要であろう。第1章で既述の通り，「世帯」は「個人」の集合体である。個々人は，様々な活動をコミュニティの内外で展開する。そのような個々人の集まりが「世帯」であり，そこでの協調的な行動は世帯の生存戦略と関わっている。就業者それぞれの世帯の家計への貢献と資源の共有のあり方が，その世帯の厚生水準を決定するのである。つまり，世帯主の所得が世帯の厚生水準を直ちに表すとは言えない。その点を明確に意識し，「世帯」を対象にした調査ではあるが，世帯主のみならず，その配偶者にもイ

---

2) 詳細な調査一覧はAppendix [2]を参照のこと。本調査はその他，郊外の移転地（行政が整備した移転地）でも実施しているが，本著では分析に含めない。

3) 住民名簿が存在しないため，ギャラップのエリアサンプリングの手法を参考に，コミュニティの住宅地図を用いて，全ての家に規則的に通し番号を入れた上で無作為抽出している。

4) 火災以前の66世帯調査の質問表調査（2004年1・2月）は，男性の質問表が3部，火災で焼失してしまった。火災後に連絡可能であった世帯に関しては，追跡調査の際に事実関係だけは再確認しているが，主観が入る質問に関しては，火災という大きな出来事が影響を及ぼしている可能性もあるため，補足することはしていない。したがって，一部の質問項目はキャンセルせざるを得なかった。また，1世帯に関しては，確認できなかったため，分析全体からはずした。

ンタビューを実施している。

　日本のような「家」の概念を持たないタイにおいては,「世帯主」という概念は実は曖昧である。外部者,それも海外から来ている調査者（＝筆者）が,「世帯主は誰か」と尋ねると,大抵は男性（＝夫）を世帯主として回答するものの,親しくなってからの会話では,「一応男性と答えておいた方が良いかと思った」というような発言が頻繁に見受けられた。学校教育で植え付けられる,もしくは外来者が期待しているであろう「世帯主」の概念と,日常生活における「主な稼ぎ手」「一家の長」「家の名義人」「世帯内の意思決定で力を持つ家長」はしばしば食い違っている。したがって,「世帯」を所与の単位とせず,構成員の協力の実態を明らかにするためにも,まずはインタビュー対象となる「住宅」の中で中核となる構成員に対してインタビューを行うこととし,夫婦共働きの場合は,いずれか一方のみではなく,夫と妻の両方に対して同じ質問表を用いて別々にインタビューを行った[5]。なお,調査では「職業」に大きく注目しているため,実際の主な稼ぎ手を世帯主と考えた。したがって,夫婦共働き世帯に関しても,必ずしも男性が世帯主となっているとは限らない。女性を「主な稼ぎ手」と規定した世帯に理由を尋ねると,例えば,「夫が数年間失業中であったのが,ようやく1ヶ月前から働き始めたばかりであり,まだ安定するか分からない」といった理由や,「夫の収入の方が不安定で低い」「妻の方が安定した雇用形態で収入の変動が少ない」といった理由のため,一家の主な稼ぎ手は妻であるとしていた[6]。実際に両コミュニティにおいて実施したインタビュー数は約200人となる。いずれのコミュニティでも,コミュニティの住民に（都心コミュニティSの場合は,当時大学生であったホストファミリーの長女）,タイ語の補助やタイ語筆記を手伝ってもらいながら,筆者が直接,対面方式で実施している[7]。量的な分析のためにはサンプル数を増やしたいところであるが,基礎

---

5)　就業状況は,世帯の構成員全てを調査しているが,詳細データは夫婦のみとなり,寡婦・寡夫世帯や単身世帯に関しては,主な稼ぎ手の世帯主のみを計上している。

6)　それでも,世帯構成員の職業変化が頻繁に見られる世帯や,所得が不安定な構成員が多い場合,夫と妻のどちらを世帯の主な稼ぎ手と見なすかに関して,回答者が迷う場面にも遭遇した。自明な役割区分を主観的に規定していない一部の回答者に関しては,便宜的に調査時の主な稼ぎ手を世帯主として選択してもらっている。なお,質問する際には,まずは, Huanaa Kropkrua（家族の長）という中立的な聞き方をしている。Chaokhongbaan は家の名義人の意を併せ持つため,区別して聞いている。

7)　元郊外コミュニティUでは,調査開始時にNGO関係者に補助を依頼していたが,コミュニティの住民と対立するような場面に遭遇した。調査者が外部から連れ込む第3者が引き起こす

的な世帯調査の項目のみならず，職業経験やライフコースに関する聞き取りを重視したため，聞き取り調査の質を維持できる調査規模を優先した。なお，夫婦で屋台などを共同で営業する場合は，妻を「家計補充者」と分類するようなことはせず，所得は便宜上二分している。

　ライフコースの聞き取りの観点から，インタビュー方式による質問表調査がもたらす副次的効果を3点ほど指摘したい。ライフコース分析の視点から個人の人生史を調べるには，異時点で行う逐次法と，過去についての歴史を聞き取りする遡及法がある。個人の人生と「出来事」を結び付けるためには，当然のことながら，「信頼のおける人生史記録」が必要となるが，「過去について正確で完全な情報を収集することは大変難しい」(Scott & Alwin 1998, p. 98; 邦訳 p. 185)。インタビューの際には，各人に様々なクロス質問を用いて確認することが重要となる[8]。その上で，夫婦別々に質問することは，各個人からの聞き取りの情報をより正確にすることにもつながる。複数の語り手の記憶から紡ぎ出すことで，個人，家族の行事の歴史が鮮明かつ正確になる。第2には，ジェンダー分析への示唆である。インタビューは原則，夫婦が同席しないように配慮した。同一の場で質問すれば，夫婦は相互の回答に影響を与える。夫がボーナスの存在や給料の実際の金額を妻に隠している場合や，同席することで妻が夫に遠慮してしまう場合などがあるためである。別々にインタビューすることは，結果的に，妻や夫の世帯観，職業観などをより詳しく理解することにつながった。第3には，調査者と被調査者，そして調査助手の会話 ── 質問・回答・疑問や不確かな点に関する確認の繰り返し ── の作業の中から，人びとの現実の選択，その背後にある制約と生活観や社会像が浮かび上がってくる。調査者と被調査者，助手の間の小さなやり取りの中からも，人々の希望や意思と現実のギャップ ── 例えば親の期待と現実の予算制約の間の葛藤 ── が見えてくる。また，予算制約の中で，教育や住宅投資，職業への投資などの組み合わせを能動的に調整し決定していく過程を理解することが可能となる。人々の生存戦略を理解するためには重要な点である。

　　問題の責任は調査者にあると言える。調査の初期段階でその人には辞めてもらい，以後，コミュニティの住民の協力を得て調査を続行した。
[8]　例えば，出産・就学などの家族的行事や，比較的大きな出来事 ── 火災や王室行事など ── と，個人の出来事の前後関係を確認していく。当時の賃金の記憶に関しては，最低賃金水準や同種職業の賃金水準と突合せを行うことにより，正確性を増すことが可能となる。

1.3 火災への遭遇とリスク分析：本調査（第2段階）

　当初の予定では，コミュニティの住民の経済・社会条件が明らかになる質問表調査を経て，2004年4月以降は，コミュニティに滞在し，インフォーマル経済に分類される職種を対象に本格的な職業調査を実施することになっていた。ところが，2004年4月23日，都心コミュニティSで大火災が発生し，同コミュニティはほぼ全焼してしまった。その後，しばらく，コミュニティSでは，住民の仮住居の確保や，生活の建て直し，コミュニティ再建をめぐる混乱が続くことになった。

　インフォーマル経済従事者にとっては，火災の影響は，住宅の喪失のみならず，生産手段の喪失による職業への打撃をも意味していた。また再建過程をめぐる混乱やコミュニティ空間の喪失は，コミュニティ内の社会関係の変化を引き起こしていた。このため当初予定していた調査計画は全て白紙に戻すこととなったが，各家族の見舞い訪問を続ける中で[9]，火災への遭遇もまた，都市生活に内包されるリスクの現実そのものであると再認識し，火災というリスクに直面した住民の復興・再建過程と向き合っていくことになった。調査の内容も，職種別調査から，主にリスク対応へとシフトしていく。

　密集コミュニティでの火災は，偶発的ではあっても，実は例外的な出来事ではない。廃材などを利用した木造家屋が多い上に，コミュニティ内の路地は狭い。また近年，第2章で議論した通り，都市開発の活発化と土地をめぐる競争が，都心のコミュニティの密集化を促進しており，潜在的リスクを必然的に高めているのである。物理的条件と撤去圧力の高まりという自然的・人為的理由の両方から，火災はコミュニティの住民が常に直面している潜在的な，かつ最も大きなリスクの1つとなっている。実際，都心コミュニティSでは，規模は小さかったものの，過去にも数回小火騒ぎがあり，そのたびに10軒程度が

---

9) 火災直後は，人々が当面の寝床や生活基盤の確保に奔走している中，筆者自身も調査の事を考える事は出来ず，ホストファミリーや質問表調査で出会った世帯の無事を確認したり，見舞いを兼ねて訊ねたりしては仮設での生活再建を手伝ったりしていた。ホストファミリーを含め，火災後の心労で体調を壊している人も多く，中には入院する人も出てきた。しばらくして，調査者としてもコミュニティの現実に向き合っていく必要があると認識を改めることになるが，後から振りかえれば，火災後の数ヶ月間の住民とのやり取りが，その後の調査・研究の方向性を決定付けたと言える。

全焼しているという。また，元郊外コミュニティUでも7年前に大きな火災を経験し，その傷跡は今でも残っている[10]。

いずれにしろ，上記の事情から，2004年は，元郊外コミュニティUでの職業調査と，都心コミュニティSでの火災後の復興過程に対する参与観察を並行して続けることになった。2005年5，6月には，都心コミュニティSにおいて，火災前の本調査の対象であった65世帯のうち，連絡のついた55世帯に対して居住と職業の復興状況に関するインタビュー調査を実施した。さらに2005年8，9月には，住民と一緒に「全戸調査」を実施した。火災後，コミュニティは二つに分裂し，別々の再建策を選択することとなるが，両グループのそれぞれの会合の際などに，住民の協力を得ながら質問表を配布した[11]。居住と職業に対する火災の影響と復興状況，現在や将来のコミュニティに対するニーズを確認するのが目的であった。回答数は386世帯である（有効回答数369世帯）。第1段階の質問表調査と異なり，世帯数が多いため，自己記入方式（世帯の代表者）とし，回収後，不明な点や食い違う回答がある場合のみ，直接に対面して確認をしている。なお，本文中では，都心コミュニティSにおける火災前の質問表調査（65世帯）と火災後の全戸調査のデータを区別し，前者を「質問表調査」，後者を「全戸調査」と呼ぶことにする。直接聞き取りを実施している質問表調査は，ライフコースの聞き取りや職業に関する細かい質的なデータの聞き取りを行っている。それに対して，自己記入式である全戸調査は，被害とその後の全体像をつかむことに重点を置いた。各章で使用するデータは，その都度，どの調査から得た情報であるかを明示する。

---

10) 他のコミュニティでインタビューしていても，火災を経験した住民に出会うことは多い（前居住地の移動理由を見ると，両コミュニティで合計4世帯は，「火災による住居の喪失」となっている）。都心コミュニティSの被調査者の中には，火災で住居を喪失した経験が，今回の火災で3回目になるという世帯もいるほどである。放火事件の統計資料を作成している警察の担当者によると，コミュニティの火災件数を個別に集計はしていないが，土地をめぐるトラブルから放火も多いため，コミュニティでの火災の多くが，放火事件として計上されているという（2005年5月のインタビューによる）。

11) 分裂の結果，住民のみならず，一部の政府機関やNGOは，両方のグループを自由に行き来することが困難となっていた。データ収集は，両グループと何とか関係を保っていた筆者が代表して，住民と一緒に実施した。質問表の配布は，グループ全員に開催連絡が回る会議の際や，住宅再建プロジェクトと関連した登録作業など，大部分の世帯が集う日に行った。実際に配布可能であったのは約400世帯であり，実際には住宅軒数の半分程度しかカバーできていないが，ランダムに選出した質問表調査と名称を区別するため，「全戸調査」という名称を使用する。

2 調査地の概要：2つのコミュニティ

2.1 都心コミュニティSの概要

「都心コミュニティS」は，広大な湿地に，1970年代初期に数世帯が家を建設し始め，その後拡大したコミュニティである。金融の中心的機能が集中する都心サートン区のオフィス街近隣に位置しており，都心では最も大きいコミュニティの1つである（面積19.75ライ＝31,600m^2）。コミュニティの入り口は，表通りから，住宅や寮が立ち並ぶ路地を200メートルほど奥に入った所に位置し，屋台の脇の細い路地の上に掲げられたコミュニティの看板が，入り口の目印となっていた。初めて訪れる者は，この小さな入り口の背後に20ライもの空間が広がっているとはすぐに想像できないだろう。路地は人が2人並んで通るのがやっとの幅ではあるが，行き来する住民や行商人，バイクを自宅まで押して入ってくる人などで常に人通りが絶えない。中に一歩入れば，隣接する2階建ての家々に視界を奪われる。細い路地を，連なる家々の壁面を眺めながら歩くことになる。木造，ブリキなどの廃材を使用した住宅の合間に数軒，コンクリート製の家も並んでいる。軒先に調理済みの惣菜を並べる店舗型屋台や細々とした品物が並ぶ雑貨屋，小さな八百屋などがあちこちで営業している。時折，胡椒ととうがらしの炒め物の匂いに咳き込んだりしながらも，雑貨屋が目印になるはずが，迷路のような路地を進んでいる内に知らない一角に紛れ込んでしまう。路地の隙間や窓に色とりどりの洗濯物が引っ掛けてあり，建物の隙間から見える細い空から光を浴びている。ほとんどの路地はコンクリート製であるが，奥に入っていくと，ところどころ，板を通しただけの歩道が現れる。ほとんどの家のドアは開け放たれ，行き来する人びととの会話や調理の音などの様々な生活音が響いている。そんな家々の合間に，図書室や幼稚園，貸家などの比較的大きな建物も顔を覗かせる。大通りに戻るためにコミュニティの入り口へと戻ると，ふいに空が見える。広がった視界の先には高層ビルが立ち並んでいるのが見える。

このコミュニティは，財務省管財局が保有する土地を実質占拠しており，火

災以前は賃貸契約も提携していなかった。ただし，スラム政策の一環で，1978年には住居登録がなされ，1982年には水道・電気の供給が始まった。人口は約8,000人程度であったと言われており，主に東北地方出身者が多い。

　火災後の区役所の調べでは，火災前の全住宅数は814軒であり，そのうち，住居登録がされていた家屋が717軒，未登録家屋が97軒であった。コミュニティのリーダーは2年に一度の選挙で選ばれており，25名の委員からなる住民委員会が設置されていた。

2.2　元郊外コミュニティUの概要

　「元郊外コミュニティU」は，バンコク都東部に位置するバンナー区にある約40年の歴史をもつコミュニティである。都心から，チョンブリー県など，郊外の工業団地へと続くスクムウィット通りが，調査地近隣を通っている。歩いて15分程度の所に地元の人が利用するウドムスック市場がある。かつては周辺一帯が湿地地帯であったというが，現在は約100軒が通りを挟んで並ぶコミュニティである。バンコク都の2006年のデータによると，住宅軒数は117軒，住人は678人である（BMA 2006）。3軒は貸しアパートであり，複数の世帯が入居する。その他にも，住宅の一部を貸間としている場合があり，正確な世帯数は，区役所・リーダーの側も把握していないが約140世帯前後であるとされている。コミュニティの西側の通り沿いに位置する10数軒は，比較的に大きな2階建ての住宅である。これに対して，通りを隔てた東側は，木造平屋の家が密集している。家々の間の路地は70cm程度の幅しかなく，何匹かの野良犬が寝そべっているのをまたぎながら歩かなければならない。それでも，平屋の家が立ち並んでいるせいか，視界が大きく遮られる事はない。大半の家の床下は，現在でも水が張っている湿地である。床下に家庭ゴミを廃棄する者がいるため，プラスチックの類が累積している。路地はバンコク都庁のコミュニティ開発プロジェクトの支援によってコンクリートとなっているが，かつては木材を継ぎ合わせたものであった。

　コミュニティ近隣の地域は，1980年代はバンコクの郊外という位置付けであり，日系・タイ系大手電気企業などが立地していた。しかし，第一期後半の経済再編の中で，競争力を失ったタイ企業は閉鎖し，また近年の東部工業団地の発展などと共に，その他の企業も生産拠点をより郊外，もしくは県外へと移

転していった。一方で，バンコクの外延的発展とスクムウィット通りの住宅地域としての発展とともに，都市機能としては居住空間の機能が強化されてきた地域である。土地は個人が所有する民有地であり，何度か立ち退き要求もあったが，現在は沈静化しており，1m^{2}あたり10バーツの地代を毎月支払っている。コミュニティのリーダーは2年に一度選挙で選ばれており，コミュニティ委員は7名である。

3　出自と都市居住

　次に住民の基本的構成を見てみよう（データの詳細はAppendix [3] を参照のこと）。コミュニティへの流入は，家族単位で移動する場合が多いため，まずは世帯主を検討する。

　都心コミュニティSは，地元出身者が比率としては少なく，主に東北部からの流入者によって形成されたコミュニティである。世帯主（男性41人女性24人）の出身県は，バンコクが26.2％，中部16.9％，東北部44.6％，北部12.3％である。バンコク出身者の中でも，バンコク生まれの第2世代は13.8％，幼少時に両親に伴ってバンコクに移住した第2世代は6.2％であり，第2世代の合計は20％である[12]。地方出身者のバンコク滞在年平均は，25.5年であり，移住平均年齢は18.4歳である。バンコクへの流入理由は求職が75.6％である。コミュニティにおける平均居住年数は，18.9年であり，地方出身者に限定すると18.1年である。バンコクにおける居住地数の平均は2.8ヶ所であり[13]，現コミュニティに流入した際の平均年齢は24.3歳であった。

　一方，元郊外コミュニティUの世帯主（男性38人女性12人）の出身県は，バンコクが40.0％，中部26.0％，東北部22.0％，北部10.0％，南部が2.0％である[14]。バンコク生まれの第2世代は16.0％である。地方出身者のバンコク

---

12) 被調査者全員（男性45人，女性51人の96人）では，出身県はバンコクが22.9％，中部17.7％，東北部50.0％，北部9.4％である。バンコク生まれの第2世代が9.4％，幼少時に両親に伴ってバンコクに来た第2世代が5.2％で（義務教育終了前），第2世代は計14.6％である。
13) 最初の居住地を1ヶ所目として計算している。コミュニティ生まれの4人を除く61人で計算。
14) 被調査者全員（男性39人，女性45人，計84人）では，出身県はバンコクが36.9％，中部28.6％，東北部23.8％，北部9.5％，南部が1.2％である。

滞在平均年数は29年であり，移住平均年齢は19.2歳である。バンコクへの流入理由は求職が最も多く（74.4%），次に両親の移動に伴った流入であった（14.3%）。コミュニティにおける居住平均年数は，23.4年であり，地方出身者に限定すると19.4年である。バンコクにおける居住地数の平均は3ヶ所であるが（最大値30ヶ所）[15]，基本的には都市に流入したばかりの時期ほど移動を繰り返し，家族や職業を持つにつれ，次第に安定していく傾向が強い。地方出身者のコミュニティへの流入平均年齢は，28歳であり，幾度かの居住地変更を経て，現居住地に流入してきたことが見て取れる。全体として1970年代後半から1980年代後半にかけて流入した世帯が多い。

　いずれのコミュニティへの流入も，家族・親戚・友人からの情報に頼っている。例えば，都心コミュニティSでは，自身で探したのが12.3%，以下，家族の情報24.6%（そのうち，4.6%は物件売り出しの情報を聞いて），親戚27.7%，友人23.1%である。バンコク都内での居住地変更を経験した者の中では，前居住地の転出理由は，「土地の賃借料がかからない・より安い」コミュニティがあると聞いたためという者が最も多く，都心コミュニティSでは19.5%であり，元郊外コミュニティUでは21.5%である。次に，「家族の移動に同行」や「結婚」などの家族事情による者が多く，合計すると，都心コミュニティSで31.0%，元郊外コミュニティUで22.8%となる。都心コミュニティSは，「移転」「撤去」によるとした者が18.4%に上ることも注目に値しよう。その次は，職業関連の理由が多くなっている。その他，前居住地における火災によって流入したケースが見られることも指摘しておく。

　農村との関係はどうであろうか。都心コミュニティSでは，世帯構成員の一部が循環型出稼ぎ労働者として地方と行き来している世帯は2世帯である。将来，地方に帰郷することを希望する世帯は，地方出身者の約40%であり，64.6%の世帯は年1回程度，帰省をしている。元郊外コミュニティUでも，地方とバンコクを循環している出稼ぎ労働者は，調査時で2世帯のみである[16]。地方出身者のうち，60.6%は年に1度程度，数日間帰省しているが，その内，

---

15) コミュニティ生まれの3人は数に入れていない。また，全被調査者84人の場合は，居住地数の平均は2.6ヶ所である（コミュニティ生まれの15人を除く）。

16) 住宅ごとにサンプリングしているため，賃貸アパートから1世帯のみ抽出となっており，賃借層は若干過小評価となっている。コミュニティ全体では，約20世帯がロイエット県からの出稼ぎ労働者である。

将来帰郷する希望を持っている者は地方出身者の約20％に過ぎず，多くは今後もバンコクに留まるとしている。都心コミュニティSの帰郷希望者に関しても，元郊外コミュニティUより比率は高いが，農村に土地や住宅を持っている者は多くはない。
　以上の平均居住年数の長さ，及び農村との関係からは，大部分の住民が既に都市定着層となりつつあることが読み取れる。個人的事情や都市の変化と伴って，都市の中を循環しつつも，都市に定着する層が増加してきている。帰郷を希望する世帯に関しても，既に農村に土地は所有しておらず，環境の良い地方へ帰りたいという憧れの気持ちを持っているものの，実際には既に帰郷が難しくなっている世帯も存在している。また，バンコク生まれの第2世代が新しい世帯を築き始める年齢となってきており，同時に勤労世代として登場している。一部には既に第3世代が誕生しつつあることも注目に値しよう。

4　調査地住民の生活水準

4.1　世帯の生活水準

　都心コミュニティSを見てみよう。平均所得は，2004年に実施した65世帯の調査では，男性8,328バーツ，女性が6,520バーツである。(副職の収入を含む)。2006年に実施した369世帯の調査では，火災後の世帯主の主な職業の所得が7,772バーツとなっている。世帯所得平均（勤労収入）は，65世帯質問表調査では，1万3,114バーツ，定期的な送金（出入）や資産収入を加えた総所得の平均は1万2,486バーツであり，主に下層民の集住地域であると言える。借金保有世帯は70.8％で，平均金額は7万2,800バーツである。他方，貯蓄保有世帯は30.8％であり，平均金額は4万6,200バーツであった。持家層は，67.7％であり，平均住居面積（1階床面積）は18.6m^{2}である。
　続いて，元郊外コミュニティUにおける平均所得は，男性8,408バーツ，女性が4,893バーツである。世帯所得平均は，勤労所得が1万3,242バーツ，総所得が1万3,264バーツである。借金保有世帯は46％で，平均金額は10万4,400

バーツである（中央値2万2,000バーツ）。44％の世帯は貯蓄を保有しており，平均金額は，2万1,800バーツとなっている。持家層は68％で，それ以外の世帯は貸家，もしくは貸部屋に住んでいる。住居の平均面積は，31.7m² である。都心コミュニティSに比較すると，住居面積は1.7倍の広さがある。

いずれのコミュニティも平均世帯所得は約1万3,000バーツである。参考までに，2004年のバンコクの家計調査を参照すると，月の総所得が1万3,000バーツ未満の世帯は，バンコクの世帯全体の31％である（NSO 2004）。

4.2 耐久消費財の保有状況

所得水準からは主に下層に分類される世帯が集住しているが，耐久消費財の普及は比較的進んでいる。2000年の人口センサスを用いてバンコク都の平均値と比較してみよう。例えば，テレビの普及率は，都心コミュニティSで95.4％，元郊外コミュニティUで94.0％である（バンコク都の平均は95.5％。以下，カッコ内の数値はバンコク都の平均値）。続けて，冷蔵庫は70.8％および90.0％（85.6％），洗濯機は38.5％および34.0％（49.8％），エアコンは6.2％および2.0％（37.8％），自転車33.8％および44.0％（26.1％），バイク52.3％および28.0％（29.5％），自動車10.8％および14.0％（39.9％）である。

5 コミュニティの歴史と成り立ち

ここで本格的な議論に入る前に，時間を少しさかのぼって，コミュニティの歴史を資料や人々の語りから簡単に紹介しよう。

5.1 都心コミュニティSの歴史

都心コミュニティSの歴史を見てみよう。ここは，財務省管財局の保有する土地を不法占拠したコミュニティではあるが，元々は広大な湿地であった。一

写真 3-1　都心コミュニティ S（火災前）
火災に遭遇する前の都心コミュニティ S. SVA 提供（撮影年不明）。

写真 3-2　都心コミュニティ S（火災前）
火災に遭遇する前の都心コミュニティ S. 玄関前の路地で水浴びする子供。SVA 提供（撮影年不明）。

写真 3-3　元郊外コミュニティ U
元郊外コミュニティ U の路地を行き来する人々（2004 年 11 月撮影）。

第 3 章　調査コミュニティの概要と生活状況　93

作成：バンコク都庁都市計画局 & JICA。

作成：バンコク都庁都市計画局。

作成：首都警察交通警察部隊。

注：'Krungthep Mahanakhon Pak Khlong Banb Kun In 4628-4''（チュラーロンコーン大学建築学部図書室蔵）。この地図は、所蔵されている367枚中、17枚にのみ作成年が記載されている（1959年、1960年、1967年）。したがって、作成年代はおおよそ1960年代。作成者は交通警察部隊としている（岩城考信氏教示による）。

図3-1　都心コミュニティSの地図

部は池のようであったという。図3-1を参照すると、1960年代当時[17]、この地域は大きな空き地であったことが分かる。コミュニティの住民委員会が作成した『コミュニティの歴史』という資料を参照すると、1970年に3，4家族が流入し、住宅を建設したのが始まりという。1975年には、既に160世帯に膨れ上がったが、水道、電気はまだなかった。住宅は高床式の単純な構造で、電気は、ランプを使用しており、外部の配線から盗電している世帯もあった。

1978年にはバンコク都庁社会福祉局の担当者がコミュニティの調査に訪れる。住居登録もなく、就学年になっても小学校に通っていない子どもが多かった。バンコク都庁は移動式学校を設置し、約30人の子ども達(5-7歳)が通い始めた。両親が負担するのは、昼食代などの費用で1日5バーツであったという。また仮の住居登録が160軒に対して発給された。

1980年には、コミュニティ内の歩道改善プロジェクトが実施される。また、仮の住居登録が発給されたため、正式な配線が可能となり電気の供給が始まった。1982年には、首都圏水道公社との交渉も始まった。土地保有者である財務省が水道の配管に反対したため、交渉は難航したが、その話題がテレビニュースに取り上げられたりする中で、最終的には水道も供給されることとなった。1983年には、日系NGO・SVAによる図書室も開設される。また1984年からは選挙によるリーダーとコミュニティ委員の選出が開始され、2年ごとに実施されるようになった。

当時を知る人は、1980年代から人口が急増したと指摘する。80年代中旬からの流入者は、主に東北地方出身者だった。同郷者や都市での知り合いのネットワークをつたって流入してくる世帯が多かったという。また、近隣地区から人びとが流入してくる場合もあった。例えば、1980年代後半に、すぐ裏手にあった別のスラムが強制撤去に遭った。その際には多くの世帯がコミュニティに流入してきたという。1990年代を通して、土地の賃借料がかからないと伝聞した世帯や、近隣コミュニティの撤去や火災で住居を失った人々が流入を続け、コミュニティ人口は急激に増大し、密集度が高まっていった。

再び地図を確認してみよう（図3-1）。1987年には、既にかなりの住宅が確認される。ただし、コミュニティの南東側一帯は依然として湿地であった。ところが、2000年の地図を確認すると、1987年には依然として残されていた土

---

[17] 1960年代に首都警察交通警察部隊によって作成された。地図の注記の通り、作成の正確な年号を特定するのは難しいが、1960年代に作成されたのは確かである。

地も既にぎっしりと住宅が覆っている。密集度が高まるにつれ，1988年に16軒が燃える火災があったほか，小火が度々生じるようになっていた。コミュニティの人口が大きくなるにつれ，住環境は悪化していくが，一方でコミュニティ内市場も発達していく。また，都心であるため，コミュニティの外でも，就業機会が豊富であった。昼間人口が大きく，繁華街が集中する立地の特性ゆえに，オフィスで働く人々や観光客を対象とした屋台・行商，運輸通信関連（バイクタクシー，タクシーなど）に対する需要も大きく，日雇い労働へのアクセスも容易である。

1990年代後半に向かって，シーロム通り近辺がオフィス街として発達すると同時に[18]，オフィスでの警備員や清掃員などの各種サービスや会社運転手，メッセンジャーなどの就業機会が増大した。豊富な就業機会を背景に，長年の居住者の中には，自営業者，被雇用者にかかわらず，一定した収入を確保できる世帯も出てきた。一部には，蓄財した資金をもとに，貸家を建設し，新規流入者に貸し付ける者も出てきていた。コミュニティ内格差は広がる傾向にあったものの，自営業の中でも投資資金のかかる雑貨屋を自宅で開店する世帯も増加しており，行政やNGO関係者からは，「スラムの中でも比較的発展しているコミュニティ」として見られるようになる。しかし，その状況は2004年の大火災で一変してしまう。

5.2 都心コミュニティSの火災の経緯と被災状況

前述したように都心コミュニティSは，2004年4月23日の午後1時過ぎに火災に襲われた。風が強く，火の回りが早かった上に，路地が狭く消防車がコミュニティ内に入れなかったため，消火活動は難航し，ほぼ全焼してしまった。コミュニティ内に敷いてあった消火用簡易水道からも水がでなかったという。火元は，賃貸家屋に入居したばかりの新規住民の部屋で，原因は，「揚げ物をしていて火が燃え移った」「火をかけたまま，出かけていた」など諸説があるが，明らかにはなっていない。

区役所の調べによると，全住宅数814軒のうち（内，住居登録済み家屋が717軒，未登録家屋が97軒），被災住宅軒数は713軒（内，住居登録済み家屋が631軒，

---

18) シーロム通りの発展と変化の歴史は，The Thai Danu Bank が出版した Orawan (1992) が参考になる。

未登録家屋が82軒）であり，燃えずに残った非被災住宅軒数が101軒（内，住居登録済み家屋が86軒，未登録家屋が15軒）である。713軒の被災住宅の住民構成をより詳しくみると，被災世帯数は，合計1,710世帯で，約6,000人である。被災世帯の内訳は，持家層が607世帯，持家層の家に同居している同居世帯が278世帯であり，賃借世帯が825世帯であった。

5.3　元郊外コミュニティUの歴史

　1960年代のバンナー区はまだ農村の風情で，一面に田が広がっていたという。コミュニティの初代リーダーを務めたR（61歳）は，居住歴43年である。現在の国立競技場[19]近くのコミュニティを撤去されて，19歳の時に母と弟と共に移ってきた。Rが流入してきた当時はまだ2軒しか家が建っていなかったという。土地は当時から，近隣に住む個人地主の所有する私有地だった。地主に土地を借りて，湿地に杭を打って，住宅を自力建設した。転入してから5,6年は，水道も電気もなかったが，疎水の水が綺麗で，行水をしても問題なかったという。周辺の田には水牛がゆったりと行き来し，人びとの移動手段も，スクムウィット通りが既に建設されていたものの，運河を使って舟で移動したり，小型のバスに乗って行ったりすることが多かったという。都心に向かう際も，既に都市圏の一部になっている現在とは異なり，「町に出かける」という意識が強かった。住宅は，1家族，2家族，といった具合に少しずつ増えていった。図3-2の1960年代当時の地図を確認すると，現在のコミュニティが存在する地域は，まだ一軒の家も記載されていない。確認できるのは，幹線道路に接する地主の家だけである。

　1960年代末には，道路を隔てた東側に，タイ系資本のタニン・インダストリアル社（以下，タニン社）が建設された。コミュニティの住民の中にも，その工場で働き始める者が出てくるが，当初で日当5～6バーツ程度であったという。タニン社が稼動し始めて数年した頃から，徐々にコミュニティに流入する人や近隣地区の人口の増加が始まったという。1980年代には，タニン社以外にも幾つかの工場が近隣に立地し始める。当時は主に地元の労働者が中心であり，送迎バスで通勤する労働者も，バンコク首都圏の出身者が主であった。し

---

[19] バンコク都中心部のパトゥムワン区に所在する。現在は，チュラーロンコーン大学やショッピングセンターなどが隣接している。

作成：首都警察交通警察部隊。

注："Krungthep Mahanakhon Pak Khlong Banb Kun In 4628-4"（チュラーロンコーン大学建築学部図書室蔵）。この地図は、所蔵されている367枚中、17枚にのみ作成年が記載されている(1959年、1960年、1967年)。したがって、作成年はおおよそ1960年代、作成者は交通警察部隊としている（岩城考信氏教示による）。

作成：バンコク都庁都市計画局 & JICA。

作成：バンコク都庁都市計画局。

図3-2 元都外コミュニティUの地図

かし，日本からの投資ブームが始まり，生産規模が拡大し始めると，地元の労働者ではまかないきれなくなり，東北地方などからも，若年者を中心に労働者が流入してくるようになった。当時，コミュニティ周辺には，大手電機メーカー・サンヨーをはじめ，多くの工場が立地していた。タニン社も生産規模を大きく拡大していった。当時を知る人は口をそろえて，この時期からコミュニティの人口も急速に増大したと言う。

コミュニティの歴史に話を再び戻そう。1970年代までは人口の増大は緩やかだったものの[20]，1980年代中頃から，工場に勤務する人を中心に，流入者が急増した。かつては水も綺麗で，家もまばらであったコミュニティも，1980年代には急激に密集度が高まり，住環境は悪化した。古くから住む住民は，自宅の壁すぐ隣にどんどん家が建っていく様を回想し，昔の田園風景からの急激な変化を語ってくれる。この時期，行政からは「密集コミュニティ（スラム）」と定義された[21]。最も多い時期で200世帯以上が居住していたといわれる。図3-2の1987年の地図を見てみよう。1960年代に空き地であった土地は小さな家でぎっしりと埋まっている。左手上方の比較的大きく見える2棟は3畳程の貸部屋が立ち並ぶ簡易アパートであった。

コミュニティの多くの住民は近隣の工場でラインワーカーとして勤務していた。しかし，1990年代後半に入ると状況は一変する。バンコクのさらなる外延的拡大が進展し，多くの工場は，よりコストの安い郊外の工場団地，もしくは他県へと転出していく。また，資本間競争や経済危機の影響で業績の悪化した工場は閉鎖し，多くの労働者が解雇されることとなった。一部の男性労働者は，工場の移転先に送迎バスを使って通勤することになるが，女性労働者は退出を余儀なくされ，別の職業に参入していくのである。コミュニティの人口は一貫して増大していたが，1990年代後半に2回ほど，人口が減少する時期が生じた。一回目は，工場閉鎖が相次いだ1990年代中旬から後半であり，その次は1997年に生じた火災の後である。工場閉鎖の際の流出者はさほど多くなく，多くの住民は職業を変更することで対応したという。それでも上手く適応

---

20) 例えば，チュラーロンコーン大学やサイヤーム近辺の再開発（パトゥムワン区），ホアランポーン駅周辺（ヤワラート区）や鉄道マッカサン駅（ディンデーン区）近くのコミュニティを撤去されたため，移転してきた家族がいる。

21) バンナー区役所によると，バンコク都庁の政策に従って，密集コミュニティとしての正式な登録手続きを行ったのは1991年である（2004年のインタビューによる）。

できなかった人が職業を求めて他の地域に転出した。続く火災では，コミュニティの4分の1近くの範囲に火が広がり，ちょうど工場に近い東側の一角の約50世帯の住宅が全焼した。出火は早朝で，原因は電気のショートであると言われているが実際の所は明らかになっていない。

火災の後，以前からこの一角の再開発を検討していた地主は[22]，住宅の再建を禁止した。行き場を失った住民のうち，数世帯はコミュニティ内の貸部屋を賃借した。しかし，全被災世帯に充分な部屋数はなかった。大部分は，近隣のアパートやコミュニティに移動せざるを得なかった。コミュニティには，バンナー区では最初のケースとされていた貯蓄組合が1991年から活動していたが，移転する世帯は，その貯蓄を引き出し，アパート転入の資金とした[23]。その結果，メンバー数は，全盛期の110世帯近くから半分へと減少した。図3-2の2000年の地図では，コミュニティの一部が空き地化しているのが観察できるであろう。住宅の再建が許されなかった焼け跡は，その後，撤去圧力が沈静化したため，子ども用の広場になっている。また，周辺地域の開発も進み，コミュニティの北西には中間層から低所得者層をターゲットとしたコンドミニアムが建設された。火災の後，ちょうど同時期に完成しつつあったこのコンドミニアムに転居した世帯もあったという。被災世帯は，職場や子どもの学校にも近い近隣での住居確保を優先させたが，貯蓄組合やその他の活動のメンバーが流出することで，コミュニティ内部の求心力は弱体化してしまった。コミュニティに残った被災世帯の一部は，火災から6，7年を経た2003年時点でも貸部屋住まいであった。

調査時のバンナー区は，バンコクの外延的発展と，郊外（周辺県を含む）における生産機能の発達，スクムウィット通り沿いの発展に伴い，むしろ居住地としての機能が強化されつつあると言えるであろう。BTS（高架鉄道）路線の拡張工事も始まっており，将来的には，都心からのアクセスが一層便利になる地域

---

[22] 撤去の意向は度々伝えられていたが，投資に積極的だった地主が亡くなりその妻が土地を引き継いだ現在は，とりあえずは沈静化している。ただし，将来的に，妻が亡くなり，息子の代になれば，コンドミニアムの建設計画と共に，再び立ち退きを言われる可能性があると住民は恐れている。

[23] 調査時点の2003年では，メンバーはさらに15世帯まで減少してしまっていた。ただし，タクシン政権の村落基金（100万バーツ）を受け取っており，コミュニティ内で別組織として貯蓄組合を立ち上げるように行政から指導されていた。利子などの条件が異なるため，メンバーが細分化してしまっていた。

である。

6　小括

　以上が調査内容および調査コミュニティの概要である。次章以降では，2つのコミュニティを事例に，各調査の結果を用いながら分析を行う。第4章と第5章は，それぞれ「職業」と「居住」の側面を掘り下げる。その上で，第6章以降では，都市下層民のリスク対応を取り上げる。居住と職業の変化に焦点を当てながら，動態的な実証分析を試みる。

【コラムシリーズ　調査地で出会った人々①】

性別は男？　それとも女？

　コミュニティで調査をしていて必ず出会うのが，「女性になりたい男性」や「男性になりたい女性」だ。いや，言い方が適切ではないかもしれない。正確には，「女性として生きている，男性として生まれた人」と「男性として生きている，女性として生まれた人」である。特に多いのが前者だ。どのコミュニティで調査をしていても，必ず数人に出会う。本書の調査地で考えても，元郊外コミュニティ U では，例えば，かつて 30 年にわたってリーダーを務めた Phaa R（61 歳：2003 年当時）は女性として生きていたし，その同居人でコミュニティ内の幼稚園の先生をしている Phaa C も同様だった（もちろん，コミュニティの人々も，「おじさん」を示す Lung ではなく，「おばさん」の意である Phaa を敬称として使っている）。それ以外にも，調査当時のリーダーの元娘は，女性のパートナーと一緒に住んでおり，「彼」として生きていた。リーダーに家族構成を聞いていると，「娘 3 人。あ，三女は，今は男として生きているから，息子だけど」とさらっと言ったりするのである。都心コミュニティ S では，高校生の H やその友人たちが複数，男子高校生として学校に通いながらも，女性として生きたいという気持ちを，服装や（ズボンではあっても，ローヒップの女性物のジーンズをはいたり，ピチピチの T シャツを着たり），化粧を通じて示していた。H とその親友の N は，以前からよく顔を合わせていたが，火災の直後の仮設住宅を訪れて驚いた。彼ら（彼女ら？）の友人が見舞いに来ており，「女性になりたい男子高校生」が 6，7 人で談笑していたからだ。「やっぱり多いのだなあ」と妙に実感したりした。

　さて，困ってしまうのが質問表調査の時である。統計とは「0」と「1」の世界である。「男性」と「女性」の二つの回答しかあり得ない。東南アジアは，日本と比較すれば，ジェンダーとセクシュアリティの問題によりオープンであるように思う。実際，私もプライベートでは，ゲイやレズビアンの友人・知人が多くいる。特に前者はカミングアウトしている人が多い。質問表調査に関して言えば，「男性として男性をパートナーとしている」のであれば，性別欄は「男性」であるため，性別欄の記入にさほど困らない。問題は，出生時の性別と今，生きている性別が異なる人々だ。個人的には，本人が「女性」として生きているのであれば，「女性」にチェックを入れたい。しかし，これまた「女性」として生き始めたのが，例えば 30 代を過ぎていて，それ以前に出家していたり，徴兵に行っていたりすると，「ライフコース」はどうなるのか？　やむを得ず，戸籍上の性別に

チェックを入れるものの，実際には，コミュニティで長年「女性」として生きているのである。そんな人の中には，主婦グループ（縫製）のリーダーを務めていた人もいる。

そして，インタビューでは，様々な人生を語ってくれる。型どおりの質問表には収まりきらない話で満載である。調査をすっかり脱線して，諸々の秘話，人生論を伺ったことも何度か。Phaa R などは，「女性」として男性のパートナーと一緒に住んでいた時のエピソードを話し始めるといつまでたっても止まらない。20年近く一緒に住んでいたものの，結婚できない自分たちカップルの現実を受け止め，一回り年下だった元恋人と別れを決意したこと，彼の将来を考え，女性を紹介したこと，その2人が結婚して2児をもうけていること，今は家族ぐるみの付き合いで，たまに一緒に出かけること。これらの話をしながら，「いくつの涙をこらえて飲み込んできたか」と，情感豊かに語ってくれる。

ところで，これらの人々は，コミュニティの中で自然に受けいれられているように思う。親しい家族の娘が「男性」として生きていたので，その父にどう思っているか聞いてみたことがある。「本人がそうしたいのだからしょうがないし，男性と結婚して子供を産むような人生は選べないだろうな」と一言。コミュニティの人々の寛容度が高いことを改めて認識したのは，Nong H に対する人々の接し方を見た時だった。

先に登場している都心コミュニティ S の H は，出会ったころはまだ高校に入りたてであった。坊主頭で，太くて濃いゲジゲジ眉毛とがっちりした体格ゆえに，どこから見ても，ニキビ面の男子高校生であった。愛きょうのある性格で，同じく女性になりたい N とつるんでは，コミュニティの図書室によく現れていた。図書室の司書である M は，コミュニティの子供たちが非行に走ったりしないようにと，熱心に様々な活動を行っている名物おばさんである。子供たちを叱咤激励しながら，タイの伝統舞踊を教えたり，読書活動などを展開していた。タイの伝統舞踊は頻繁に練習があり，国際機関や NGO 主催のイベントに招聘されることも多かった。多くは女の子たちであったが，H はいつもその練習の集まりの中にいた。外部で踊りを披露する際に，私もついて行くと，会場の控室で熱心にお化粧する女の子たちがいる。手作りのシルクの衣装を身にまとい，みな，熱心に，時としては過剰なほど，様々な粉を顔に塗りたくる……。H は，女性のパートの踊りはマスターしているものの，一緒に舞台に上がることができない。その代り，大きな化粧箱を抱え，メイクアップアーティストばりの活躍で，次々と女の子たちに化粧を施していた。そんな光景を眺めながら，確かに，お化粧のセンスは H が一番だよなあとか，舞台に立てなくて残念だよなあなどと

思っていたりもした。そんな光景も，何度も遭遇していると，見慣れてしまい，次第に，何も感じなくなっていた。

　ところがである。最初の出会いから3年ほどが経った火災3周年の式典に参加していた時のことである。向こうから，「久しぶり！」とやってきたHを見て驚いた。高校を卒業して，繁華街のバーでボーイとして働き出したのだそうだが，だいぶ体重が落ち，体の線が細くなっていた。ぴったりしている服を着ている姿に，かつてのむさくるしい男子高校生の面影はなく，なんとなく「女性」としての色気が出てきたなあと感心してしまった。立ち話をしていたら，周りの住民が「今日はHの記念すべき日だからな。楽しみにしていろ」などと意味深なことを言う。何のことか分からないまま，式典は，僧による読経や食事の後の，住民による出し物とカラオケというお祭り騒ぎに突入した。子供たちが日ごろ練習している伝統舞踊を披露するのも毎年恒例の光景である。幼稚園児から順番に舞台で踊りを披露していく。高校生達の番が回ってきた。舞台の袖に何気なく目をやり，ようやく先ほどの意味深な言葉の意味が理解できた。なんと，Hが女性の衣装をつけ，髪の長髪を色っぽく束ね，音楽に合わせて先頭を踊りだしてきたのである！　300人近いコミュニティの人たちは，大喝采でHを迎えた。その大拍手に圧倒され，一瞬遅れてからようやく事態を理解した。高校を卒業したHは（なぜ高校の卒業を待たねばならなかったのかは良く分からなかったが），この日，晴れて「女性」としてデビューしたのである。いつも練習していたから当然踊りも上手である。会場は大いに盛り上がり，Hはとても楽しそうに色気を振りまきながら，踊り終えていた。住民と一緒に盛大な拍手を送りながら，日本ではこうはいかないのではないかと，ふと思ったものである。

　さて，2009年のある日，元郊外コミュニティUを訪れ，靴内職労働者Kと家の軒先でゆっくりおしゃべりしていた。調査を始めた2003年に小学生だった長男Pが既に働き始めている。知り合ってから既に7年目に入ったのだなどと感慨にふけっていたら，「そういえば，最近のPに会っていないでしょ。女性になりたいらしくて，だいぶ見かけが変わったよ」と。「？！」「おお，お前もか」の気分である。「それでどうしたの？」と聞いたら，「親の私にもよくわからないから，好きにさせている」のだそう。出会った頃は男の子用のオモチャをお土産に持っていくと喜んでいたのだが。タイにおける多様なセクシュアリティの選択は，先天的なものなのか，後天的なものなのか。先天的なものであったとしても社会的にカミングアウトしやすいのかもしれないが，私の中で，今でも考えている問いの一つである。

第4章
都市下層民と「職業」

本章では，調査地の「職業」の側面に焦点をあてる。まずは，第1章で議論したとおり，職業階層分類を行う。その上で，調査地における職業構成とその特徴を明らかにする。職業階層分類をもとに，重要な特徴を明らかにした上で，職業階層大分類を設置する。また人々の職業選択の理由，就業機会の変化についても紹介する。

1　職業階層分類

　第1章で議論した通り，具体的な職業階層の分類は，国際的な統計分類を参考にしながらも，タイの文脈に沿って行う。その際には，なるべく各職業の特徴を生かすことを心がける。
　まず第1には，「被雇用者」「自営業者」「家内労働者」の3つの就労地位が優先的なカテゴリーとなる。その上で，第2には，「被雇用者」と「自営業者」に関しては，「産業」「職種」別の区分に留意する。特に，自営業者に関しては，産業ごとの分類を優先する。以上の点を考慮した上で，人びとの職業・生業を区分したのが表4-1である。これらの区分は，実態調査と統計の定義の両方を照らし合わせながら設置したものである。
　幾つかの職業階層について補足説明をしよう。例えば，コミュニティでよく見かけるバイクタクシー運転手やタクシー運転手は，「自営業者」であり「運輸通信」となる。それに対して，メッセンジャーや会社の運転手などは，「被雇用者」の「運輸通信労働者」である。タクシー運転手やバイクタクシー運転手は，ガソリン代も自分で投資する[1]。車両も，賃借もしくは購入したものを使用する。一方，会社の運転手は会社から車両，ガソリンなど必要な経費は提供される。次に，産業別で「建設業」を取り上げれば，コミュニティには，自分で仕事を請け負ってくる建設業従事者と，日雇いで建設現場を転々としながら働く建設労働者がいる。前者は自営業者であり，後者は被雇用者である。後者の多くは「日雇い」であるという性質も考慮し，「単純労働者（日雇い）」として

---

[1]　タクシーの場合，組合からの車両レンタル料は1日500バーツ程度である。ガソリン代が400バーツ前後で，1日の利益は走行時間にもよるが200～300バーツ程度である。バイクタクシーの場合は，ガソリン代が1日70～80バーツ程度かかる。

表4-1 職業階層の分類

男性職業階層		女性職業階層	
就労地位	職業階層	就労地位	職業階層
経営者	経営者	経営者	経営者
被雇用者	公務員，教師，その他 製造業労働者 一般俸給被用者 サービス労働者 商業使用人 運輸通信労働者 単純労働者（日雇い）	被雇用者	公務員，教師，看護婦など 製造業労働者（未熟練労働者） 一般俸給被用者・一般事務 サービス労働者 商業使用人 一般労働者 単純労働者（日雇い）
自営業者	自営商業（雑貨屋・屋台以外） 自営商業（雑貨屋） 自営商業（屋台・行商） 建設業職人 製造業職人 運輸通信 技能者（床屋） サービス 自由業	自営業者	自営商業（雑貨屋・屋台以外） 自営商業（雑貨屋） 自営商業（屋台・行商） 建設業職人（含：夫と共同） 製造業職人 技能者（美容院） サービス 自由業
家内労働者（内職）	家内労働	家内労働者（内職）	家内労働
その他	農業・猟師	その他	農業・猟師

出所：筆者作成。
注：ILOの定義による「家内労働（Home work）」に該当する内職労働者は，他の被雇用者・自営業者とは別に階層を区分する。

一つの職業階層としている。また，従事者の多い「自営業者」の「商業」に関しては注意が必要である。雑貨屋，屋台・行商，その他の自営商業（例えば，ゲームセンター）は，それぞれ異なる機能を持っている。したがって，「自営業」の「商業」の異なる職種は，細目として区別する。

その他，「自営業者」の「製造業職人」は小規模な家内工業であり，「サービス」には，洗濯請負や廃品回収人が含まれる。「技能者」としているのは，美容院や床屋である。通常の労働統計では「サービス」に分類されるが，ここでは，洗濯請負や廃品回収と区別する必要から，別の分類項目を設置した。「被雇用者」にも目を向けよう。「製造業労働者」は主に工場労働者（プロダクションワーカー）であり，「一般俸給被用者」とは事務や営業に従事するいわゆるオフィスワーカーである。職種を考えれば，より詳細な分類が可能ではあるが，煩雑と

写真4-1　インフォーマル経済職種
①バイクタクシー　②移動式屋台　③店舗設置型屋台　④家内労働者（靴の内戦）

なるため，それぞれ一つの階層としている[2]。「サービス労働者」は警備員やビル清掃，メイドなどである。「商業使用人」はスーパーのレジやウェイトレスとなる。

　なお，第1章で述べたとおり，インフォーマル経済に相当するのは，自営業者，家内労働者のすべて，および被雇用者の中の一部，社会保障に加入していない非正規労働者と単純労働者（日雇い）である。

---

[2]　労働力調査の産業別区分は，「農林水産業」「鉱業」「製造業」「建設業」「電気・ガス・水道」「商業」「運輸通信」「サービス業」「その他」となる。職種別の区分は，「専門職・技術職」「行政・管理職」「事務職」「販売従事」「農林漁業」「探鉱・運輸通信」「技能工・生産労働者」「サービス労働」がある。「職種別」区分と「産業別」区分をクロスすれば，例えばある製造業の企業における労働者が，管理職か事務職員，もしくは現場の「技能工」なのかに関しても詳細に分類することが出来る。ただし，コミュニティの人びとの生業において，オフィス勤務の多くは事務職であり，製造業の場合はプロダクションワーカー（未熟練労働者など）である。分類の煩雑化を避けるため，職種に関しては特記すべき点はその都度指摘することとし，まずは「就労地位」および「産業」を参照し，職業階層分類を行った。

2　調査地における職業構成

　以上の職業階層分類に基づいて，2つのコミュニティの職業構成の概観を見てみよう。表4-2は，世帯の稼ぎ手（配偶者を含む）の主な職業を集計したものである（詳細はAppendix [4-1] [4-2] を参照のこと）。都心コミュニティSの調査世帯65世帯のうち，男性就業者は45人，女性就業者は49人である[3]。男性平均月収は7,635バーツ，女性が6,243バーツである[4]。構成をみると，自営業者，家内労働者の合計は，男性で全就業者の46.6%，女性は52.8%であり，被雇用者は，男性53.3%，女性が46.8%となる。被雇用者のいわゆるインフォーマル部分と自営業者・家内労働者を合わせると，男性で64.4%，女性は73.5%となる。男性被雇用者は比較的，社会保障の対象となっている者が多い。職種・産業別の概観を見ると，男性は，運輸通信関連（被雇用・自営業）に従事する者が最も多く，合わせて42.3%となっている。次に，自営商業（屋台・行商）が13.3%，被雇用のサービス労働者13.3%が続く。女性は，自営商業（屋台・行商）が最も多く24.5%，サービス労働者（被雇用）が14.3%，商業使用人（被雇用）が10.2%である。男性のサービス労働者（被雇用）はビル清掃人や警備員が多く，女性では，ビル清掃人やメイドが多い。また商業使用人は，スーパーのレジやウェイトレスである。

　これに対して，元郊外コミュニティUは，調査世帯50世帯のうち，男性就業者が39人，女性就業者が44人である[5]。主な職業からの平均月収は，男性

---

[3]　65世帯のうち，有職者のいない1世帯（女性単身世帯）を除いて集計している。男性が世帯主と回答したのは41人，女性が世帯主と回答したのが23人である。夫婦を基本単位とする世帯は，世帯構成からは，夫婦共働き世帯が30世帯（内，1世帯は，調査月は無収入），夫婦のうち妻のみ就業が4世帯，夫のみ就業が11世帯である。その他の世帯は，単身世帯，寡婦・寡夫世帯，未婚者が主な稼ぎ手の複合世帯である。

[4]　主な職業のみの平均値であるため，第3章で提示した，副業・資産収入を含めた収入と平均値が異なる。なお，副業を有している者は，都心コミュニティSで男性3人，女性3人である。それぞれ，男性は，自営業（縫製）と運転手，自営業（建設）と屋台，一般俸給被用者とバンド，女性は，清掃人と屋台，スーパーのレジと屋台，内職と洗濯請負である。元郊外コミュニティUは女性が4人であり，全て自営業職種と家内労働（内職）の組み合わせである。

[5]　50世帯のうち，有職者がいない1世帯を除いて集計。夫婦共働きが34世帯，夫婦のうち妻のみが就業している世帯が2世帯である。男性のみが就業している世帯はない。

表 4-2 職業構成と職業階層

カテゴリー	就労地位	職業階層	都心コミュニティS 平均所得	都心コミュニティS 度数(人)	都心コミュニティS 比率(%)	元郊外コミュニティU 平均所得	元郊外コミュニティU 度数(人)	元郊外コミュニティU 比率(%)
男性	経営者	1 経営者				−		
	被雇用者	2 公務員				8,667	3	7.7
		3 製造業労働者 [電気・鉄・プラスティックなど]	9,000	2	4.4	9,167	6 [2]	15.4
		4 一般俸給被用者 [商社, 営業など]	20,333	3	6.7	11,825	4	10.3
		5 サービス労働者 [警備員など]	7,117	6 [1]	13.3	6,000	1	2.6
		6 商業使用人	6,667	3 [1]	6.7			
		7 運輸通信労働者	7,938	8 [4]	17.8	9,250	4 [1]	10.3
		8 単純労働者 [日雇い][1]	9,000	2 [2]	4.4	3,867	4 [4]	10.3
	自営業者	9 自営商業 (雑貨屋・屋台以外)				−		
		10 自営商業 [雑貨屋]	3,500	2	4.4			
		11 自営商業 [屋台・行商]	3,800	6	13.3	9,250	2	5.1
		12 建設業職人 [建設・内装工]				9,167	3	7.7
		13 製造業職人 [縫製・車修理][2]	1,500	1	2.2	13,000	2	5.1
		14 運輸通信 [タクシー, バイクタクシー]	7,454	11	24.5	8,000	4	10.3
		15 サービス [廃品回収人]	3,250	1	2.2	8,750	4	10.3
		16 自由業 [歌手]				4,000	1	2.6
	家内労働者	17 家内労働 [靴縫製]				2,000	1	2.6
	男性就業者 (全体)		7,635	45	100.0	8,408	39	100.0
女性	経営者	1 経営者				−		
	被雇用者	2 公務員	9,333	3 [1]	6.1			
		3 製造業労働者 (未熟練労働者)	5,333	3	6.1	5,767	6 [3]	13.6
		4 一般俸給被用者	20,000	1	2.0			
		5 サービス労働者 [家事使用人, 清掃人]	5,929	7 [4]	14.3	5,150	2	4.5
		6 商業使用人	6,420	5 [2]	10.2			
		7 一般労働者 [ヤクルト販売]	12,500	1	2.0			
		8 単純労働者 [日雇い]	4,767	3 [3]	6.1	0	1 [1]	2.3
	自営業者	9 自営商業 [釣堀, ゲーム屋]	7,000	1	2.0	7,000	1	2.3
		10 自営商業 [雑貨屋]	4,833	6	12.2	8,500	1	2.3
		11 自営商業 (屋台・行商)[3]	5,318	12	24.5	5,873	15	34.1
		12 建設業職人				3,500	1	2.3
		13 製造業職人 [縫製]	8,000	2	4.0	4,500	1	2.3
		14 技能者 (美容院)	12,500	1	2.0	9,000	1	2.3
		15 サービス	2,125	3	6.1	4,500	4	9.1
		16 自由業				−		
	家内労働者	17 家内労働 [靴縫製・宝石研磨]	6,000	1	2.0	2,336	11	25.0
	女性就業者 (全体)		6,243	49	100.0	4,755	44	100.0

出所：質問表調査より筆者が作成。

注：【都心コミュニティS】男性就業者 (45名)・女性就業者 (49名) のうち, 屋台・行商人の男性1人・女性1人は調査月には, 屋台営業が出来ず収入がなかった。したがって, 平均所得には計上していない。女性の被調査者 (51名) のうち, 産休中 [商業使用人], 無職 [部屋貸し], の2人を除く49人を就業者として計上している。

職業階層の [ ] は職業の例。職業階層「被雇用者」2-8 の「度数 (人)」の [ ] 内数値は, 福利厚生・社会保障を享受していない労働者数。

合計数値は, 四捨五入しているため, 必ずしも合計が 100% にならない。

1) 【元郊外コミュニティU】調査月に注文がなかった被調査者 (収入は0と記載) は, 所得・労働時間の計算には計上していない。
2) 【都心コミュニティS】男性自営業の製造業職人は, 縫製に従事しているが, 調査月は注文がなく, 6日間 (13時間/日) のみ従事した。したがって, 1週間分の所得のみ計上している。
3) 【元郊外コミュニティU】週に2, 3日のみ従事する高齢者が労働時間・平均所得を下げているが, 一方で, 週労働が 100時間を超える従事者も2人いる。高齢者2人を除いた平均値は月収 6,500 バーツである。

写真4-2 コミュニティ内の雑貨屋（元郊外コミュニティU）

が8,408バーツ，女性が4,755バーツとなっている。自営業者と家内労働者の合計は男性が43.7%，女性が79.7%であり，さらに被雇用者のうち，不安定性の高い日雇い労働者，及び社会保障に加入していない労働者を合わせると，男性が61.7%，女性が88.6%となる。職種・産業別の概観を見ると，男性は工場に勤務する製造業労働者（被雇用）が15.4%で最も多く，また運輸通信関連（被雇用・自営業）の合計は20.6%となる（被雇用者は会社運転手，自営業者はバイクタクシーやタクシー運転手である）。女性では，自営商業（屋台・行商）が34.1%で高く，次に家内労働者の25.0%と続く。

　いずれのコミュニティも，男性のフォーマル部門の被雇用者（社会保障加入）が35.6%と38.3%で女性の26.5%，11.4%と比較すると高い。特に，元郊外コミュニティUにおける女性のインフォーマル経済従事者の比率の高さが際立っているのは注目に値する。職種・産業別に共通する点としては，男性では運輸通信関連の従事者，また男女ともに屋台・行商などのインフォーマル経済職種での従事者が多い事が指摘できるであろう。特に都心コミュニティSでは，コミュニティの外での需要が大きいため，コミュニティ近隣のオフィス街で営業する

屋台・行商人も多い。元郊外コミュニティUの男性に製造業労働者の比率が高いのは，郊外に位置する工場団地に通勤する者がいるためである。逆に，都心コミュニティSでは，サービス労働者及び商業使用人（被雇用）の比率が高いのが特徴的である。2つのカテゴリーを合計すると，男性で20.0％，女性で24.5％となる。これは，都心の就業機会を反映している。運輸通信関連を見ても，都心コミュニティSでは，オフィス街で活動するメッセンジャー（被雇用）が見られる。メッセンジャーはコミュニティの人にとっても，比較的新しい職種であるという。都心のオフィス機能の強化に伴って登場した職業である。これらの職業構成の違いには，立地に伴う就業機会が反映されている。

3　職業階層別特徴と職業階層大分類

3.1　被雇用と自営業

　第1章で述べたとおり，被雇用者と自営業者は異なる特徴を持っている。実態調査に即して言えば，雇用形態の相違に加えて，リスク対応の観点からは，社会保障制度の有無が大きな意味を持っているだろう。自営業者に対する社会保障制度が整備されていないタイでは，自営業者のリスク対応過程は，個人条件，世帯条件に大きく依存することになる。元来，毎日オフィスに通勤する被雇用者と比較すると，自営業の中には不安定性を内包している職種も少なくない。幾つか事例を見てみよう。

　自営業者に対する質問の中には，1年単位で回答しづらい項目があるため，そのような場合は，過去1ヶ月を基準として回答してもらった。ところが，一部の就業者の中には，当該月はたまたま注文が少ない，もしくは全くなく，収入が落ち込んでいるという者がいた。例えば，建設業職人（床職人）や製造業職人（縫製），屋台従事者などである。夫婦で32年（夫は結婚前の15歳で始めたため，45年のベテランである），床のタイル張りの職人として，注文を請け負っている元郊外コミュニティUのP夫婦は，調査月に全く注文が取れなかった。注文のあった前月は8,000バーツの月収であったという。都心コミュニティS

の行商人夫婦も，体調不良から過去1ヶ月は販売できておらず，また製造業職人（縫製）の男性就業者は，衣料の注文が過去1ヶ月の間に1週間分しか入らず，通常は8,000バーツ程度ある収入が1,500バーツにしかならなかった。床職人夫婦は，足りない所得を補うために，妻がコミュニティ内でつみれやお菓子を行商販売し，また縫製従事者の男性は，自家用車を用いて送迎サービスを個人的に請け負って収入を補填していた。被雇用と自営業の平均収入を比較すると，同程度の水準の所得を得ることが可能な職種も多い。しかし，一方で，自営業職種がこの種の不安定性を抱えていることは重要な相違点であろう。自営業者は，安定した注文を確保するために，顧客とのネットワークの構築や，情報網の整備を通じて情報の非対称性を軽減することを心がけているが，それでも，市場の状況など外的な要因の影響を受け，注文は変動する。不安定性に対する対処は，従事者にとって最も大きな課題である。

一方，被雇用者は収入の面では，雇用関係が継続される限りは一定している。特に，一般俸給被用者は，いずれのコミュニティでも最も所得が高い階層である。社会保障については，一般俸給被用者に関しては全員，また公務員，製造業労働者の中でも熟練工（男性）はほとんどが社会保障やボーナスなどを享受している。ただし，単純労働者（日雇い）に関しては，社会保障はもちろんのこと，日当ベースで働くため，収入の安定性も確保されておらず，自営業者同様に不安定性が高い。また，一部のサービス労働者，商業使用人，運輸通信労働者に関しては，社会保障の有無は雇用者に左右され，雇用契約を結んでいない見習い労働者（4ヶ月以内の試用期間中）に関しては社会保障の対象とならない。他の労働者と代替が可能な職種ほど，雇用関係は不安定である。

第1章で議論した通り，被雇用者と自営業者が抱えるリスクは性質が異なっている。前者の最大のリスクはレイオフであり，後者は事業の不安定性に規定される。とはいえ，いずれも，病気や怪我など，就業自体が難しくなるような個別のリスクに直面する場合もあるだろう。「不安定性」や収入源の枯渇は世帯の生計に直接影響を与える。「職業階層大分類」の話に移る前に，元郊外コミュニティUのある家族を紹介しよう。就業者を持たない1世帯である。

女性世帯主（55歳）は数年前まで宝くじの行商人として一家の稼ぎ手であった。22歳年上の夫が心臓麻痺の後遺症で障害を持っており，また実母が寝たきりのため，自宅で介護にも従事していた。1994年には，同居している弟（51歳）が自動車事故に遭い，障害が残ってしまう。2番目の弟（48歳）はホテル

写真 4-3　トゥクトゥク

の電気技師として働いていたが，電線のショート事故で 3 回，上階から転落し，その後体調不良が続いたにもかかわらず，ホテルからの見舞金はなく，危険な仕事を割り振られたため，最終的には辞めざるを得なかった。3 番目の弟 (31 歳) も，スバルの運転手をしていて衝突を起こしている。娘は 1997 年の経済危機後の人員整理で民間企業をレイオフされ，一家の稼ぎ手が結局，1 人になってしまった。にもかかわらず，介護負担は大きくなったため，両立が難しくなり，最終的には行商人を辞めることになった。現在は，ドイツに嫁いだ姉の送金 (月 1 万バーツ) と，行商人の時に貯めた 6 万バーツの貯金を取り崩して生活している。

　この事例は，一家のほぼ全員が事故に遭ってしまうという非常に不運な事例ではある。ただし，このケースからは，自営業，被雇用のいずれものリスクの可能性が端的に見て取れる。コミュニティでは，程度の差はあれ，体を壊し，就業の継続が困難となっているケースは少なくない。特に，肉体労働である日雇い労働者や，自営業の建設業職人，運輸通信従事者などは重労働や安全性の面から，体を壊す危険性が相対的に高い。また，一旦事故を起こした場合，労働災害としての補助も保険もない。その他，コミュニティに多く見られるのは，男性が比較的早い年齢で引退しているケースである。ある住民は，「50 歳を過

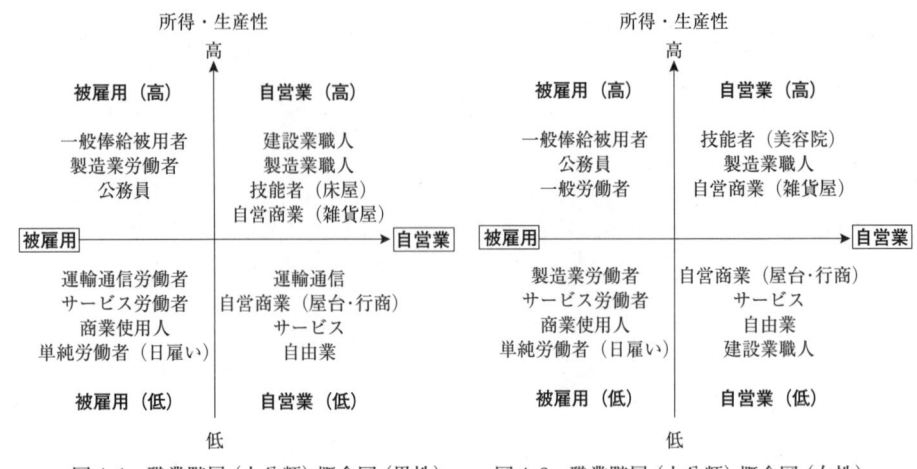

```
        所得・生産性                              所得・生産性
            ↑高                                      ↑高
 被雇用（高）    │  自営業（高）         被雇用（高）    │  自営業（高）
                │                                    │
 一般俸給被用者  │  建設業職人           一般俸給被用者  │  技能者（美容院）
 製造業労働者    │  製造業職人           公務員          │  製造業職人
 公務員          │  技能者（床屋）       一般労働者      │  自営商業（雑貨屋）
                │  自営商業（雑貨屋）                    │
├─被雇用────────┼──────────自営業→   ├─被雇用────────┼──────────自営業→
                │                                    │
 運輸通信労働者  │  運輸通信             製造業労働者    │  自営商業（屋台・行商）
 サービス労働者  │  自営商業（屋台・行商）サービス労働者  │  サービス
 商業使用人      │  サービス             商業使用人      │  自由業
 単純労働者（日雇い）│ 自由業           単純労働者（日雇い）│ 建設業職人
                │                                    │
 被雇用（低）    │  自営業（低）         被雇用（低）    │  自営業（低）
            ↓低                                      ↓低
```

図 4-1　職業階層（大分類）概念図（男性）　　図 4-2　職業階層（大分類）概念図（女性）
出所：筆者作成。　　　　　　　　　　　　　　　出所：筆者作成。

ぎたら，雇ってくれる所がない」と表現する。外部に経済的紐帯を期待でき，かつその支援のみで生き抜くことができる世帯は多くはない。職業におけるリスクへの遭遇は，世帯の厚生水準に対して，決定的な影響を与える。

3.2　職業階層大分類（被雇用・自営業）

　話を職業階層の分類に戻そう。被雇用者，自営業者のそれぞれを職業階層別に検討すると，職種によって要求される教育水準や時間給に高低の違いが見て取れる。第1章で述べたとおり，中西やパースックらの先行研究では，都市インフォーマル部門内の高生産性部門と低生産性部門が仮説的に区分されていた（中西1991，Pasuk 1992）。ここでも，被雇用，自営業のそれぞれを，フィールド調査の結果をもとに高生産性部門と低生産性部門に分類する。4つの職業階層大分類の区分を説明したのが図 4-1，4-2 である。縦軸は所得と生産性を示している。横軸は生産関係の違いを表しており，右側の象限は自営業，左側の象限は被雇用となっている。両コミュニティの各職業階層における平均賃金，時間給，就学年数を参考に区分した。自営業に関しては，さらに初期投資額，技能水準の違いを考慮している。サンプル数に限りがあるため，絶対的な区分とするには不充分であるが，一定の傾向は明らかである。

分類の基準を簡単に補足説明しよう（詳細は，Appendix [5] を参照のこと）。男性の被雇用者に関しては，相対的に高い就学年数が必要とされる公務員[6]，製造業労働者，オフィスワーカーである一般俸給被用者に関しては高生産性部門，それ以外を低生産性部門としている。運輸通信労働者に関しては，会社の運転手の場合，所得，就学年数を見ると，高生産性部門に限りなく近いが，一方で参入障壁は相対的に低い。特に小規模な会社の運転手やメッセンジャーはさほど参入が難しくなく，移動が比較的容易であるため，低生産性部門としている。女性の被雇用者に関しては，公務員，一般俸給被用者を高生産性部門，それ以外を低生産性部門として考える。熟練工が多い男性の製造業労働者とは異なり，女性の製造業労働者のほとんどは未熟練労働者であり，教育の参入条件は年々高まりつつあるものの，賃金は最低賃金水準の場合が多く，時間給は低い。したがって，一般俸給被用者とは区別し，低生産性部門としている。

自営業も見てみよう。表4-3は，調査地の自営業者の事例における初期投資，技能水準の相違を一覧にしたものである。男性の自営業者に関しては，大きな初期投資が必要とされる自営商業（雑貨屋）や，事業拡大には一定の技能水準と経験年数が必要とされる建設業職人，製造業職人，技能者（床屋など）を高生産性部門とし，それ以外を低生産性部門としている。ここでも運輸通信は，時間給を参照する限り，高生産性部門と近く，また車両を自己所有する場合は，投資資金も高い。しかし，タクシーの車両を購入できる従事者は当然稀である。多くの人にとって，タクシー運転手は，都市流入直後でも比較的容易に参入できる職種であり，出稼ぎ労働者の従事者も多い。したがって，参入障壁は相対的に低いと考えられる。

女性に関しても，同種の職業を高生産性部門としている。ただし，女性の建設業職人に関しては，男性（夫）との協働者が中心であり，単独で従事している者は，調査地では見当たらなかった。自立性の低さも考慮して，低生産性部門に分類している。

先行研究においては，インフォーマル経済内部の分類は緩やかに定義されるに留まっており，詳細な分類は行われていなかった。しかし，都市下層民の就業機会と職業経験を考える際には，高生産性部門と低生産性部門の違いのみな

---

[6] 公務員は区の職員であっても，参入に試験を課される場合があり，参入障壁は高いといえる。一般俸給被用者に比べると月収自体は低いが労働時間も短いため，時間給はさほど低くならない。

表 4-3　自営業（高生産性・低生産性部門）の区分　　　　（単位：バーツ）

性別	職業階層大分類	職業階層	初期投資 都心 S	初期投資 元郊外 U	技能水準
男性	自営業（高）	建設業職人［建設・内装工］		10,000〜45,000	高位 ↑
		製造業職人［縫製・車修理］	20,000	50,000	
		技能者［床屋など］			
		自営商業（雑貨屋）	40,000		
	自営業（低）	自営商業（屋台・行商）	450〜30,000	1,500〜3,500	
		運輸通信	36,200〜90,000	12,000〜25,000	
		［上段：バイクタクシー　下段：タクシー］	120,000〜170,000		
		サービス［廃品回収人］	3,000	700〜15,000	
		自由業［歌手など］		6,000	↓ 低位
女性	自営業（高）	技能者（美容院）	7,500	50,000	高位 ↑
		製造業職人［縫製］	20,000	15,000〜35,000	
		自営商業［ゲーム，釣堀など］	70,000	10,500	
		自営商業（雑貨屋）	22,000〜100,000 250,000[1]	20,000	
	自営業（低）	自営商業（屋台・行商）	450〜50,000	80〜3,500 100,000[1]	
		サービス［洗濯など］	900〜3,000	2,000〜18,000	
	家内労働	家内労働［靴縫製・宝石研磨］		20〜150	↓ 低位

出所：調査結果を元に筆者が作成。
注：タクシー車両は，中古をローンで購入している。「職業階層」における［　］は職業の例。
　1)　店舗の購入料金を含む。屋台の店舗とは，食堂屋台であり，自宅を兼ねた住居への投資である。

らず，部門内格差，及び職業階層間の移動を見ることが重要であろう。とはいえ，詳細な職業階層を幾つかにグループ分けすることでより明らかになる特徴もある。したがって，大分類として被雇用（高），被雇用（低），自営業（高），自営業（低）部門[7]，および家内労働の5つを規定し，特に前者4つの区分を，詳細な職業階層分類とあわせて，具体的事例の分析の中で使用する。ひとまず，職業階層大分類別に各コミュニティの男女別平均値を要約したのが，表4-4である。特徴的な点として，男女に関わらず，被雇用（高）部門従事者の就学年数（平均）の高さや時間給の高さ，自営業者の労働時間の長さが顕著である点を指摘しておく。男女間の相違に関しては，次節で取り上げる。

---

7)　以下，被雇用，自営業の高生産性部門と低生産性部門を，それぞれ，被雇用（高），被雇用（低），自営業（高），自営業（低）部門と略する。

表4-4 各コミュニティ職業階層別データ

都心コミュニティS（男性）

職業階層大分類	月収平均（バーツ）	人数	比率（％）	平均年齢	教育（年）	週労働時間	時間給（バーツ）
被雇用（高）	15,800	5	11.1	40.4	9.4	59.4	66.4
被雇用（低）	7,590	19	42.2	37.9	7.5	60.8	31.2
自営業（高）[1]	2,833	3	6.6	38.0	6.3	98.3	7.2
自営業（低）	6,132	18	40.0	44.4	5.7	86.6	17.7
男性就業者（全体）	7,635	45	100.0	40.9	6.9	73.1	26.1

都心コミュニティS（女性）

職業階層大分類	月収平均（バーツ）	人数	比率（％）	平均年齢	教育（年）	週労働時間	時間給（バーツ）
被雇用（高）	12,100	5	10.1	37.6	10.8	53.6	56.4
被雇用（低）	5,772	18	36.7	41.5	4.8	58.5	24.7
自営業（高）	6,450	10	20.2	42.1	4.7	90.3	17.9
自営業（低）	4,625	15	30.6	46.3	4.9	83.8	13.8
家内労働[2]	6,000	1	2.0	47.0	4.0	133.0	11.3
女性就業者（全体）	6,243	49	100.0	42.8	5.3	73.3	21.3

元郊外コミュニティU（男性）

職業階層大分類	月収平均（バーツ）	人数	比率（％）	平均年齢	教育（年）	週労働時間	時間給（バーツ）
被雇用（高）	9,869	13	33.4	39.4	10.2	53.9	45.8
被雇用（低）	6,067	9	23.2	41.7	7.7	58.9	25.8
自営業（高）	10,700	5	12.8	54.4	5.6	62.0	43.1
自営業（低）	8,136	11	28.3	47.0	5.4	81.5	25.0
家内労働[2]	2,000	1	2.6	66.0	4.0	98.0	5.1
男性就業者（全体）	8,408	39	100.0	44.7	7.5	65.5	31.0

元郊外コミュニティU（女性）

職業階層大分類	月収平均（バーツ）	人数	比率（％）	平均年齢	教育（年）	週労働時間	時間給（バーツ）
被雇用（高）	－	－	－	－	－	－	－
被雇用（低）	4,989	9	20.4	34.8	7.2	58.0	21.5
自営業（高）	8,167	3	6.9	50.0	8.3	87.7	23.3
自営業（低）	5,433	21	47.8	47.3	6.3	69.8	19.5
家内労働[2]	2,336	11	25.0	44.0	6.2	66.1	8.8
女性就業者（女性）	4,755	44	100.0	44.1	6.5	68.0	20.6

出所：調査を元に筆者が作成。

注：1) 都心コミュニティSの自営業（高）部門は，調査月に注文が1週間分しか取れなかった縫製職人を含むため，通常よりも平均所得が低い。
　　2) 都心コミュニティS（女性）の家内労働者は箱，元効外コミュニティU（男性・女性）の家内労働者は靴の製造の下請けに従事している。

4　ジェンダーと職業階層

　ジェンダーの観点から職業構成，職業階層大分類を検討すると，幾つかの特徴が顕著である。いずれのコミュニティも，女性の方がインフォーマル経済従事者の比率が高かった。表4-4を見ると，就業者の平均年齢は男女に大きな違いは見られないが，就学年数の平均値は，都心コミュニティS，元郊外コミュニティUそれぞれ，男性が6.9年と7.5年，女性が5.3年と6.5年となっており，男性の方が高い。月収平均を比較すると，それぞれ男性が7,635バーツと8,408バーツ，女性が6,243バーツと4,755バーツであり女性の方が低かった。ところが，週労働時間を比較すると，男性が73.1時間と65.5時間であるのに対して，女性は73.3時間と68.0時間であり，女性の方が長くなっている。特に元郊外コミュニティUでは，男女の平均所得の格差が約3,700バーツと大きく開いているにもかかわらず，週労働時間は女性の方が2.5時間も長いのである。したがって，女性の時間当りの所得は男性よりも低くならざるを得ない。女性は，男性と比較するとより低賃金職種に参入していることが明らかであるといえるであろう。元郊外コミュニティUは，自営業者や家内労働者など，いわゆるインフォーマル経済従事者の比率が高いが，インフォーマル経済従事者のみで男女間を比較しても，女性の時間給は相対的に低くなっている。

5　職業の選択理由

　多くの人は幾つかの職業を経験する。主な職業だけでも，平均転職回数は約3回である。人々は現在の職業をどのような理由で選んだのであろうか。現在の職業構成に対する理解を深めるために，職業を移動した者の前職の離職理由と現職への参入理由を見てみよう（表4-5，4-6）[8]。それぞれ男女別に，職業階

---

[8]　就業機会と選択肢の生成には，地理的な影響の違いが意味を持つが，それを所与とした場合の「職業」自体に関する選択理由を聞いているため，回答は職種の特性に関する内容が中心となる。したがって，便宜上，都心コミュニティSと元郊外コミュニティUの質問表調査の結果を

表 4-5　前職の離職理由

男性

離職理由	被雇用(高)	被雇用(低)	自営業(高)	自営業(低)	農業
新しい経験を求めて	5	5		6	
より高所得の仕事を発見	9	17		19	
自立性の欠如	3	14		3	
所得が不安定	6	18		29	9
仕事が不安定	3	10		6	
重労働	3	3		8	
工場・会社の閉鎖		6		2	
解雇	14				
同僚・経営者との問題	3	6		3	
騙される					
その他	8	20		11	3

女性

離職理由	被雇用(高)	被雇用(低)	自営業(高)	自営業(低)	農業	家内労働
新しい経験を求めて		12		6		3
より高所得の仕事を発見		17		21	3	2
自立性の欠如	2	11		2		
所得が不安定		13		8	12	3
仕事が不安定	3	9		5		3
重労働		8		1		
工場・会社の閉鎖		38				
解雇	3	6				
同僚・経営者との問題	3	9		3		
騙される		2				
その他	7	44		8		

出所：質問表調査（都心コミュニティ S・元郊外コミュニティ U）より筆者が作成。
注：回答は第3位まで選択。ウェイト付けをしてポイントを集計。
　　女性の回答の「その他」は，主に出産，育児，介護。

層大分類別に集計した。各カテゴリー別に検討してみよう。被雇用者の離職理由に目を向けると，男性の被雇用（高）部門，女性の被雇用（低）部門では「解雇」や「工場・会社の閉鎖」が最もポイントの高い理由となっている。被雇用（高）部門に限って，サンプル数が比較的多い男性に注目すると，第2位は「より高所得の仕事を発見」したという理由である。解雇や工場閉鎖といった外的に決

合計する。それぞれ，複数の理由がある場合は，重要なものから上位3位を挙げてもらった。1位からウェイトをつけて，足し算した結果が各理由のポイントである。サンプル数が限定されてはいるが，大まかな傾向を摑む意義は大きいため，本章で使用する。

表4-6 現職への参入・選択理由

男性

参入理由	被雇用(高)	被雇用(低)	自営業(高)	自営業(低)
自立性	6	3	8	49
所得がより良い	17	26	6	15
より安定度が高い	21	8	2	2
技術・技能向上が可能	7	6		
前職の経験が生かせるため	2	5		3
技術・技能指導をしてくれる人がいたため			3	
参入が容易	3	2	3	1
投資する必要が無い	2	10		3
選択肢なし	9	26		19
自宅で働ける				7
職場が近い	3	6	2	1
家族事業	3		6	
その他	6	7		6

女性

参入理由	被雇用(高)	被雇用(低)	自営業(高)	自営業(低)	家内労働
自立性	2	9	20	46	6
所得がより良い	6	19	7	17	
より安定度が高い	3	7	3		
技術・技能向上が可能		1	3	1	
前職の経験が生かせるため			2	3	
技術・技能指導をしてくれる人がいたため				2	
参入が容易			6	8	3
投資する必要が無い		8		4	5
選択肢なし	3	42	8	28	18
自宅で働ける				9	7
職場が近い	3	6		12	4
家族事業		6	6	10	
その他		12	4		2

出所：質問表調査（元郊外コミュニティU・都心コミュニティS）より筆者が作成。
注：回答は第3位まで選択。ウェイト付けをしてポイントを集計。

定される要因，もしくはより条件の良い仕事への移動といった積極的な理由によって離職している。被雇用（低）部門に関しては，女性が興味深い傾向を示している。最も多いのは，元郊外コミュニティUの女性の回答が反映した「工場・会社の閉鎖」である。また「その他」の44ポイントのほとんどが，「出産・

育児」のために退職を余儀なくされた女性である。次は，高生産性部門と同じく，「より高所得の仕事を発見」した場合であるが，そのほかに「所得が不安定」「仕事が不安定」であると回答している者が男女共に少なくない。さらには，「自立性の欠如」がポイントを獲得していることも興味深い。被雇用（低）部門に対する直接的・消極的な評価が理由として大きい点は注目に値しよう。

　これに対して，自営業はどうであろうか。自営業（高）部門からの退出者は男女共に該当者がいなかった。自営業（低）部門に目を向けると，男性では，「所得が不安定」であることが最も大きな理由であり，男女共に，「より高所得の仕事を発見」したことが転職のきっかけとなっており，所得に関わる理由が最も大きい。以上の傾向を見ると，被雇用（低）部門や自営業（低）部門は高生産性部門よりも，仕事や所得が不安定であることがうかがい知れる。とはいえ，サンプル数が限られているため，早急に結論付けることはできない。

　あわせて，現職への参入理由から，より直接的な各職業に対する理由付けを見てみよう。

　現職への参入理由は，被雇用（高）部門の男性では「より安定度が高い」が最もポイントが高く，次に「所得がより良い」となっている。女性に関しては，「所得がより良い」が高い。被雇用（低）部門に目を向けると，同じく「所得がより良い」が理由として上位に来るが，同時に「選択肢なし」が高いポイントを獲得していることが特徴的である。特に女性は「選択肢なし」のポイントが非常に高くなっている。前職の離職理由とあわせて考えると，被雇用（低）部門は，被雇用（高）部門と比較しても，安定度は必ずしも高くなく，所得条件を吟味しつつも，やむを得ず選択せざるを得ない労働者が存在していることが見受けられる。ところで，自営業に目を向けると，被雇用労働とは理由付けが全く異なる。高生産性部門，低生産性部門共に，第1位は，「自立性」である。いずれも，「所得がより良い」といった回答も挙げられてはいるが，「自立性」とはポイントを大きく離している。自営業（低）部門に関しては，「選択肢なし」といった消極的な理由が第2位になる点が，高生産性部門とは異なっているが，しかし，いずれにしろ，「自立性」に対する評価は高いといえよう。内職に従事する家内労働者に関しては，「選択肢なし」が最もポイントの高い理由となっている。

　以上を概観すると，どの職業カテゴリーにおいても，「所得水準」が大きな選択要因であることは明白である。職業選択の過程において，所得の水準はカ

テゴリー横断的な選好の基準となっているといえるだろう。しかし，単に所得水準だけで職業を評価しているかというと決してそうではない。カテゴリー間の差異として注目に値するのは，「安定性」と「自立性」の二つの軸である。被雇用者，特に高生産性部門では，選択理由に「安定性」が挙げられていた。一方で，自営業では「安定性」を理由に挙げたものはわずかであり，「自立性」が突出して高いポイントを獲得している。この点は，都市下層民の職業世界を知る上で非常に興味深い。この2つの軸は，第7章以降，リスク対応過程を見る上でも重要な鍵となる。

6　就業機会と職業構成の変化

　最後に，就業機会と職業構成の関係について検討してみよう。既に述べたとおり，現在の職業構成を観察すると，元郊外コミュニティUでは，男性の製造業労働者が相対的に高い比率を占めていた。都心ではサービス労働者や屋台・行商，運輸通信関連の従事者が多かった。これらの違いは，立地による就業機会の違いを反映している。郊外において，製造業における男性の就業者が相対的に多いのは，郊外の工業団地の存在も指摘できるであろう。また，都心コミュニティSの職業構成からは，オフィス街において，サービス産業における低所得者層の労働需要が高いことや，屋台・行商，バイクタクシーなどの交通の市場が大きいことが示唆されている。これらの立地と就業機会の関係は，時間の変化と連動して動いていく。ある時点での職業構成は，決して偶然の結果ではなく，都市の下層民に対する労働需要と立地条件の二つに規定された就業機会が反映している可能性が高い。都市の労働市場における状況は全般的要件であり，空間立地は地理に規定される特殊要因である。第2章で述べたとおり，都市下層民は職住近接傾向が強いため，コミュニティ近隣の就業機会は個々人の職業経験に反映しやすい。これは，ライフコースの聞き取りを行っていても，明確に見えてくる事象である。就業機会と個人の職業経路の相互作用に関しては，第8章の事例分析で改めて言及するが，ここでは一点，重要な特徴を指摘しておこう。

　20, 30年前の状況を再現するのは容易ではないが，人々の語りやライフコー

スからは，限定的ではあるが，就業機会の変化の傾向が浮かび上がっている。重要な特徴は，都市下層の就業機会が多様化してきていることである。その中で，学歴や職業経験から優位にたつ労働者にとっては，限定的ではあるが選択肢の幅が広がってきている。

　男性に注目してみよう。たとえば，いずれのコミュニティでも多く見かける運輸通信（被雇用・自営業）は，個別には時代ごとに中心となる職種が変わってきている。聞き取りによると，都心コミュニティSで見られるメッセンジャーや会社運転手は比較的新しい職業であるという。特にメッセンジャーが急増するのは2000年代である。また，企業の会社運転手など，被雇用者が増大するのは，1990年代以降，多くの企業が進出してきてからであるという。逆に，時間をさかのぼれば，1970年代にはまだサームロー運転手に従事していた者も存在していた。その他にも，住民によれば，1970年代までは，日雇い労働が中心であったのが，元郊外コミュニティUでは，1980年代から90年代にかけて，工場労働者が増大してきたのが特徴であるという。都心コミュニティSでは，1990年代にサービス労働者，特に都心の会社で雇われる警備員，清掃員といった職業に参入する者が出てくる。

　女性就業者に関しては，インフォーマル経済従事者の比率が高く，特に元郊外コミュニティUにおいては，その比率は突出していた。この現象は歴史的に共通して言えることであろうか。高齢者のライフコースを聞くと，多くの人は，かつて，日雇い労働や屋台・行商，もしくは家事使用人（サービス労働者）に従事していたという。家事使用人も，当時は，現在のようなオフィスの使用人や清掃人ではなく，個人宅に住み込む女中が主である。ところが，1980年代後半から1990年代にかけては，多くの女性が工場労働に参入した。一時は，コミュニティの住民の大部分が工場労働に従事していた時期もあるという。インフォーマル経済従事者が多い現在のような職業構成が顕著となったのは，ここ10年のことである。

　以上のような聞き取り調査からの情報を合わせると，時代別の就業機会の変化や，都市に流入した人々の労働市場への参入パターン，職業経験の経路の典型例が類推できる。都市拡大期初期に流入した人々の主な就業先は，日雇い労働や行商人，個人宅のメイドなどが中心であった。バンコクが発展するにつれ，タクシーや，1980年代の交通渋滞を背景にして登場したバイクタクシーなど運輸関連の職種に参入する労働者が増大する。一方でマクロ要因とコミュニ

ティの立地条件（位置）の双方に規定されて出てくる現象が，1980年代後半から1990年代にかけて郊外で増大する工場労働者や，都心で2000年代に観察されるサービス労働者であろう。バンコクの発展と拡大，機能の変化に伴い，都市下層の就業機会も多様化していく。新しい労働需要や就業機会の創出は，バンコクの機能の変化や発展形態，それに伴って変化する空間条件に規定されている。人々の職業経験と就業機会の変化と並行して，第3章で紹介したコミュニティの歴史が築かれてきているのである。

7　小括

　本章では，分析手続きとして職業階層を分類し，各職業階層間，職業階層大分類間の格差に関して考察を行った。職業の基本構成の検討からは，職業階層（被雇用・自営業）やジェンダー別に検討すると，幾つかの重要な特徴や格差が存在することが明らかになった。都市下層民は，内部に格差を内包しながらも，マクロな空間の再編成や労働市場の変化に伴う就業機会の変化と連動して，それぞれの職業経路を辿っていっている。都市下層に対する労働需要が多様化する中，個々の労働者の選択は，個人条件と世帯条件，家計の予算制約に規定された選択肢の幅の中で行われている。第7章以降，改めて職業の視点から，リスク対応過程の分析を通じてこの点を検討する。

【コラムシリーズ　調査地で出会った人々②】

最貧層への扶助

　都心コミュニティSのPhii Iに初めて出会ったのは，まだ本調査を始める前で，コミュニティの中をNGOの人と一緒に歩いていた時だったように思う。雑貨屋と食堂を狭い路地に向かい合わせで出店しているある家族と立ち話をしていた時だった。酔っぱらいながら，千鳥足で，お皿を持って歩いてきたのが彼女だった。食堂のおばちゃんは，何か一言かけながら，お皿におかずを山盛りに入れてあげた。その時の細かいやり取りは忘れてしまったが，たまに食べ物を渡しているのだと教えてもらったように思う。

　さて，本調査も始まり，コミュニティで過ごす時間が長くなると，Phii Iとは毎日のように顔を合わすことになった。彼女は，コミュニティの各家庭のごみを集め，路地を清掃し，コミュニティに隣接したゴミ置き場に持っていく仕事をしていた。給料の出所は，コミュニティの共通経費である。稼得手段の確保が困難な彼女に対して，コミュニティが用意した仕事であった。また，夕方近くになると，今度は，泥酔して陽気に歩き回っている彼女の姿を度々見かけた。次第に親しくなり，色々と話す機会も増えた。

　出会った当時，彼女は30代半ばで，小学生の子供2人と日雇い労働者の夫と一緒に住んでいた。10代の時に，タイ南部に身売りされ，後にタイのNGOに救出され，バンコクに戻ってきたという。1年ほどNGOの手伝いをした後，コミュニティに移り住んできた。

　彼女は，そのような生い立ちゆえ，定職を得るのが容易ではない。不定期に建設の日雇い労働者をしていたが，コミュニティの世話係であるMの介在もあり，コミュニティ内のゴミ収集人となった。昼間は非常に熱心に働いているが，夜になると毎日酔っぱらっていた。収入も安定しない。子供たちの食事など，どうしているのか気になっていたが，見ているとコミュニティの人が食べさせたりもしていた。コミュニティ内の図書室を切り盛りするMは，よく働くことをいつも誉めつつも（昼間），酔っぱらっている彼女を叱り飛ばしていた。

　彼女は自己規定でも，そしてコミュニティ内の人々にとっても「コミュニティ内の最貧層」だった。調査の際，ランダムサンプリングのために，地図上の該当世帯に色をつけていた時，コミュニティの人々が彼女の家を指差して，「この家にはなぜ行かないのか？　彼女の所は本当に貧しいんだ」と言ったこともあった。ある日，路地でばったり会ったら，ほろほろと涙をこぼしながら，頬を押

さえて「100バーツ頂戴。歯が痛くてしょうがないけど，治療費がない」と言っていたことがある。住民とのお金のやり取りは，金額の大小にかかわらず，出した方がよいのか悩む場面もあるのだが，この時は悩む事もなかった。ちなみに，私が出さなかったら，代わりにコミュニティの住民の誰かが渡していただろう。夕方に会ったら，痛みが取れたと嬉しそうに笑い，陽気に酔っぱらっていた。

　コミュニティの中の経済関係は比較的ドライである。外部者は都市の「スラム」では，「紐帯」や「助け合い」，「農村のような」密な関係性が見られるであろうと期待する。確かに，コミュニティの家のドアは開け放しで，密なコミュニケーションがあるのは確かだ。ただし，その強弱や実態は，コミュニティごとにかなり異なっている。その上，時と場合によって，コミュニティ内の関係性の現れ方は異なる。火災の後，親せきや家族単位で移動し，助け合っている姿は，住居の確保から資金提供まで様々なレベルで見られた。ただし，親せきにもかかわらず，借金には高い利子率をかける場合も多く，私はむしろそちらのケースに関心を持った。一つの仮説であるが，都市のコミュニティのような開放された空間では，関係性とその強弱は，「社会的」「経済的」，又は「政治的」側面（選挙の際の特定の政党の応援などは良く見られる光景である）によって多少のずれを持っているのではないだろうか。社会的には，日々の日常，プライベートな諸々を共有する傾向は強い。一方で，都市のコミュニティでは，各個人の稼得活動はコミュニティ外部で展開されることが多い。そのような条件下では，経済的な関係が最も先に変化していくのではないだろうか。

　ところが，前述のような印象に反して，どうも最貧層に対してだけは接し方が違うのである。コミュニティが仕事を与え，たまには食事を施す。火災の後，賃借層であったPhii Iの家族には住宅の選択権はなかった。とはいえ，普段から彼女の家族と積極的に関わってきた世帯の多くがセルフヘルプ住宅を選択し，貯蓄組合に参加していた。彼女も焼け跡に住み続けながら，貯蓄組合に参加していた。ところが，1カ月数百バーツと言えど，貯蓄を積み立てる事が出来なかった。貯蓄組合には，支援主体であるCODIのレベルで決まっている幾つかのルールがある。数か月滞納すると貯蓄組合を脱退しないとならない。コミュニティでは，議論の末，様々な猶予措置を工夫し続けていたが，最終的には彼女の家族は他のコミュニティへと転出した。仮設住宅に住み続け，焼け跡でもゴミ収集の仕事を再開していたが，5年が経ち，恒久住宅入居が始まると，元賃借層用に建てたセルフヘルプ住宅側の共同アパートでさえも，家賃の返済を出来ないだろうと考えたからである。

さて，PhiiI以外にも，周りの住民が気にかけ，食事などを運んでいる人を数人見かけた事がある。多くは1人暮らしの老人である。元郊外コミュニティUでは，複数の家族から，「あそこの貸部屋にいるおばあさんは，本当に貧しいから，たまにコーヒーを飲みに行ってあげて」と言われた事がある。そのおばあさんは，2畳程度しかないのではないかと思う小さな部屋を借りて寝泊りしていた。マットレス以外にはわずかなスペースしかない。戸口の先で，床に置いたポットを使ってコーヒーを入れてくれる。1杯10バーツである。コーヒーをたまに売るのが唯一の収入である。コミュニティの人は，食事を運んだり，たまにコーヒーを入れてもらったりしていた。都心コミュニティSでも，そんな1人暮らしのお年寄りに何人か出会った事がある。

都市のコミュニティでは，外部者が「期待」するほどの密な相互扶助が見られるかと言うと，むしろ市場的な関係が発達してきている。一部には，独自のルールがあるとしても，経済的側面に関しては，外部者が予想する以上にドライになりつつある。ただし，最貧層や諸事情を持った人に対しては違う。コミュニティ内の階層性に対する認識は住民の中にも存在し，「最貧層」と規定された人々に対しては，様々な手が差し伸べられている。そのような関係性の中で，何とか都市を生き延びることが可能となっているのだ。

第 5 章
都市下層民と「居住」

あらゆる人間にとって「居住」は基本的な生活条件である。都市に流入した移住者にとって，最初の課題は，住居を確保することである。本章では，調査地における「居住」の側面に着目する。都心コミュニティSに関して言えば，本章が扱うのは，火災が起こる前までである。個々の住宅やコミュニティの実態と形成の経緯を明らかにする。

第1節ではまずコミュニティの日常風景を紹介しよう。第2節では，住民の同居形態と世帯構成を鳥瞰する。第3節では，個々の住宅の建設過程と住空間の創出に着目し，居住空間としてのコミュニティの機能を考察する。視点としては，「ある住宅（その内部の構成）」から「住宅」，住宅が集合した「コミュニティ」という空間へと分析を広げていく。ただし，コミュニティという空間は，単に箱物としての住宅が集合している場ではない。人々が労働力を再生産し，生活を営む場であり，また一部の自営業者にとっては生産の場ともなっており，様々な複合的な機能を内包している。そのようなコミュニティの複合性は，むしろ，火災の後の復興過程と，人々のコミュニティの再生へのこだわりから浮かび上がってきた。この点に関しては，次の第6章で論じる。

1　コミュニティの日常風景

まずは，コミュニティの日常風景を思い起こしてみよう。コミュニティの朝は早い。屋台・行商人は，朝4時や5時には市場に行き，コミュニティのあちこちで早朝から惣菜や菓子類を仕込み始める。バイクやバスを使って大きな市場まで仕入れに出かける者も多いが，近所の地域住民用の小さな市場で済ませてしまう人もいる。元郊外コミュニティUでは，仕入れに行く人が多いので，ホテルで歌手をしているAが，副業として，毎朝スバルを運転して送迎を行う。一人10バーツで済むのでバイクなどを持たない人には大人気である。朝6時前，空が白んでくると，どこからか鶏の鳴き声が響き始める。どのコミュニティでも，闘鶏用なのか，鶏を飼っている家があるのである。空が完全に明るくなる頃には，企業に出勤する者，調理の終わった惣菜やお菓子を積んでオフィス街の朝に合わせて販売に出かける行商人や露天商，学校に行く児童などで慌しい朝の時間が訪れる。細い路地を人に混じって，屋台車やバイクが行き

写真 5-1　自宅前の路地で調理する女性（2005年6月撮影）

来し始める。あちこちでテレビやラジオの音が漏れ聞こえ，既にほとんどの家のドアは開け放たれている。

　慌しく出かけていく人の流れが一段落してからも，閑散としているかというとそうでもない。軒先で内職をする女性や高齢者，失業中の人や夜勤を終えて帰宅する人，自宅で過ごす友人を訪れあっては世間話をする初老の年配者など，人通りが絶えてしまうことはない。コミュニティの中で店を構える露天商も少なくない。早朝に販売する者もいれば，深夜から本格的に営業をする者もいる。タクシーの運転手は，馴染みの店で，出勤前の朝4時頃，コーヒーや，朝食を取る。学校に行く前の子供が，豆乳や揚げ物を朝ごはん代わりに購入する。コミュニティ内で昔から営業している総菜屋や注文型屋台の店は，馴染みの客の好みも分かっており，家まで運んでくれる。皿を返しに行くときにでも支払えばいい。また，コミュニティ内では，軒先に机を出すだけで簡単に販売することができる。コミュニティ外部での販売ほど儲けは出なくても，時には，小遣い稼ぎに，高校生や老人，幼児を抱えた母親が販売したりする。

　夕方になると，コミュニティの外で屋台や行商，廃品回収などに従事する住民が，リヤカーや屋台の手押し車を押しながら帰ってくる。盗難も珍しくないため，コミュニティの平屋にはちゃんと保管できるスペースを作ってある。コ

ミュニティのあちこちには,仕事を終えた人が集まって,飲食したり,賭け事をしたりする光景が見られるようになる。テレビやカラオケの音が響き渡り,いつもの仲間と机を出して飲んだり食べたりする人々,注文をこなす屋台などで,暗くなってからも様々な音や匂いが立ち込めている。隣近所の家に上がり込んだり,あちこちを走り回ったりしている子供達の姿も目を引く。時折,どこからか漂ってくる胡椒の炒め物の匂いと刺激にむせ返ったりもする。日付が変わる頃,ようやくコミュニティにも静けさが訪れる。

　コミュニティの中では,生活の営みが,一軒の住宅内で完結していない。個々の住宅に収まりきらない調理・洗濯・水浴びなど,様々な行為が路地で展開され,住宅内のみならず,戸外までもが生活空間である。戸は開け放たれ,路地を行き来する人々が部屋の中をのぞいて,一言二言,言葉をかけ合う。夫婦喧嘩の声は筒抜けで,隣近所の様子は自然と伝わってくる。どこそこの誰々は,体調が悪いらしい,犬に噛まれて病院に行ったようだ,宝くじにあたったらしいなど,ちょっとした情報はすぐに伝わってくるのである。次の節から,そのようなコミュニティの具体的な居住形態を見ていこう。

2　居住形態と同居の構成原理

　まずは個々の世帯の居住形態を住宅にも注目しながら見てみよう。
　都心コミュニティS65世帯の平均同居人数は,4.7人（最高値15人）である。居住形態は,持家が67.7％,貸家が10.8％,貸部屋が21.5％であり,住居面積の平均は,一軒家で,18.6m^{2}である。元郊外コミュニティUと比較すると,密集度が高いため,一軒辺りの住居面積は狭いが,同居人数の平均は高い。そのため,木造やトタンで作られた家屋のほとんどが2階建てになっている。
　元郊外コミュニティUの50世帯の平均同居人数は4.2人（最高値9人）である。居住形態は,持家が68.0％,貸家が20.0％,貸部屋が12.0％である。住居面積の平均は,一軒家で,31.7m^{2}であり,間取りは2部屋に台所スペース,トイレが一般的である。コミュニティは,路地で一部分断されており,通りを隔てた一軒家の並びは（約10軒）,古くからの住民が多く,住宅も比較的広い2階建てが中心となる。それに対して,コミュニティ内部は木造の平屋が中心

である。

　同居形態は複合家族が多いのが特徴であり，その構成も複雑である。先行研究を参照してみると，1980年代初期に実施された4都市におけるスラム調査でも[1]，バンコクのスラムにおける複合家族の比率の高さや，既婚世帯における離婚・死別の多さが指摘されている（新津1989）。新津や松薗の調査によると，調査4都市全体では，家族形態を見ると，核家族比率が最も高く50.6％を占めていたが，バンコクの場合は，他都市と比較して，38.8％とかなり低くなっていた。バンコクのスラムでは，核家族は38.8％，直系家族が26.8％，複合家族が31.2％であった。ちなみに，1980年の人口センサスにより，当時のバンコク全体における傾向を見ると，核家族70.3％，直系家族17.9％，傍系家族2.7％，複合家族（直系家族＋傍系家族）1.1％であり（NSO 1980），親族以外の同居・個人世帯が8.0％となり，スラムにおける複合家族の比率の高さが示唆されている。

　調査結果に戻ろう。平均世帯員数は6.5人と大きいが，15歳未満の子ども数は1.9人であり，他都市に比べて最も低かった。4都市全体では，世帯主の97.7％が既婚者であり，そのうち9.8％が離婚・死別状態にあるが，特にバンコクの場合は，20.0％の既婚者が離婚・死別状態にあったという。

　次に筆者が2004年に行った調査から，同居形態を確認しよう。表5-1, 5-2は，両コミュニティの同居形態を示している。表を見ると，最も多いのは，夫婦のみもしくは，夫婦と子供からなる核家族である（都心コミュニティSで53.9％，元郊外コミュニティUで46.0％）。松薗らの1980年代の調査結果と比較すると，核家族比率が高くなってはいるが，しかし，そこからすぐに核家族化の進行を結論付けるのではなく，少し注意深く検討する必要がある。2000年の人口センサスからバンコク都の世帯構造を見ると，核家族世帯は62.6％であるのに対して，直系家族は13.3％，傍系家族が4.0％，複合家族が3.8％であり，これらをあわせた拡大家族の比率は21.1％である。それ以外の同居形態や個人世帯は，16.1％となっている（NSO 2000）[2]。したがって，コミュニティの核家族比

---

1)　バンコク，ジャカルタ，マニラ，アンカラの4都市で調査を実施。本調査は，各国250世帯がサンプルとして抽出されている（新津1989）。

2)　1980年は，核家族世帯70.3％，直系家族17.9％，傍系家族2.7％，複合家族（直系＋傍系）1.1％であり，親族以外の同居・個人世帯が8.0％である。1990年は，核家族世帯66.9％，直系家族16.4％，傍系家族3.3％，複合家族（直系＋傍系）1.3％であり，親族以外の同居・個人世帯が12.1％である。親族以外の同居が一部含まれるものの，単身で住む個人世帯が比率を上げてきて

表 5-1　同居の構成：都心コミュニティ S

同居形態	同居の構成	付加・別居構成員	1人親世帯 (離婚・別居・死別)	構成比 (%)
単身世帯	本人 (3.1)	－子供 (＝別居子) (1.5)	女性 (1.5)	3.1
核家族	夫婦のみ (10.8) 夫婦＋子供 (35.5) [1] 本人＋子供 (7.6)	－子供 (＝別居子) (15.4) 　内，就学中 (6.1)	 女性 (7.6)	53.9
直系家族	2世代世帯 (3.0) 3世代世帯 (15.3) 4世代世帯 (1.5)	＋両親 (1.5) ＋子供の配偶者 (12.3) ＋孫 (16.9)　ひ孫 (1.5) －子供夫婦 (1.5) [2] －子供 (＝別居子) (12.3)	 女性 (7.6)	19.8
複合家族 (直系家族以外)	核家族＋親戚 (4.7) 直系家族＋親戚 (13.9) 未婚者＋親戚 (1.5)	＋両親 (10.8) ＋子供の配偶者 (3.1) ＋孫 (3.1) ＋兄弟姉妹 (10.8) ＋甥姪 (13.9) [3] ＋親戚の配偶者 (6.1) [4] ＋その他 (1.5) [5] －子供 (＝別居子) (6.1)	 男性 (1.5) 女性 (9.4)	20.1
非家族世帯	友人と同居 (3.1)	－子供 (＝別居子) (1.5) 　内，就学中 (1.5)	 男性 (1.5)	3.1
合計			29.1	100.0

出所：質問表調査より作成．
注：＋－は，付加・別居構成員．世帯主の夫婦を機軸にみた地位で記載（基本単位＝核家族）．
　　( ) 内は，該当世帯の％比率．世帯毎の詳細に関しては Appendix[6] を参照のこと．
　　両親は，父親・母親のいずれか 1 人のみの場合もある．
1)　1世帯に関しては，4人の捨て子を実質上実子として育てている
2)　孫を預かっている夫婦
3)　諸事情（両親が海外在住，服役中など）で実子同様に扶養している世帯は 9.4％．
4)　「親戚の配偶者」＝兄弟姉妹の配偶者や甥姪の配偶者
5)　「その他」＝甥姪の子供など．

率は，バンコク都の平均値よりは低位である．それに対して，直系家族と複合家族を合計した拡大家族は，都心コミュニティ S が 39.9％，元郊外コミュニティ U で 48.0％ とバンコク都の平均数値 21.1％ よりも高い．

改めて，コミュニティにおける核家族以外の同居形態に目を向けると，拡大家族の中でも，両親や子供，孫など 3 世代，4 世代が同居する直系家族も多い

いる．

表 5-2　同居の構成：元郊外コミュニティ U

同居形態	同居の構成	付加・別居構成員	1人親世帯 (離婚・別居・死別)	構成比 (%)
単身世帯	本人 (4.0)	−子供 (＝別居子) (4.0) 　内，就学中 (2.0)	男性 (2.0) 女性 (2.0)	4.0
核家族	夫婦のみ (14.0) 夫婦＋子供 (30.0) 本人＋子供 (2.0)	−子供 (＝別居子) (22.0) 　内，就学中 (6.0)	女性 (2.0)	46.0
直系家族	2世代世帯 (0) 3世代世帯 (14.0) 4世代世帯 (2.0)	＋両親 (6.0)[1] ＋子供の配偶者 (2.0) ＋孫 (10.0)　ひ孫 (2.0) −子供夫婦 (4.0)[2] −子供 (＝別居子) (6.0)		16.0
複合家族 (直系家族以外)	核家族＋親戚 (10.0) 直系家族＋親戚 (8.0) 未婚者＋親戚 (14.0)	＋両親 (12.0) ＋孫 (12.0) ＋兄弟姉妹 (20.0) ＋おじおば (4.0) ＋甥姪 (20.0)[3] ＋親戚の配偶者 (8.0)[4] ＋その他 (6.0)[5] −子供 (＝別居子) (6.0) 　内，就学中 (2.0)	男性 (2.0) 女性 (2.0)	32.0
非家族世帯	友人と同居 (2.0)	−子供 (＝別居子) (2.0) 　内，就学中 (2.0)	男性 (2.0)	2.0
合計			12.0	100.0

出所：質問表調査より作成。
注：＋−は，付加・別居構成員。世帯主の夫婦を機軸にみた地位で記載 (基本単位＝核家族)。
　　() 内は，該当世帯の％比率。世帯毎の詳細に関しては Appendix[6] を参照のこと。
　　両親は，父親・母親のいずれか1人のみの場合もある。
　　「単身世帯」の「1人親世帯」は，1世帯は出稼ぎ・別居，1世帯は離婚。
　1) 1世帯に関しては，夫婦両方の両親が同居。
　2) 孫を預かっている夫婦。
　3) 諸事情により実子同様に扶養しているケースは8％。
　4) 付加構成員の「親戚の配偶者」とは，「兄弟姉妹・おじおば・甥姪」の配偶者を指す。
　5) 従兄弟，甥姪の実子など。

が，その他の親戚が同居している複合家族も少なくはない。コミュニティにおける全体に対する比率は高くないものの，その構成は，安易な類型化が難しい，多様な同居形態の様相を見せているのが特徴である。またその同居形態は，決して静的なものではなく，家族のライフサイクルに合わせて，同居の分裂・統合が繰り返されている。1970年代に，東北タイの農村を調査した水野

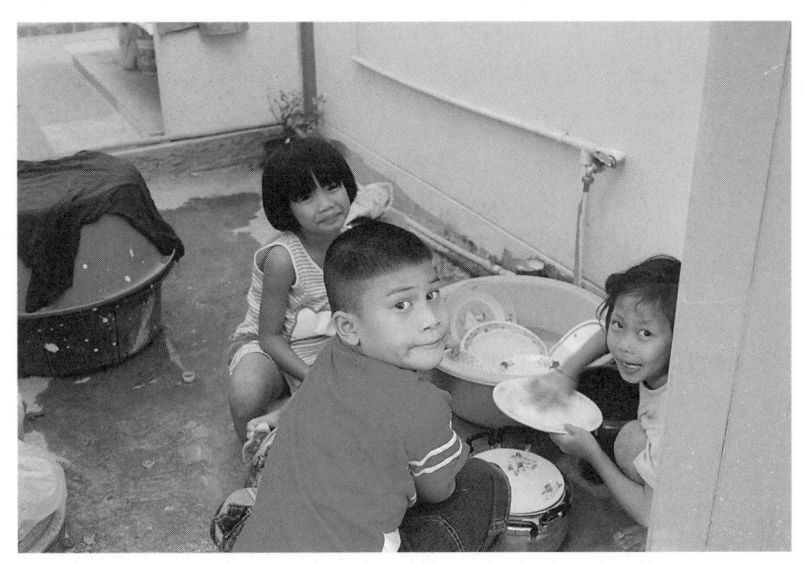

写真5-2　自宅裏に設置した水道で皿洗いの手伝いをする子供たち（2008年1月撮影）

は調査農村の事例から，直系家族の分裂・統合と同居形態の変化が，家族のライフサイクルに合わせて繰り返されることを指摘している[3]。都市のコミュニティにおいては，水野が農村で観察した直系家族の分裂・統合のみならず，直系以外の複合家族の構成にも頻繁な変化が観察される。再び表に戻って，動態的な視点も取り入れながら，幾つかの特徴を検討してみよう。

拡大家族の構成を見ると，都心コミュニティSでは直系家族が19.8%，複

[3) 水野は，タイの農村の事例から，核家族とステム・ファミリーを対立的に捉え，いずれかをタイの家族を特徴づけるものとして想定することは，本質を見誤ると指摘する。綿密な事例研究や日本との比較を通じて，家族の発展周期とあわせて変動する同居や家族形態のプロセスを明らかにした。第1に，タイの親族体系は双系的で，単系の原理に欠き，ステム・ファミリーも頻繁に現れるが，系統性の観念を伴わないとする。このため，タイの家族は，家を単位として把握するよりも，特定の個人を中心にして眺めた方が理解しやすいという。夫婦と未婚の子供から構成される単位を親族核として，深度の浅い，親族核の「放射状的拡大」として親族が構成されるのである。この家族観念が，住居と家計を共にする世帯家族（核家族の形態を取ることもあれば，ステム・ファミリーの形態をとることもある），親の世帯家族と子供の世帯家族が結合する「屋敷地共住集団」，通過儀礼など特定の機会に集まる集団などに発現する。同居に限って言えば，子供が成長して結婚すると，親との同居機会を経た後，早いものから順次，生家から分離していく。これは日本でいう「家」からの分離ではなく，基幹のない「細胞分裂」のようなものである，とした（水野1981，pp. 108-110）。水野の議論は，東北タイに関するものであるが，動態的に見る視点に学ぶことは多い。

合家族が 20.1％であり，元郊外コミュニティ U では，直系家族が 16.0％，複合家族が 32.0％である。その内部構成に目を向けると，第 1 の特徴として，甥・姪や兄弟姉妹が同居する世帯が多い点が指摘できる。同居人数は 1 人とは限らない。Appendix [6] に詳細な構成内訳を示しておいたが，同居の親族も，弟夫婦や妹夫婦が複数同居，もしくは甥・姪やその家族が同居していることも珍しくない。なかには，夫婦両方の両親が共に同居しているケースも見られる。また，複数の子供世帯が同居しているケースも存在している。

第 2 には，同居形態にかかわらず，離婚・別離経験者が多い。元郊外コミュニティ U では，既婚者 84.0％のうち，離婚経験者は全世帯主の 8.0％と比較的低めであるが，都心コミュニティ S では，既婚者 93.8％のうち，21.3％と高い。離婚後，実子とともに親の世帯に同居，もしくは兄弟姉妹と同居する場合が多いため，複合家族の構成員の中には，かなりの離婚経験者が含まれている。再婚も多いため，実子や扶養児童との血縁関係は複雑となっている。言い換えれば，血縁関係の希薄な扶養関係が多数観察されるのである。

第 3 には，就学中や失業中の甥姪や兄弟姉妹を扶養しているケースが見られる。実の親が，服役中の場合や，実子をおいて国内外で再婚しているなど，何らかの事情で実子を扶養できないケースが主であり，送金も受け取っていない場合が多い。一方で，実子を地方に預けている世帯もかなり存在する。別居子（成人を含む）を有する世帯は，都心コミュニティ S で 22 世帯，元郊外コミュニティ U で 20 世帯であるが，そのうち，各 6 世帯，4 世帯は就学中の児童を地方の両親や親戚に預けている。

核家族が過半を占めているとはいえ，直系家族や複合家族自体も決して比率は低くない。また，その構成内容は，単純な類型を当てはめることができないような様々な形態が見られた。離婚・死別や，就学中の別居子，預かっている扶養子などの多さは，婚姻関係や扶養関係の流動性を示している。これは必ずしも都市に限った現象ではないが，この流動性ゆえに，各世帯は常に新しい構成員が流入，もしくは流出する可能性を抱えていると言える。

一方で，農村と比較して都市の居住コストは高く，土地は希少である。直系・複合家族の複数の構成員は，2, 3 部屋の空間に同居している場合がほとんどである。各世帯は，核家族の単位を基本としながらも，ライフサイクル（婚姻・出産・死別など）に伴う世帯構成の変化によって，分裂・統合を繰り返す。その際に，経済的負担が可能であり，スペースの確保が可能であれば，新婚世帯

は別棟や貸部屋に移動する。逆に，経済的・物理的条件に制約があれば，親世帯と同居を継続することとなる。さらに，離婚・死別や別居によって一度流出した構成員が再流入する場合や，甥姪・孫を預かることも多い。また，地方から新規流入した親戚の最初の居住地として居候を抱えることもあるのである。

したがって，1つの家屋の中での同居構成は，複雑とならざるを得ない。これは，同居することで生活コストを切り下げる目的が優先されるためである。同時に，都市下層民の購買能力に見合った住宅が，民間住宅市場でほとんど供給されていないという要因とも密接に関係している。一見，規範的な家族構成原理に当てはまりにくい諸々の同居形態は，住宅市場と個別の家族の事情の相互に規定されて登場する。都市的な事情と密接に関連しているが，その形態は流動的でもある。

ところで，世帯とは住居と家計を共有する集団と理解されることが多い。しかし，都市のこのような同居形態においては，通常の世帯概念からはみ出す集団構成が出てくる。同居単位内に，幾つかの財布（家計）が存在しており，同居単位が1つの家計を共有した単位とはなっていない場合が多いのである[4]。

調査地における直系家族・複合家族の場合はどうであろうか。稼得活動に従事していない構成員は扶養せざるを得ないが，一方で，有職者の場合は，親族核，もしくは個人を中心に財布の範囲が規定されている。それぞれの単位は，食事を共にする（共食）場合も見られるが，多くの場合は，家賃や光熱費，土地の賃借料などの分担比率が決まっている[5]。直系の実子や両親に関しては，

---

[4] 土地の保有が個人単位で展開されるガーナのココア生産農家を分析した高根務は，1つの世帯が経済的に強固なまとまりを形成して生産・消費・資金管理を行うという形態はむしろ例外的であるとして，居住，消費，生産，資金管理の各領域の実態を，個々の事例を丹念に追って明らかにしている。ガーナとは背景や条件が全く異なるが，しかし，世帯をブラックボックスとせず，内部に存在する複数の経済単位に自覚的に，その構成員の関係を各領域で捉えていくという氏の視点に学ぶ点は多い（高根1999）。

[5] したがって，本論文では世帯所得，および世帯内有職者数は，なるべく財布の共有状況の実態と見合う形で規定している。基本的には，核家族や直系家族は財布を共有している場合が多い。ただし，食費はもちろんのこと，世帯内の投資として重要な教育費負担，その他生活基盤である家賃・光熱費などの支出役割を明確に分ける単位（親戚や兄弟姉妹の夫婦など。結婚した子供世帯が明確な線引きをしている場合も見られる）は，別世帯として考えた。同時に実質，実子と同じように扶養している児童に関しては家計の範囲に数えている。直系の祖父母や孫など，別会計部分が見られても食事を共有しており，扶養関係にある構成員に関しては，共有構成員として緩やかに定義した。なお，NSOの世帯調査は，同居している世帯でもあっても，既婚の子供世帯が同居している場合は，別世帯として扱っている。

各自の稼ぎを個人的に使用しつつも，食事やその他の経費を共同負担する場合が多い。一方で，兄弟姉妹夫婦や甥姪の場合は，別会計，もしくは支出の分担比率の明確な区分がなされる傾向が強くなる。また，親世代と複数の子供世帯が同居している場合，核家族単位で家賃を折半したり，経費を分けていたりする。親族核，所得の有無などを基準に，各世帯で明示的な線引きが行われているのである。ただし，就業の有無やその他の事情によって，時には柔軟に調整される。インタビュー時に，同居構成員の中で，別家計構成員と基本的な経費を共有する構成員を区別してもらった。前述の通り，同居人数の平均は，都心コミュニティSが4.7人，元郊外コミュニティUが4.2人である。もっとも，家計共有範囲の平均人数は，それぞれ，3.8人，3.6人である。子供の平均数は，2.3人と2.2人であり（別居子含む），有職者は，同居する全構成員の中では，いずれのコミュニティも2.3人であるが，家計共有構成員内では，有職者数は1.9人と2.0人となる。有職者の比率は決して低くはないが，それでも，同居することで，居住コストやその他の生活コストを切り下げている様子が垣間見える。消費・生産・資金管理の共有と分担の構造とそのジェンダー的側面に関しては，第8章で改めて考察を加えたい。

　以上の都市のコミュニティにおける同居形態の分析からは，核家族の比率が高いものの，直系，複合家族も多く見られ，その同居の構成は，通常の家族原理が想定する類型から見ると，複雑かつ多様であり，その関係も流動的であることが示唆された。一方で，住宅の面積などの物理的条件からは，都市の空間の希少性が大きく，居住スペースの確保の制約条件となっていることが垣間見える。同居の構成員の流動性の高さと多様な実態は，このような制約条件に，都市下層民が対応した結果であると捉えることも可能であり，家族の構成原理よりも，都市の制約条件に規定された実際の必要が優先された結果であるとすることもできる。いずれにしろ，これは，非常に都市的な特徴でもある。

　それでは，個々の住宅はどのように発展をしてきたのか。次に，個々の住宅の確保・建設過程と，居住空間としてのコミュニティの機能をより詳しく見てみよう。

3 居住空間としてのコミュニティ：住宅・住環境・コミュニティ内住宅市場

3.1 個々の住宅の建設過程と発展

　コミュニティ内の個々の住宅，そして居住空間はどのように形成されたのであろうか。湿地などの空き地に徐々に人々が流入することによって形成されたコミュニティは，空間としては無計画に自然発生的に生成されたと言える。しかし，布野がインドネシアのカンポンの事例で明らかにしたように，個々の住宅の更新プロセスには一定のパターンがあり，一見無秩序に見えるコミュニティの空間は，「個々のプロセスが無数に重層することによって出来上がっている」のである（布野 1991，p. 202）。

　都市拡大期においてコミュニティに流入してきた住民は，主に就業機会を求めてバンコクに移住してきた人々であった。移住した当初にまとまった資産を持たない人々にとっては，居住地の確保が都市生活における最初の困難である。工事現場に仮設住宅を設置する建設労働者や，個人宅に住み込む家事労働者を除いては，自ら居住空間を確保しなければならないが，民間の住宅供給市場においては，低価格の住宅が絶対的に不足している。したがって，自力建設が最も実現可能性の高い選択肢となるのである。

　地方からバンコクに流入した場合の最も典型的なパターンは次のようなものである。まずは，親戚・知人宅に居候，もしくはコミュニティ内の安価な貸部屋を賃借する。仕事に就き，少し落ち着いてきたら，廃材などを使用し，自力で家を建設する。必要に応じて少しずつ住宅にも投資をし，改造を繰り返し，居住環境を整備していく。家族の構成員が増加した際には，増築や間取りの変更をすることもある。自力建設の住宅であれば，壁や屋根を取り外して，材木やベニヤを接げば比較的容易に増築が可能である。そして，経済的にゆとりができたときには，コンクリートなどの素材を使って新しく建て直したり，建て増しをしたりする。ついには，賃貸家屋・部屋を建設して新規流入者に貸し付け，資産形成の基盤とする人も出てくる。このような段階になると，流入当時は自ら建設していたのが，次第にコミュニティ内外の建設労働者に日当を支払

写真 5-3　火災前の都心コミュニティ S（図書室）

い，下請けに出すようになってくる。

　都市に流入した直後は，先の見通しも立ちにくく，たとえローン支払いが可能な低所得者用住宅が供給されていたとしても，購入することはおよそ現実的ではない。その後も，不安定な就業や最低賃金水準で働く場合，住宅購入のリスクは高い。都市生活が長期化し，家族を形成したりすれば，家族人数が増加し，教育費やその他の支出負担も発生し，家庭内での優先事項を常時，検討しなければならない。支払い能力に見合った住宅が市場で供給されていないとすれば，住民の側からすれば，自力で建設することが最も現実的で柔軟性のある対応であったのである。

　都心コミュニティ S の火災後の全戸調査時に，持家層の被災世帯（271 世帯）に対して，全焼した家屋に対する累積的な投資の合計金額を質問している。その回答によると，累積投資額は，平均で 18 万 615 バーツであり[6]，コミュニティの平均居住年数は 22.2 年であった（住宅の素材は，木造 51.7％，コンクリート 27.6％，ブリキ・トタン 16.9％，その他が 3.8％である）[7]。

---

6)　中央値は 15 万バーツであり，最高値が 200 万バーツ，最低値は 5,000 バーツである。
7)　貸家に居住している世帯のコミュニティでの平均居住年数は，20.6 年，貸部屋層で 17.8 年である。住宅素材は，持家と貸家・貸部屋を合わせると，木造 56.4％，コンクリート 25.5％，ト

表 5-3 世帯の増加数と所得状況からの住宅需要状況予測 （バンコク）

世帯の月収（バーツ）	世帯数全体に対する割合（%）	住宅購買可能価格水準 （バーツ）[1]		世帯増加数（年平均：2003-2007 年）
		ケース 1（月収の 30 倍）	ケース 2（月収の 25-30% の債務返済）[2]	
8,000 B 未満　　（L1）	13.0	−		11,700
8,000-9,999　　（L2）	13.0	−	33-40 万	12,200
10,000-14,999　（L3）	17.0	30-45 万	40-60 万	16,100
15,000-19,999　（LM）	15.0	45-60 万	60-80 万	13,500
20,000-29,999　（M）	17.0	60-90 万	80-120 万	15,300
30,000-49,999　（UM）	13.0	90-150 万	120-245 万	11,600
50,000 以上　　（U）	13.0	150 万以上	245 万以上	12,300

出所：Kasikorn Research Center 2004b,『週刊タイ経済』2004 年 10 月 11 日号。
注：1) 住宅購入目的のローンのケースから見積もり。住宅価格の 80% のローン。ローン返済 25 年。
　　2) 所得水準に依存。
　　L=Lower, M=Middle, U=Upper の略。

　参考までに，バンコク都の住宅供給市場の傾向を見てみよう。民間市場における低所得者層が購入可能な住宅の供給は，充分にはされてこなかった (Sopon 1992, Yap 1992)。バンコク拡大首都圏の住宅市場全体では，1985 年で約 110 万戸，1998 年では約 256 万戸のストックがあったが，平均住宅価格は，1985 年で約 85 万バーツ，1998 年では約 150 万バーツであったという (Agency for Real Estate Affairs 1999)。表 5-3 は，カシコン・リサーチ・センターによる，バンコクにおける住宅需要状況の予測推計である。月収 1 万 5,000 バーツ以下の所得階層では，月収の 30 倍の見積もりで購入可能な最も安価な住宅であっても，下層の中の上層グループ (L3) のみが購入可能であり，世帯数割合で 26% を占める月収 1 万バーツ未満の世帯に関しては，民間住宅市場における住宅購買能力がないとされている (Kasikorn Research Center 2004b,『週刊タイ経済』2004 年 10 月 11 日号)。バンコクの住宅供給市場の階層性の強さが見て取れるであろう。ここでは，都市下層の支払い可能な限度額は 30 万バーツに設定されている。その金額に比較すると，コミュニティにおける約 18 万バーツという累積投資額の平均値は，その半額程度である。しかし，住民の平均所得を考えると，決して小さい投資規模ではないだろう。他の住民から中古住宅を購入した新規参入者の場合を除いては，この投資金額は，通常，何段階かに分けて拠

　　タン・ブリキが 15.3%，その他が 2.8% である。持家層の住宅のコンクリート比率が若干高いのは，経済的余裕が出てきた世帯が建て替えを行う場合が多いためである。

出されている。

　バンコクの民間住宅市場による安価な住宅供給が限定されているという条件を背景に，各世帯は，予算制約というミクロ要因に規定されながら，住宅の選択を行っている。現実の予算制約の中で，家族の構成員・世帯のライフサイクルの各段階に生じる課題を基に世帯の支出優先事項が決定され，その範囲内で住宅に対しても資金を注入していく。その一連の過程の中で，個々の住宅は少しずつ投資され，改善されていく。つまり，「累積的投資」が行われていくのである。したがって，各住宅は，コミュニティの成り立ちと同様に，計画性や様式の観点から言えば統一性に乏しいかもしれないが，ニーズに対応した創意工夫の累積物であり，その住宅に長く住む住民にとっては，価値を持つ資産ともなっている[8]。建築の視点から布野が「プロセスとしての住居」と呼んだ過程は，家族のライフサイクルとそれに伴う支出計画と連動して変化していくのである。個々の住宅の改築・改善，もしくは世帯の分離と新規建築の決定も，ニーズと支払い能力との相互規定の繰り返しによって決定されていく。コミュニティには，規格化された，市場で供給される住宅とは異なる，このような住宅の形成プロセスを許容するシステムが，空間として存在している。

3.2　コミュニティ内外の住宅賃貸市場

　それでは次に，持家層のみならず，コミュニティ内の賃貸市場と賃借コストについても考察してみよう。火災前の都心コミュニティSでは，賃貸市場が発達していた。図5-1は火災以前のコミュニティの住宅地図である。家の一部を間貸ししていた住宅が124軒，貸家・貸しアパートとして運用されていた住宅が117軒にものぼる[9]。火災前のコミュニティで見かけた最も典型的な物件は，部屋数は1部屋のみで，トイレは共同であり，家賃が800から1,000バーツのもの，もしくは，トイレが部屋に付いている1部屋タイプの物件で，家賃

---

[8]　実際，借金の担保として使用する場合や，転出者が自力建設の住宅を他の住民に売却するケースも多く見られる。また，スラム政策の一環として住居登録証（タビアンバーン）が発行されているが，これは就職活動やその他の身分証明が必要となる場面で非常に重要である。したがって，資産としてのみではなく，都市生活で社会的な地位を確保するためにも住宅は重要な機能をもっている。

[9]　「間貸し」は，余っている部屋を他の住民に貸し出している場合を指す。親戚でも，家賃を請求している場合は「間貸し」として数えている。

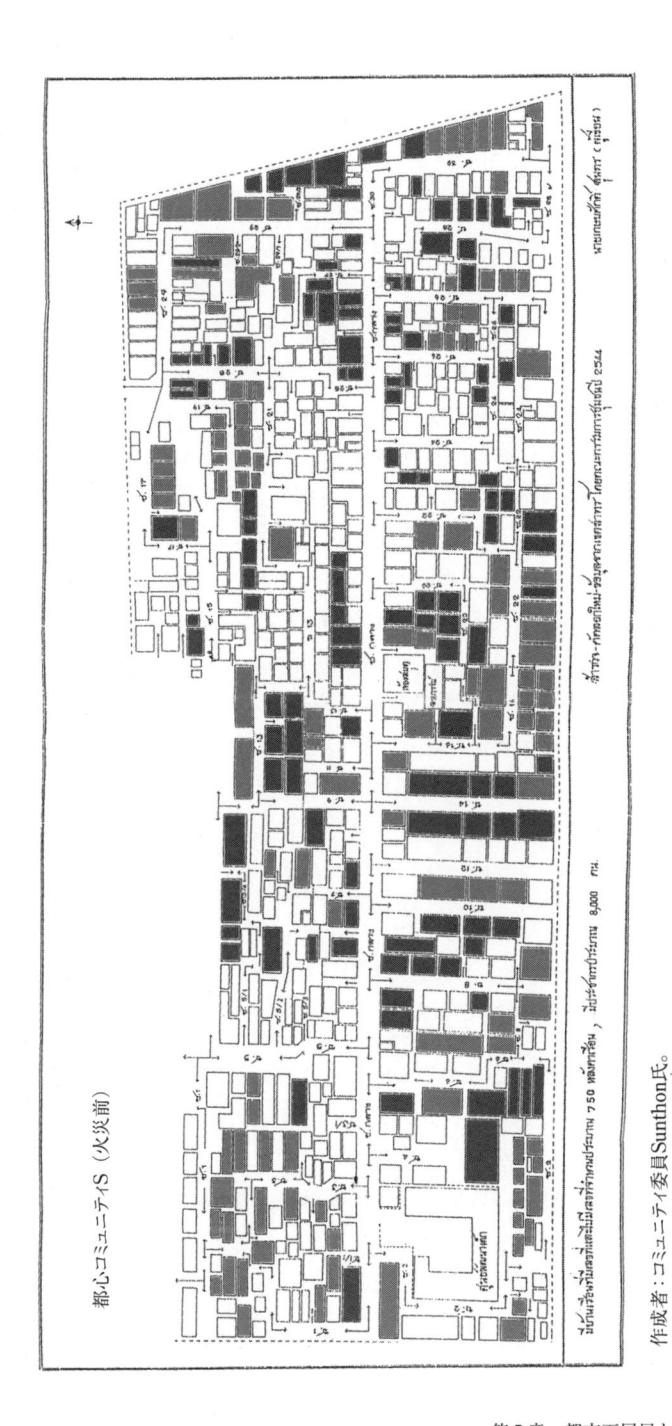

都心コミュニティS（火災前）

作成者：コミュニティ委員Sunthon氏。
注：■ 貸家・貸しアパート（家主別居）　■ 間貸し（家主同居）　図5-1　都心コミュニティSにおける賃貸市場（住宅/部屋）

第5章　都市下層民と「居住」

は月 1,200～1,500 バーツ程度であった。

　ここでは火災後の全戸調査から，火災前の賃借の実態を振り返ってみる。貸家・貸部屋の平均面積は 27.2m^2 であったが，小さい部屋では 6m^2 程度の部屋から選択可能であった。平均家賃は，貸部屋が月 1,772 バーツ，貸家が月 2,000 バーツであり，最低値の 800 バーツから，最高値の 6,000 バーツまで様々なサイズが揃っていた。平均値からは，全体としては安価な物件が多かったのが分かる。住宅の素材は様々である。廃材や木材，ブリキやトタンを使用した簡易なアパートが中心であった。このような貸家や貸部屋を建設するのは，往々にして少し余裕のできたコミュニティの住民である。自宅とアパートの両方をコンクリート製にしようと思うと大規模な投資が必要となるが，投資資金が少なくてすむ木造であっても需要は高い。大きな副収入の源泉ともなるのである。たとえば，都心コミュニティ S の筆者のホストファミリーは，火災の 3 年前に住宅を改築し，6m^2 程度の狭い間取りを 6 部屋作り，月 1,000 バーツで貸していた。単身者が入居し，毎月 6,000 バーツの収入となっていた。借り手は，コミュニティ内でも低所得者層が多い。それと同時に，コミュニティへの新規参入者や，新婚夫婦が多い点も重要である。都心コミュニティ S では，1990 年代以降，コミュニティの密集化が進み，新しく住宅を建設するスペースは余っていなかった。転出する住民から住宅を購入するか，もしくはコミュニティ内の貸家・貸部屋に流入せざるを得ないのである。

4　小括

　以上から，居住空間としてのコミュニティの機能が都市下層民にとって重要な意味を持っていることが分かる。個々の住宅は，居住者のライフサイクルと予算制約との相互作用の中から日々更新され，変化していく。また，コミュニティの内部には，都市外部の賃貸市場とは異なる，住宅の完成体としては品質が若干下がるものの，安価な賃貸市場も発達している。そのような住宅が集積しているのが都市コミュニティの居住空間である。コミュニティは単なる箱としての住宅の集合体ではない。「プロセスとしての住居」と住民の生活過程に即した住宅市場が発達し，またそのような更新プロセスを許容する空間でもあ

る。言い換えれば，変化が累積されている空間であり，動態的な革新が進行している場でもある。

　都市定着層が増大し始めている中，都市コミュニティは，住民にとって一時的な待機地ではなく，居住・生活の空間として重要な役割を担っており，都市適応の過程を可能とする場ともなっている。都市の土地の希少性を背景に密集度は高くならざるを得ないものの，コミュニティ外の住宅市場と比較すると，各世帯の経済的制約に対応した，より柔軟で安価な選択肢が存在している。コミュニティの生成過程を通じて見えてくるのは，都市下層民の都市での適応過程とコミュニティの機能である。個人や世帯の経済条件やライフサイクルとあわせて，居住空間として徐々に整備され，ニーズに合わせて変化していく。コミュニティの本質は，ある時点に見られる現出形態にあるのではなく，むしろ，動態的・累積的に変化していくプロセスの中にあると言えよう。

　火災はそのような空間を消失させた。住民は，単に住宅や生産手段を失っただけではなく，コミュニティに内包する諸関係をも変化させることとなった。コミュニティが消失することで逆に，コミュニティが実はリスクを吸収する役目も担っていたことが明らかになっていくのである。

【コラムシリーズ　都市の中で①】

人々の都市内移動と都市空間

　様々なコミュニティでインタビューをしていると，個々の生活の軌跡から，ふいにバンコクの歴史が垣間見える瞬間がある。例えば，住民の移動の歴史を方々で聞き取りしていると，都市内の空間の再編成と住民の都市内循環の様相が，都市の歴史とともに，立体的な像を取り結んでいく。

　コミュニティは常に開発の中心から周辺へとプッシュアウトされてきた。元郊外コミュニティUに古くから住んでいる住民に話を聞くと，早くは1960年代，1970年代に，都心のコミュニティから撤去されて移り住んできた者も少なくない。例えば，現在，各デパートや，若者の集う中心的な地区となっているサイヤームやチュラーロンコーン大学の位置するパヤータイ区一帯の開発の際に撤去され移り住んできた人や，国鉄の駅周辺の再開発の際に撤去され，移り住んできた世帯もいる。

　他のコミュニティにも目を向けてみよう。1960年代に，ディンデーン区で第二の都庁建設が着手された際には，大きなスモーキーマウンテンが撤去され，住民の一部はクロントゥーイ区のコミュニティに移動し，またゴミ回収人として生計をたてていた者は，東部オンヌット区のゴミ処理場近くへと居を移していった。しかし，1980年代に入り，スクムウィット通りに沿って東側に都市が拡大していく中で，オンヌットのコミュニティもまた撤去の対象となる。その1つが，開発政策の転機ともなったバンモーコミュニティの撤去であった。

　同時に，クロントゥーイでも撤去の問題は常に懸念事項であった。バンコク最大のスラムとされるクロントゥーイスラムは河川港の発展とともに拡大した。コミュニティが形成され始めた初期は，依然としてバンコクの周縁部という位置づけであった。港の近くに立地するため，多くの住民が日雇い労働や都市での建設労働，屋台・行商などに従事していたという。ところが，1980年代以降，バンコクの発展とともに，クロントゥーイ地域は，むしろビジネスの中心となるオフィス街に隣接する地域として認識されるようになった。コミュニティの一部の郊外への移転も進められた。例えば，都心からは離れたバーンカピ区へ移転したコミュニティは，近隣地区に工場労働などの就業機会がないため，多くの住民はインフォーマル経済職種に参入して対応することとなった。他の事例でも，ラートクラバン区といった郊外へ移転した事例を見ると，近隣の工業団地に職を見つけることができる学歴の高い若年層は定着し，それ以外の労働

者は，一部自営業が軌道に乗った者をのぞいては，移転地に定住せず，再び都心へと還流していた。都心に昔から立地するコミュニティで調査していると，郊外での不適応，他のコミュニティにおける撤去，火災などの結果，他地域から還流してきた住民に多く出会う。就業機会との関連から，住民の居住地は都心に集中する傾向があるものの，空間の再開発が進む中で，コミュニティを周辺へと押しやる作用が常に働く。そのせめぎあいの中で，コミュニティの空間配置の再編成が起こり，住民もまた都市を循環し，移動の軌跡を残していっている。

　現在，バンコクでは新たに多くの再開発計画とコミュニティの移転計画が発表されている。主な開発計画を見ても，旧市街地の観光開発，クロントゥーイ地区の商業用再開発計画，ラーマ3世通りのビジネス地区開発，チャオプラヤー川や運河沿いの景観整備，新国際空港と都心を結ぶ鉄道開発などである。既に幾つかの事業は着手され，多くのコミュニティの移転問題が浮上している[1]。クロントゥーイでは，コミュニティのみならず，屋台・行商人にとって仕入れの場となっているクロントゥーイ市場が撤去の対象となっており，一部暴力沙汰となっている始末である（2009年8月現在。住民との衝突の状況に関しては，*Bangkok Post* 2009.03.19, 2009.06.06など）。人々の生活における，「居住」と「職業」の二側面の葛藤は，現在も続いている。

---

[1] 空港と都心を結ぶエアポートリンクは2010年8月に既に開業。

第 6 章
リスクへの遭遇①：火災と住宅・コミュニティの再生

2004年4月に都心コミュニティSで発生した大火災は，814軒の住宅の内，713軒が全焼もしくは半焼するという深刻な被害をもたらした。わずか1時間半のうちに各々の住宅，そしてコミュニティ空間を焼失させてしまったのである。火災後は，住民の仮住居の確保や生活の立て直し，恒久住宅再建案の調整を巡る混乱が続き，その復興過程は決して平坦な道ではなかった。特に再建策に関しては，政府が二種類の支援策を提示した事もあり，コミュニティは二つに分裂していく。ところが，長期化し，時として先行きが見えなくなる復興過程の困難にもかかわらず，大部分の住民は近隣地域にとどまり，焼け跡におけるコミュニティの再生に対して強いこだわりを見せてきた。

　火災は都市下層民にとって最も恐れられている都市のリスクの1つである。密集した居住形態が火災のリスクを高めているのみならず，土地を巡る紛争から放火されるケースも少なくない。日々直面する潜在的リスクではあるが，一旦現実のものとなると，その影響の大きさは計り知れない。コミュニティ空間の消失とその再生に向けた動態的な変化の過程を理解することは，都市下層民にとってのコミュニティの存在意義と機能を改めて確認する作業でもある。本章では，調査地都心コミュニティSの大火災とその復興・再建過程に，「居住」の側面から着目する。火災後1年半の時点（2005年9月）で実施した全戸調査，およびインタビュー調査を中心に，火災というリスクへの直面とその対応過程を検討する。

1　火災の影響：世帯厚生水準の変化

　まずは火災後1年半の時点で実施した質問表調査（有効回答369世帯）より，火災の影響・被害状況を確認しよう。回答世帯の被災状況は，住宅が全焼した世帯が281世帯，半焼が41世帯，被災しなかった世帯が47世帯である。火災前の住宅が持家だったのは約73%の271世帯であり，貸家が13世帯，貸部屋が44世帯，居候や間借しの形態をとる同居世帯が41世帯であった。
　火災の直接的な影響を考察するため，被災しなかった世帯を除いた321世帯

表 6-1　火災の影響

(単位：％・バーツ)

所得の増減	世帯所得	世帯主の月収
減少	52.0	31.2
なし	40.2	57.3
上昇	7.2	10.9
合計	100.0	100.0
減少幅 (平均：バーツ)		3,846
火災後の平均所得 (バーツ)	13,109	7,608

出所：質問表調査より筆者が作成。
注：質問表回答世帯の内，被災世帯 321 世帯で集計。所得の「減少幅」は，所得が減少した世帯主の平均値。

のデータを用いて，世帯の所得水準の変化を詳しく見てみよう[1]。各世帯の自己規定による世帯主は，男性が 211 人，女性が 110 人である[2]。

　火災後 1 年半の時点での平均世帯所得は 13,109 バーツである (表 6-1)。火災後に，世帯所得が減少した世帯は 52.0％である。世帯主の月収が減少した世帯は，31.2％であり，平均して 3,846 バーツ (中央値 2,500 バーツ) 減少した。男女別では，男性が平均 3,616 バーツの減少であるのに対し，女性は 4,436 バーツの減少を見せている。有職者は，世帯あたり 2.4 人から 2.1 人に減少している。有職者数の減少は，火災後の同居人数 (居住規模) の縮小，および失業者の増加の両方が影響している。

　各世帯は，所得の減少をいかに補填しているのであろうか。まず補填の要素となる政府をはじめとする緊急支援による見舞金，勤務先や親戚関係からの援助，借金，貯蓄に関して検討してみよう (Appendix [7] も参照のこと)。火災後の緊急支援は，ソーシャルセーフティネットの一種である。その提供主体は，個人，家族，コミュニティ，企業，政府，NGO など様々なレベルに及ぶ。

　火災後に政府の支援を受け取った世帯は 89.4％の 287 世帯である。賃借用の家賃支援として，1 ヶ月 1,500 バーツ，12 ヶ月分の家賃補助を受け取った人が多い。ただし，この支援は支払い時期が遅れたため，仮住居の確保という

---

1) 被災しなかった世帯は 47 世帯ではあるが，回答が不十分な 1 世帯は除き，321 世帯で集計している。
2) 第 3 章で述べた通り，夫婦双方が有職者であっても，「妻の職業の方が安定度が高い」「収入が高い」「長年失業中だった夫は働き出したばかりで定着するか未定」といった理由から，妻を世帯主と回答している世帯もある。

本来の目的のためには充分に機能することができなかった。その他，内務省から災害被災者向けの補償金が支給されており[3]，平均受領金額は合計で1万8,364バーツである。補償金の中には，生産手段の喪失に対する補償も含まれており，自営業者を中心とする219世帯が，少額ではあるが，見舞金を受け取った。受領世帯の補償金の使途は，日常経費83.0%（複数回答，以下同様），教育51.4%，家賃43.3%の順になっており，その次に病気・医療費34.8%，投資29.4%，仮設住宅建設費用29.1%，貯蓄組合活動への貯蓄18.8%，借金返済17.4%，と続く。まずは日常生活の建て直しなど，緊急の目的に使用されたことがわかる。なお，全く支援を受けることができなかった約10%の世帯は，主に賃借層や同居世帯であり，住居登録証を有していない世帯である。これらの世帯は，自営業者や通学中の児童を持つ場合を除いて，基本的には支援対象とならなかった。また，政府以外から見舞金など何らかの現金支給を得た世帯は23.3%であり，平均金額は8,367バーツである。供与主体は，勤務先・会社関係が29.7%，同じくNGOの支援が29.7%で最も多い。次に親戚が9.5%であり，その他は，学校や友人，宗教関連施設などによるものである。コミュニティ外の親戚・家族からの支援はさほどなく，被雇用者に関しては，会社からの見舞金が供給されているのが特徴であろう。

　火災後の緊急支援の内容とその使途を見る限り，火災直後に日用品を揃え，当面の生活再建を補填する機能は持っていたが，より広い意味でのセーフティネットとして機能を発揮するには不十分であったといえる。その他，政府以外の支援の給与主体では，少なくとも，経済的な支援に関しては，家族や親戚を中心とした社会的紐帯は大して機能しておらず，追加的支援は企業やNGOから支給されていることがわかる。以上のように，支援が限定されている中[4]，

---

[3] 補償金のカテゴリーは，1. 台所用品経費，2. 道具・工具経費，3. 住宅修理用材料費，4. 住宅建設用材料費，5. 寝具用経費，6. 就学者用制服経費，7. その他，である。そのうち，台所用品経費として1,216世帯，道具・工具経費として自営業者を中心に219世帯，寝具用経費として500バーツを3,696人，就学者用制服経費として，1,000バーツを443人の児童に拠出している（以上，内務省作成の資料による）。これらの各支援金の拠出は，住居登録を保有する持家層に優先的に行われている。カテゴリーの3. と4. に該当する「住宅」関連の補償金は当初，支給されなかった。内務省は，恒久住宅の再建内容が，見舞い補償金の支給期限内に決定されなかったことを理由にしていたが，住民は抗議・交渉を続け，後に恒久住宅建設用の費用への補助という形で支給された。

[4] なお，火災以前の政府・NGOの支援プロジェクトへの参加・支援の享受状況は下記の通りである（比率は，369世帯中）。30バーツ医療保険制度68.3%，貧困者登録35.2%，奨学金（NGO）

各世帯は所得の減少にいかに対応したのであろうか。

火災後に借金をした世帯は，被災世帯の42.8％にのぼり，平均借金額は3万5,512バーツである（最高値70万バーツ，中央値は1万8,500バーツ）。火災以前からの借金を入れると，借金保有世帯は45.5％であり，債務残高の平均金額は，6万9,834バーツである。各世帯の主な借入先で最も多いのが，インフォーマルな金貸し業者であり36.0％，次に親戚22.0％，友人20.6％となっており，銀行などのフォーマルな金融機関ではなく，インフォーマルな借入が中心であることが分かる。利子率20％の高利借入も37.0％見られ，利子率10％以上をみると，52.0％を占めている。使途は，日常の生活費64.9％，教育費47.0％，職業への投資35.8％の順になっている。その他，仮設住宅への投資25.4％，アパートなどの賃借料26.1％，病気・医療費20.9％，借金返済17.2％，貯蓄活動のためが6.0％である。日常生活の建て直し，職業や教育への支出（焼失した生産手段の購入や教科書，制服への支出），仮住まいの確保など，緊迫した課題のための借金が中心であった。資金へのアクセスに制約がある都市下層民は，銀行ではなく，インフォーマルな金融に頼らざるを得ない。親戚・友人による無償の支援はわずかであったが，借金の供与主体としての経済的な紐帯の機能は，依然として大きいと言える。

他方，貯蓄に目を向けると，貯蓄全体は減少している。火災前に貯蓄があった世帯は30.8％であり，平均貯蓄額は5万1,778バーツであった（中央値3万バーツ，最低値500バーツ，最高値は50万バーツである）。しかし，火災後，貯蓄保有世帯は，23.0％に減少している。平均貯蓄額も，3万4,880バーツへと減少している（中央値2万バーツ，最低値200バーツ，最高値30万バーツへと変化している）。

以上のように，火災後1年半の時点でも，所得自体の低下と借金への依存が顕著であった。政府によるセーフティネットの提供が限定されている中，多くの世帯は，インフォーマルな形態の借金や貯蓄の取り崩しによって生活の建て直しを図ってきた。火災後の復興過程を，まずは住居の確保の点から検討して

12.7％，奨学金（政府）10.6％，村落及びコミュニティ開発基金（百万バーツ基金）1.6％，職業訓練1.1％，一村一品プロジェクト0.8％，人民銀行0.5％，その他3.8％である。コミュニティ自体は，タクシン政権が導入した各プロジェクトの支援対象となっていたが，実際に参加している世帯は限定されていた。多くの世帯が享受しているのは，30バーツ医療保険制度に限られていたと言える。一方，受取世帯は限られているが，奨学金支援は教育水準の向上に大きく寄与している。

みよう。

2 仮住まい・仮設住宅の確保：流出しない人々

　火災の後，政府によって焼け跡は一時的に閉鎖された。最初の約10日間は，周辺地域の学校のキャンパスが無料で開放された。しかし，その避難所も5月上旬に退去勧告が出された。一方で，焼け跡に戻って自力で住宅を建設することは禁止された。さらには，非被災世帯までもが，コミュニティから退去するように申し渡される。政府は，住民がアパートなどの部屋を賃借できるようにと，1ヶ月1,500バーツの家賃補助を12ヶ月間支給すると約束し，5月には最初の2ヶ月分が支給された。ただし，その後，支給は一旦停止する。火災後1年半の調査時点での仮の居住地確保の状況を確認してみよう。

　火災の後の住民は，焼け跡の一時的閉鎖にもかかわらず，コミュニティ近隣地域にとどまり，コミュニティの再建を目指していた。2005年9月の調査時点では，82.4％がサートン区内，隣接区を含めると大部分が近隣地域で賃貸アパートに入居，もしくは仮設住宅を建設していた。ほとんどの家族が，職場や子どもの学校が遠くなることを懸念していたことと，立地や交通コストの問題が理由である。避難先の選択肢は，①バンコクにいる知人・親類宅に居候，②地方へ帰省，③賃借，④焼け跡やサッカー場に避難，の4つであった。サッカー場とは，焼けたコミュニティの近隣に位置する小さな公園である。そのうち，第1の選択肢と第2の選択肢は微小であった。全戸調査の回答者（369世帯）の内訳を見ると，2005年9月の調査時点では，サッカー場が109世帯（29.5％），コミュニティ内の焼け跡が117世帯（31.7％），賃借層が140世帯（38.0％）であり，地方に帰省した世帯は3世帯（0.8％）のみであった。なお，地方へ帰省した世帯の追跡は容易ではないが，恒久住宅再建のために政府，コミュニティ委員会が全世帯の名簿を作成しており，その名簿を参照すると，質問表未回答世帯も含めて，地方帰省者はわずかである。住民は，バンコクどころか，コミュニティの焼け跡周辺，都心にとどまり続けたのである。

　火災の直後の2004年4月，つまり調査時点の約1年半前には，サッカー場，焼け跡での居住は行政によって禁止されていた。にもかかわらず，経済的に部

屋を賃借することが困難な約65世帯がサッカー場に残り，テントで寝泊りしていた。政府はこれらの世帯に対して，早急に賃借物件を探し，転出するように勧告していた。ところが，火災後2ヶ月目から，賃借を断念した他の世帯までもが，続々と舞い戻ってくるようになったのである。またたく間にサッカー場に居住する世帯は2倍以上の200世帯近くに膨れ上がった。同様に，焼け跡でも，流入者が相次ぎ，テントや焼け残った土台の上に住宅を建設する家族が多く見られるようになる。一旦アパート等に入居していたにも関わらず，賃借を断念していずれかに戻ってきた世帯は，被災世帯のうち23％にも及んだ。2005年の調査時点で，サッカー場・焼け跡に居住している世帯は，合計で約60％である。

　これらの住民はなぜ還流してきたのであろうか。理由は明確で，コミュニティ外部の賃借コストが高いということである。再建過程が長期化する中，1年間の予定で約束された政府の家賃補助も2ヶ月で一旦支給が停止され，賃借を断念する世帯が続出した。残りの10ヶ月分は，コミュニティ住民からの再三の働きかけにもかかわらず，都知事選挙が終了した後，9月まで支払われなかった。この支払いの遅延ゆえに，家賃補助は期待された効果を発揮できなかったのである。また，対象が持家層に限定されていたため，賃借層や同居世帯はそもそも支援の対象にはなっていなかった。

　表6-2は，火災前後の世帯を居住形態別に集計し，同居人数や平均家賃を示している。表の上部は，火災以前のコミュニティにおける居住の形態（持家・貸家・貸部屋）区分別であり，表の下部は，火災後の仮住居（自力建設・コミュニティ外での貸家・貸部屋）の居住形態別に整理している。幾つかの重要な点を指摘しよう。

　第1に，重要な点として，火災後の同居単位は全体的に規模が縮小していることが指摘できる。同居人数の平均は，5.2人から4.0人へと変化した[5]。

　第2に，コミュニティの外での貸家，貸部屋の賃借料の負担が大きいことが見て取れる。火災前のコミュニティ内での同居の平均人数は，それぞれ4.9人と3.5人である。これに対して，火災後にコミュニティの外で貸家や貸部屋に住んでいる世帯の平均人数も，4.7人と3.4人であり，同程度の規模であることが分かる。にもかかわらず，平均家賃は大きく上昇している。火災後の貸家

---

5) なお，65世帯調査の際の平均同居人数は4.7人であり，0.5人の開きがある。前述の通り，火災後にコミュニティの外で賃借している層が過少評価になっている可能性がある。

表 6-2 火災前後の居住形態

火災前の居住形態

居住形態	世帯数	平均家賃（バーツ）[3]	同居人数（平均）
持家・自力建設	271	–	5.3 人
貸家	13	2,000	4.9 人
貸部屋・アパート	44	1,772	3.5 人
同居世帯	41	–	6.0 人
全体	369	–	5.2 人

火災後の居住形態（仮設・臨時）

居住形態	世帯数	平均家賃（バーツ）[4]	同居人数（平均）
自力建設[1]	198	–	4.2 人
貸家	50	3,800	4.7 人
貸部屋・アパート	72	2,721	3.4 人
同居世帯[2]	49	–	3.8 人
全体	369	–	4.0 人

出所：調査より筆者が作成。

注：1) サッカー場，焼け跡において，仮設住宅を自力建設した場合を指す。
　　2) コミュニティの焼け跡・サッカー場における同居，コミュニティの外部での親戚・家族の家での居候のいずれも含まれる。
　　3) コミュニティ内の貸家，貸部屋・アパートの平均家賃。
　　4) コミュニティ外の貸家，貸部屋・アパートの平均家賃。

は平均が3,800バーツ，貸部屋は2,721バーツであり，コミュニティ内市場に比べると，約1,000〜2,000バーツも高くなっており，外部市場の相場が高いのが見て取れる。ここでいう貸部屋とは，焼け跡近隣の安価なアパートが中心であり，貸家は，近隣地区の長屋や他のコミュニティの中にある貸家が中心である。

第3に，火災以前と同程度のスペースの確保は容易ではなかったことが指摘できる。火災前の持家層や同居世帯は，それぞれ平均人数が5.3人と6.0人であり，貸家，貸部屋層と比べると同居人数が多かった。逆に言えば，自力建設によって，比較的人数の多い世帯，もしくは複数の世帯の同居が可能となっていた。ただし，火災後は，わずかなスペースに仮設住宅を建設しているため，火災以前のような5人以上の同居は容易ではない。自力建設の仮設住宅の平均同居人数は4.2人となっている。火災前に複数の世帯が同居していた住宅に関しては，個別世帯単位に別居していく傾向や，居候であった親戚などが分離していく傾向にあった。

以上より，火災後，同居規模の縮小が起こっていたことが明らかになった。

コミュニティ外の市場では，家族5, 6人が居住できるスペースを得ようとすれば，しばしば月収相当の家賃を要する。貸家の3,800バーツという金額でさえも，多くの人にとっては月収の半分に近いのである。火災前の同居規模を可能な限り維持しようとすると，貸家で一定のスペースを確保するか，自力建設で仮設住宅を建設せざるを得ない。コミュニティ外市場の相場ゆえに，負担能力が低い世帯や家族構成員が多い世帯ほど，賃借を選択するのが困難であった。自力建設の仮設住宅に使用した平均投資金額は，1万7,730バーツである[6]。決して小さな額ではないが，それでも，仮に3,000バーツの家賃を支払うとすると6ヶ月分である。復興の長期化の兆しが見え始めた頃，多くの世帯が早々に賃借を諦めた理由はここにある。また，賃借し続けた世帯も，同居人数を縮小することで対応していたが，それでも，部屋の狭さを問題点としてあげていた。そのような小さなスペースでもあっても，コミュニティ外の住宅市場では，家賃2ヶ月分相当の敷金が必要となる場合が多い。一部の住民は，敷金の調達を，火災直後に支給された政府からの見舞金や借金によってまかなっていた。

　第5章で議論した通り，このような状況からは，改めてコミュニティの居住空間としての機能が見えてくる。家族構成員全員が同居するために十分なスペースを確保しようとすると，コミュニティ外の住宅市場の相場は高すぎる。多くの世帯が，自力建設によって住宅を確保してきた理由は明らかであろう。賃貸市場に関しても，部屋面積は決して広くはないが，住民の世帯規模に合わせて様々なサイズや質の貸家や貸部屋があり，家賃も圧倒的に安価であったのである。

3　仮住まい確保の動態的過程：自力建設と居住空間の整備

　引き続き，焼け跡やサッカー場に流入してきた人々に注目して，仮住居確保の過程を見てみよう。前述の通り，政府の退去勧告にもかかわらず，火災後2ヶ

---

[6]　自力で建設した仮設住宅の材料費は，8,000バーツから1万2,000バーツ程度であるケースがほとんどである。ただし，焼け跡においては，恒久住宅の非効率な建築計画によって，2度，3度と，仮設住宅を解体しては移動させることを要求され，費用がかさんだ。コミュニティ内の混乱や，政府機関による実施の遅れが仮住まいの費用増大につながっていた。

月目から，賃借を断念した世帯が続々と焼け跡やサッカー場に流入し，自力で仮設住宅を建設し始めた。サッカー場では，またたくまに居住世帯が 200 世帯近くに膨れ上がったのである。限られた居住空間に多くの住民が流入していき，火災で財産を失った住民が自力で仮設住宅を建設していく過程は，個々の住宅，そして歴史的なコミュニティの生成過程の原型でもある。

　火災直後は壁面のないテント生活を余儀なくされたが，直後の混乱を経て少し落ち着き始めると，まずは仮設での持続可能な居住スペースを確保しなければならない。プライベートを確保するために，テントを世帯ごとに布で仕切って壁を作ったり，6月に支援物資として支給された木材を利用して，床を底上げして洪水対策を行ったり，土台を組んでテントよりも安定度の高い住宅を自力で建設し始める。木材やテントのビニール，ダンボールなどを工夫して合わし，雨季対策も考慮した構造になっている。

　火災から数ヶ月の間は，政府の復興計画は1年以内に完了できるとされていた。ところが，当初の予定とは裏腹に，仮設住まいが長期化することになった。各世帯の居住スペースは 6〜9m^2 程度の狭い空間である。その空間の中で大勢が同居せねばならず，様々な工夫が必要になる。例えば筆者のホストファミリーの家でも，頻繁に，調味料入れや引き戸，娘が寝るスペースのカーテンの取り付けや，階段式の収納棚の設置など，日々のニーズに合わせて改造を繰り返していた。ある時には，空気がこもるようになってきたので，屋根を高くするとして，屋根を丸ごとはずし，壁の柱に長い木を付け足すことで，屋根の位置を高くしていた。また，個々の住宅のみならず，居住空間への対応も必要になってくる。洪水が頻繁に起こり，害虫が発生するため，細い排水溝を掘ったり，区役所に依頼して害虫駆除の薬をまいてもらったりすることになった。トイレは共用の簡易トイレが設置されていたが，水道・電気などの基盤インフラも必要となってくる。政府と交渉して，共有の簡易水道の設置，配電などの措置を依頼し，同時にリーダーを中心に集金する制度を整えた。

　住宅や居住空間が整備されるだけではない。火災で販売場所や生産手段を失った屋台・行商人の一部は，焼け跡やサッカー場の中で商売を再開し始めた。テント住まいの頃から，細々とした商品を並べる人が出てきた。その内，小規模ではあるが，コーヒー屋台やヌードル，総菜屋，雑貨屋などが登場する。むしろ狭い空間には多すぎるほどであり，人びとは競争相手が多いことを嘆く。

写真 6-1　建てまわし（仮設住宅）

　仮設住まいも 2 年を過ぎた頃には，転出する世帯も出始める[7]。サッカー場では，内部は風も通らず，全ての家が密集して建てられており，窓も充分に確保できていない。そのため，サッカー場の隅の比較的立地条件が良い場所は人気が高い。そもそも，火災後のテントへの流入は，早い者勝ちであり，明確な分配基準があったわけではない。密集度は高まっているにもかかわらず，依然として流入希望者がいるため，競争率が高い。したがって，良い立地を確保している先住者が，他の住民に権利を売却するような動きも生まれた。転出する際には，建築資材に対する投資分を回収可能な価格で，自力建設住宅を販売している。住宅を別の場所に移す場合は，住宅は解体してまた組み立てるため，場所のみを販売していた。他の住民に転売して得た資金を元手に，焼け跡内で再び，木材や廃材を利用して新しい仮設住宅を建設するのである。

---

[7]　とはいえ，賃借への移動ではなく，同じ仮設が設置されているコミュニティの焼け跡への流入である。建設が開始され，建設労働者が外部から流入し始めたため，屋台・行商人が商売のために移動した。

サッカー場における個々の住宅の更新過程，居住空間の創出と変化，および市場の発達の様相は，短期間に圧縮されて起こっているものの，長期的に発展してきたコミュニティの変化，またその動態的な過程を彷彿させる。火災の後の逼迫した家計では賃借は諦めざるを得ず，また住宅に対しても大規模な投資はできない。まずは最低限雨風がしのげる空間を確保する。とはいえ，時間の経過の中で，少しずつ得た収入を使っては改造を繰り返す。また家族の構成員に合わせた形態に作りなおしたりもする。個々の住宅のみならず，居住空間の整備，市場の発達なども同時に起こり始める。また近隣住民は顔見知りで日々顔を合わせ，色々と助けあったりするものの，住宅やサッカー場内の居住場所の売買など，経済的な取引に関しては相互扶助よりも競争原理が適用される。一方で，水道や電気など，共同利用せざるを得ない部分は，リーダーを中心に行政と交渉し，区の幼稚園も併設するなど，次第に条件を整備していった。

4　恒久住宅を巡って

4.1　「恒久住宅」再建案をめぐる対立

　火災は居住空間のみならず，様々な機能を内包した空間を焼失させた。火災後，政府が提示した二つの「恒久住宅」再建案をめぐって，コミュニティは分裂し，再建過程は長期化していった。その対立の構図は，単に「住宅」の物理的条件と個人・世帯の経済条件のみに起因するのではなく，コミュニティ空間を巡る見解の違いや優先される価値の違いが大きく影響している。また，行政側の実施の遅れは，人々の生活の再建過程や厚生水準に直接的な影響を及ぼした。ここでは，復興過程と再建策を巡る対立の構図に関して考察し，その上で，コミュニティの機能を改めて捉えてみたい。

　コミュニティの土地は元々不法占拠であり，住民は撤去を申し渡されるのを懸念していたが，選挙を控えた地元の与党候補者やNGOなどの介在により，地権者である財務省との交渉が行われ，30年の賃貸契約を締結することが認可された。2005年には，各世帯から賃借料を徴収し，30年分がまとめて支払

表 6-3　恒久住宅再建案概要

	集合アパート バーン・ウアアートン	セルフヘルプ住宅 バーン・マンコン
基本コンセプト	政府による住宅供給政策	マイクロクレジットを軸にする自助開発政策
面積	10.3 ライ（1 万 6,480m^2）	7 ライ（1 万 1,200m^2）
住宅形態	5 階建て 14 棟	50 世帯／ライ（1,600m^2），長屋
実施機関（政府）	国家住宅公社（NHA）	コミュニティ組織開発機構（CODI）
管轄省庁	人間安全・社会開発省	人間安全・社会開発省
政府予算	1 億 6,800 万バーツ（建設費含む）	6,148 万 1,160 バーツ（公共インフラ整備費用）
対象	持家層・［同居世帯］[1]	貯蓄組合会員（持家層・同居世帯・賃借層）
世帯数（希望者）	560	268
返済利子	年利 11%（予定）	年利 2%
工事に要する時間	420 日	1 年
土地の賃借料 （財務省金融公庫）	72.61 バーツ／部屋	94.61 バーツ／家屋（平均）

出所：各種資料（各政府機関，SVA[NGO] などの資料を参照）より作成。2005 年時点の概要。
注：1）同居世帯には入居権利がなく，判断は保留された。

われた。ただし，都市計画法の厳重な適用が条件とされ，住民による自力建設は全て禁止された。例えば，火災前の路地は 1m にも満たない箇所もあったが，幹線道路は 12m の幅を確保しなければならない。また緑地面積の確保をはじめ，幾つかの条件が付与された。政府主導による再建政策は，画一的・規格化された賃貸住宅の供給と空間整備を意図した近代化政策でもあった。

恒久住宅の再建策は二つの機関から提示され，住民はいずれか 1 つを選択するよう要求された。ひとつはタクシン政権の低所得者向け住宅政策による集合アパートの建設案（バーン・ウアアートン）であり，もうひとつは，CODI が主導するマイクロクレジットを機軸にしたセルフヘルプ住宅（バーン・マンコン）であった。調整係であった区役所を初めとして，政府側は，前者を推進する意向の方が強かった。そもそも，政府の側は二つの選択肢を提示する際に，管轄機関同士の相互調整を充分にしていたとはいえず，むしろ，各機関は二つの案を巡って競合していた。住民への情報伝達手段は，政策担当者が直接説明するよりも，リーダーや住民委員を介することが多く，委員間の分裂が，住民に対する偏った情報伝達に結び付いてしまうような状況も生じた。いずれにしろ，意見の集約はできず，再建策の選択を巡ってコミュニティは分裂していくことになる。

恒久住宅の二つの案は表 6-3 の通りである。バーン・ウアアートン案は，5

表6-4 登録状況（2004年6月26日区役所調べ）

(単位：世帯数)

階層	集合アパート Baan Ua Athorn	セルフヘルプ住宅 Baan Mankhong
持家層	294	204
同居世帯	214	41
賃借層	52	23
合計	560	268

表6-5 住宅の価格と種類

集合アパートの部屋の種類と価格

部屋の種類	床面積 (m²)	価格（バーツ）	部屋数
2種類	24.00〜32.00	30万〜40万	558

セルフヘルプ住宅の家屋の種類と価格

家屋の種類	床面積 (m²)	価格（バーツ）	軒数
①2階建て	35.00	20万5,720	68
②2階建て	35.00	20万7,325	8
③2.5階建て	43.75	22万9,219	84
④2.5階建て［大］	62.50	27万7,646	12
⑤3階建て	52.50	30万7,789	1
⑥3階建て［大］	75.00	35万6,023	12
⑦共同住宅[1)]	27.50	18万6,789	50部屋

出所：集合アパートに関しては，2005年の国家住宅公社（NHA）におけるインタビューより（実際の価格は完成後に変更）。セルフヘルプ住宅に関しては，建設請負会社 Kajonpon Construction Co., LTD の資料より。
注：セルフヘルプ住宅の価格は，建設費＋基礎工事代の合計金額。
1) 住宅の権利を持たない元賃借層用に建設するアパート型住宅。いずれも，調査時点での予定（案）である。

階建ての集合アパートを建設するというものであり，バーン・マンコン案は，自助開発政策を中心とした持家政策である。2004年6月24日の区役所調べでは，表6-4の通り，集合アパート希望者が560世帯，セルフヘルプ住宅希望者が268世帯であった。そのうち実際の政策対象となるのは網掛けの部分であり，集合アパートに関しては，同居世帯は保留され，賃借層は対象外とされた。当初は，政府は住民に対して，いずれかの案から1つを採用するように要求し，意見がまとまるまでは，再建プロジェクトを開始しないとしていた。しかし，議論は平行線をたどり，一時は，両者を取り持とうとしたNGOに対しても，セルフヘルプ住宅派に加担しているとして，集合アパート派からは出入

り禁止の横断幕が張り出されるまでに緊張感が高まった[8]。分裂と混乱が長期化し，住民によるデモや，両グループによる実施機関やNGOに対する批判の高まり，首相府への公開書簡の送付といった動きが強くなるにつれ，政府は次第に姿勢を変更せざるを得なかった。4ヶ月に及ぶ混乱のあと，最終的にはコミュニティの土地を二つに分断し，別々にプロジェクトを実施することが決定された。

　二つのプロジェクトの大きな違いは，次の3点である。第1に，当然のことながら，住宅形態そのものの違いである。高層化した集合アパートか，平屋の個別住宅を志向するかが，最も大きな争点であった。第2に，最初の案では，集合アパートは分譲ではなく賃貸に限定される可能性もあったため，住宅に対して所有権が発生するかどうかが問題となった。第3に，支払い形態を含めた運営方法の違いである。政府主導の住宅供給政策である集合アパートは，入居後からローン返済が開始される。これに対して，セルフヘルプ住宅は，ローンを開始する前に，住居価格の10%にあたる貯蓄を実現しなければならず，また貯蓄組合を通じて，諸々の諸計画の運営・企画にも参加しなければならない。ただし，住宅の選択肢については，集合アパートよりも柔軟である。集合アパートが完全に規格化された住宅であるのに対し，セルフヘルプ住宅は，計画時点から設計に参加することによって，それぞれの所得水準に合わせた住宅モデルの採択など，調整の余地が残されていた。住宅選択を巡る意見の分裂の背後には，経済的条件，生活様式に対する価値観の違いが存在している。質問表調査での回答から，さらに詳細に二つの住宅形態の選択理由をみてみよう。

4.2　二つの住宅形態と選択理由

　恒久住宅選択理由の上位は，全体では，家の権利の取得可能性 (51.2%) であり，次に生活様式に適している点 (11.1%) が大きな理由となっている。これを，集合アパート派とセルフヘルプ住宅派に分けて集計したのが，表6-6である。いずれも，まずは「家の権利」の取得が懸念事項になっていることが分かる。注目すべきは第2位の理由であろう。集合アパート派は，「政府の支援がある」ことが第2位の理由であり，21.0%をしめている。これに対して，セル

---

[8] 噂が噂を呼び，情報を屈折させてしまった面があるが，いずれにしろ，集合アパート派はこれらの機関が分裂を促進したと考えていた。

表6-6 恒久住宅の選択理由（単位：％）

恒久住宅の選択理由	集合アパート派	セルフヘルプ住宅派	恒久住宅に求める大事な点	集合アパート派	セルフヘルプ住宅派
家の権利	42.9	40.0	建設期間	24.2	19.7
部屋の広さ	1.9	1.9	職業再開の可能性	6.6	17.8
建設費用	9.6	8.2	月々の返済額	28.9	10.5
政府の支援がある	21.0	1.7	価格・賃料	10.7	15.6
元金が不必要	3.3	0.9	家の大きさ・サイズ	1.9	4.8
職業形態に適している	4.6	10.9	立地環境	5.5	14.2
生活様式に適している	11.2	17.9	近隣関係	3.6	13.8
コミュニティでの協同が可能	2.2	10.7	部屋の広さ	17.1	2.4
友人・親戚が勧めたので	0.5	0.3	その他	1.4	1.3
子供に権利を残せるので	1.9	6.5	合計	100.0	100.0
その他	0.8	1.0			
合計	100.0	100.0			

出所：質問表調査より作成。
注：それぞれ，回答不明であった5世帯をのぞく有効回答のみで集計。

フヘルプ住宅派は，政府の支援の有無に関連する回答の比率は低く，第2位は「生活様式に適している」(17.9％)であり，第3位は「職業形態に適している」(10.9％)である。集合アパート派に目を戻すと，集合アパートに関して，「職業形態に適している」と回答している人は少ない。全体として，高層化した住宅が，コミュニティの生活様式や，職業形態，特に後者に適していると考えている者が少ないことが読み取れる。恒久住宅に求める大事な点としては，両派とも「建設期間」の迅速性や「価格・賃料」の問題を上位に挙げている。異なる点としては，集合アパートは，「月々の返済額」など，ローン形態を含めた住宅価格や，「部屋の広さ」といった物理的条件に関心が高いのに対して，セルフヘルプ住宅派は，「職業再開の可能性」や「立地環境」「近隣関係」といった経済・社会的条件に関心が高くなっている点である。また，貯蓄組合活動を通じて住宅再建を行っているセルフヘルプ住宅派は，「コミュニティでの協同が可能」となるプロジェクトであることを選択理由に挙げている点も注目に値する。

両派の選択理由の違いと優先事項からは，個々の経済的条件・物理的条件のみに限定されない，住宅をめぐる様々な志向性が見えてくる。もちろん，火災

という非常事態に直面した住民にとって，第一義的に大きな問題となっているのは経済的条件である。インタビューからも補足してみよう。例えば，集合アパート派の住民は，再建・復興過程には迅速性が必要であり，火災で財産が全焼した後であるにもかかわらず，再建の条件に貯蓄活動を課すのは非現実的だと主張する。そもそも火災前のコミュニティでは，3度も貯蓄組合が結成されては立ちゆかず，失敗していたという[9]。また，貯蓄活動や積み立ては，資金に余裕のある人がすることだと考えており，集合アパートは政府の支援によって建設されるため，そちらがより適切であると回答している。同時に，都市計画法を厳格に適用した場合，平屋では被災世帯全てに対して，スペースを確保するのが難しいであろうという懸念もあった。

一方，セルフヘルプ住宅派の側は，物理的条件に関しても，家の所有権が入手できることで，子供・孫にまで資産として残すことができる点や，収入に応じた返済プランが可能であり，家賃停滞を理由に撤去されるようなリスクを下げることができる点など，長期的な経済的利点を強調する。支払い可能性とコストの問題は，再建案の選択を行う上で，根幹となる問題である。

ところで，住宅の選択理由は，以上のような経済的条件に限定されていたわけではない。特にセルフヘルプ住宅派が強調したのが，生活様式や職業形態との関わりであった。一軒家が職業形態に適していると考えているのは，集合アパート派も同様である。例えば，集合アパート派にインタビューすると，高層化することで再度の密集化を避けながらも，より多くの世帯が入居可能となるとする一方で，屋台・行商人や雑貨屋従事者は，職業の再開が難しいであろうと心配している。高層化した場合，人の流れが生まれにくいからである。セルフヘルプ住宅派の住民にインタビューすると，主に自力建設の住宅に住んできた住民は，高層でボックス化した住宅に住んだことがない。家族・親戚の同居にも柔軟に対応でき，路地や軒先で屋台などの店を設置することも可能な平屋が，自分たちの職業や生活様式に適していると考えているのである。

以上のように，経済的条件に関しては，「火災後」という非常事態に際して，住宅の価格や支払い形態，住宅面積，資産としての将来価値などが争点となった。ただし，それだけではない。生活様式や職業形態に関するこだわりが，意見の分裂にも結び付いていた。住民の住宅選択は，個々の経済的事情に大きく

---

[9] いずれも元金を使い果たし，機能しないまま終わってしまったという。したがって，一部の住民は，住民の貯蓄活動が機能する可能性に対して不信感を持っていた。

制約されながらも，コミュニティ空間と住宅モデルの物理的条件や経済・社会的条件をめぐって揺れ動いていた。その葛藤の狭間からは，コミュニティが居住空間としてのみならず，生産，消費，生活の空間として様々な機能を内包していたことを改めて想起させる。コミュニティという空間は，単に箱物として住宅が集合している場ではない。人々が労働力を再生産し，生活を営む場であり，また一部の自営業者にとっては生産の場ともなっており，様々な複合的機能を内包していた。つまり，居住と生活の場であると同時に社会関係が取り結ばれる場でもあった。

　第5章のコミュニティの日常風景に現われているように，普段の生活では，各住宅のドアは開け放たれ，住宅の中に納まりきらない調理や洗濯などの行為が，家の裏手や路地においてなされていた。また，家内労働者や自営業者にとっては，自宅が職場でもあった。一方，コミュニティ内市場では，住民の必要に応じた様々なサービスも提供されていた。屋台，雑貨屋[10]のみならず，美容院や床屋，洗濯請負から，電気機器修理，子供用ゲームセンター，珍しいものでは刺青屋までもが存在していた。単なる居住空間としてではなく，生活空間，職業空間としてコミュニティを再生しようとする人々のこだわりからは，改めて，コミュニティが，様々な複合的な機能を持っていることが浮かび上がる。

4.3　再建の長期化と恒久住宅への入居状況（2009年12月現在）

　最後にコミュニティの再建・復興過程の様子と進捗状況を述べておこう。火災直後，政府が発表した計画では建設期間は約1年とされていたが，実際には，5年近くの年月を要することとなった。セルフヘルプ住宅に関しては，道路や壁面の塗装など，一部未完成ながらも[11]，2007年12月より入居が始まった。集合アパートに関しては，2009年5月になってようやく入居が開始された。火災の一部が燃え移った近隣の警察官の社宅やコンドミニアムは，復興に

---

[10] コミュニティ内の雑貨屋では，たばこ1本から購入可能であり，酒も計量して販売してくれる。薬や飴などのばら売りも可能である。ほとんど収入が無かった日でも，何とか手が届く。
[11] コストをカバーできるほど，資金が充分に確保できなかったためである。その後も，貯蓄組合での貯蓄活動，および議論・計画を続け，2009年8月には一部の住宅の塗装（各世帯の自己負担），および道路の舗装（貯蓄組合で共同出資）が終わっている。

数ヶ月もかかっていなかった点を考えても，復興過程と仮設住宅住まいの長期化は，生活再建と厚生水準回復の視点からは，様々な問題を生じさせたと言える。復興過程が長期化した最も大きな理由は，政府とコミュニティの住民の間との調整問題，政府の実施過程における非効率性であった。政策・実施過程に関する詳細な分析は，別の機会に譲ることとし，簡単に経緯を紹介した上で，示唆される重要な点を指摘したい。

　まず，集合アパートに関しては，都知事選（2004年8月），また翌年の国政選挙（2005年2月）と二つの選挙が控えていたため，火災直後の対応こそ早かったものの，選挙の後は度々作業が中断され，実施が遅れていった。建設予定地で地ならしが開始されたのは，火災後1年以上経ってからであり，その後，作業が何度も中断され，建設が開始されたのはじつに2006年であった。その後も度々の中断を経て，2008年末にはようやく大部分の建物が完成に近づいたものの，建設費用や予算の問題から，水道と電気の配管・配線がされぬまま，再び放置された。建設を請け負った大手民間企業が，途中で契約を打ち切ろうとするハプニングもあった。全ての調整が終わり，入居が開始されたのは，先に述べたように2009年5月であった。

　これに対して，セルフヘルプ住宅の建設過程が遅れたのは，融資開始条件である貯蓄目標額に達するまでに時間がかかったこと，また建設計画，建設会社の選択，住宅の建材や材料からローンの計画など全てをコミュニティの住民で決めなければならないため，調整に時間がかかった事が関係していた。「住民の主体性を尊重する」という方針が強調されたが，実際には多忙な実施機関と住民間の充分な調整がないまま，事業の運営が住民に任されるというような状況を生じさせた。ノウハウをもたない住民は，これらの調整過程に多くの時間を費やした。リーダーや委員を中心とする一部の住民は，自身の仕事の時間を犠牲にせざるを得ず，コミュニティ再建の過程は，熱心に貢献しようとすれば，しばし貧困に直面するというような過酷な過程ともなった。長期化の下，一時は実施機関に対して要請書をまとめ，実施体制の見直しを申し入れる局面さえも見られた。

　いずれの住宅プランに関しても，管轄機関に関しては，実施過程や対応のスピードに問題があった点は否定できない。非効率な調整，実施過程は，コミュニティの住民の仮設住宅における居住生活や職業などにも直接的に影響を与える。長期化と，現在の状況に関して，重要な点を3点指摘しよう。

第1に，長期化が人々の生活の再建にネガティブな影響を与えた点としては，家賃負担の問題と住居登録の問題があったといえる。住民が，「円滑にプロジェクトが進んでいたら，この5年間でかかった費用を，恒久住宅の返済に充てる事ができたはずだった」と指摘するとおり，たとえば，賃借層の家計の面から見れば，ローン返済に充当できたはずの予算を，コミュニティの外で5年間，賃借に使用し続けており，その代償は小さくない。また，火災前の住宅は，仮の住居登録が発行されており，単なるシェルターとしての住宅以上に，都市生活を送る上での「資産」としての役割を担っていた。

　住居登録は，都市生活の中で社会的な身分保障の意味合いを持っており，就職の面接など，様々な局面で必要とされる。借金の担保など，経済的な資産としての機能のみならず，都市生活の中で身分証明のための手段となっており，社会的，政治的な役割があったのである。火災後，仮設住宅には仮住居登録が発行されなかったため，一部の住民は，書類上は都内の知り合いの家に転入したこととして対応していた。恒久住宅入居後，集合アパートには正規の住居登録が発効されたが，セルフヘルプ住宅は，当初，いわゆる密集コミュニティの住宅に発効する仮の住居登録さえも発効されず，リーダーを中心に区役所との間で交渉を続け，最終的には正規ではなく仮の住居登録が発行された。

　第2に，入居後の定着状況について触れておこう。セルフヘルプ住宅に関しては，プロジェクトの過程で，貯蓄活動を一定期間行わなかった世帯に関しては，所定の手続きを経て，組合からの退会を宣告された。逆に，入居後は実際に入居した世帯の内，転売して転出していったのは，2009年8月の時点で1軒のみである。これに対して，集合アパートに関しては，2009年5月の入居手続きが開始された時点で既に多くの世帯が権利を転売していた。管轄機関であるNHAは，入居後5年間は転売を禁止している。したがって，権利の売買は，個人間，もしくはコミュニティ内の仲介者を通して，独自の契約書を作成して行われている。2009年5月の入居手続きの際には，様々な問題が生じ，120世帯以上に対して，鍵の受け渡しが遅れた。その全てではないが，明らかになっている転売世帯だけでも，約50世帯ほどであり，かなりの世帯が権利を譲渡していることが予想されている。

　理由は様々である。復興期間中に生活費の捻出のために転売した者，他地域への転出，また家賃の値上がりによって，支払い能力が無いと判断した世帯などである。家賃の返済に関しては，プロジェクトが発表された頃には，月々

600 から 800 バーツ，2005 年頃には 1,000 から 1,500 バーツ程度と言われたこともあったが，実際には月々 2,050 バーツの返済となっている（実際の住宅価格は，約 35 万バーツとなった）。利子率は年率 11％で，月々の返済額は，少なくても今後 5 年間は毎年 50 バーツずつ上昇する。

　第 3 に，複合的な空間の再生の可能性について触れる。セルフヘルプ住宅側では，既に多数の屋台や工房が登場しており，生産や消費活動，日々の交流などがコミュニティ内で見られる。居住空間としての柔軟性が，職業空間の柔軟性としても現われている。他方，集合アパートの方では，政府の側が屋台などの経済活動を禁止した。ただし，徐々に玄関に面する一室を雑貨屋とする世帯などが登場し始めている。規格化された集合アパートにおける職業確保の諸問題は，現在噴出し始めており，人々がどのように空間を使いこなし，対応するかが問われている。

5　小括

　火災というリスクが現実のものとなった後も，住民は都内や地方に拡散していくのではなく，消失した空間を再生しようと試みてきた。その復興過程と人々の語りからは都市下層民の都市での適応過程とコミュニティの複合的な機能が見えてくる。第 5 章で議論したとおり，コミュニティとは，単なる個々の住宅や，世帯の集合体ではなく，ニーズや機能，社会関係などが累積的，有機的に結合された歴史の積み重ねの成果である。都市生活の中で，外部社会との相互作用を繰り返し，内部にも経済的市場を育みながらも，人々が都市を生き抜くために必要な諸機能を内包した都市的な空間でもある。様々な障害にもかかわらず，人々がコミュニティの再生に強いこだわりをみせたのは，その表れでもあった。一方で，プロジェクトの実施体制や方法に目を向けると，様々な課題を積み残しているといえるだろう。火災という甚大かつ緊急を要するリスクのダメージの回復と復興においては，平時のプロジェクトの実施体制をそのまま適用するのではなく，緊急時に対応したプロジェクト設計が不可欠となる。また，プロジェクトの非効率な運営や，長期化は，そのまま直接的に人々の生活の厚生水準に反映する。火災の事例から浮かび上がってきたコミュニ

ティの機能や再建の過程での諸課題は，都市の再開発の活発化と共に増大するコミュニティの撤去の問題や，都市下層民が直面する居住地確保の問題を考える際にも示唆に富むであろう。

【コラムシリーズ　都市の中で②】

「コミュニティ開発」における葛藤と現実

　貯蓄組合活動（セルフヘルプ住宅：バーン・マンコン）の初代リーダーのSは，火災直後に組合が設立された時から，約3年の間リーダーを務めた。約350世帯をまとめあげ，復興が軌道に乗るまでの最も困難な時期を乗り越えてきた。再建への道がなかなか見えず，調整に次ぐ調整に追われていた時期，リーダーとして大事にしている事を聞いたことがある。「住民はなかなか理解してくれない。時間がかかる。いつも常に1ヶ月の中で，達成したい目標を3つ考える。1つ目がダメだったら2つ目を試して，というようにしている。そうしないと行き詰まってしまう」。

　恒久住宅への仮入居が始まるまでに約4年，その他の細々とした点を含めると更に長い年月がかかってきた。復興が終わってみれば[1]，外部からは，モデルケースとして，頻繁に取り上げられるようになった。ただし，仮入居が始まるまでの様々な困難を思い出せば，貯蓄活動の組織化と住民自身による再建という結果のみを見る風潮に，疑問に思う事も少なくない。復興過程は，リーダーや住民の粘り強い活動によって進んできたのは確かである。それでも，第6章で指摘した通り，復興への道のりは決して平坦ではなかった。

　さて，復興の過程では，融資が可能となる建設費用の10％の貯蓄の達成以外にも，数々の調整作業や試練が待ち構えていた[2]。プロジェクトが長期化する中で，一番問題になったのは，稼得活動との衝突である。リーダーのSはもちろんのこと，建設過程の総括をしていたRなど，中心で活動するリーダーや委

1）　厳密にいえば，恒久住宅入居後も，住宅の塗装，歩道の整備，公共インフラの整備など，復興過程は続いている。ここではひとまず，「恒久住宅への入居が完了してみれば」という意味である。

2）　バーン・マンコン・プロジェクトでは，貯蓄活動と住民の組織化のみならず，建設計画（住宅の選択から，モデル住宅の建設と組合員への周知，建設会社の選択・交渉，住宅の配置や入居条件の設定など），建設過程の管理，対外的交渉など，全て住民自身が担うことが要求される。中には専門的知識を要する事も少なくない。また，立ち退きを拒否していた非被災世帯との交渉や，焼け跡に住んでいた住民のための仮設住宅の建設なども，多くの時間を要した。地ならしが始まった後，場所を移動する必要が生じ，幾度か，仮設住宅を移転しては新しく建設することが繰り返されたのである。これらの膨大な業務をこなすために，リーダーや委員を中心に，月2回の全体集会のみならず，連日のように会議が行われている時期もあった。当時のコミュニティでは，現場監督を担当する住民が，徹夜で工事の管理をしているのも珍しくなかった。

員たちは，連日作業に追われ，外で働く時間を捻出できなかった。Rは，住民自身による仮設住宅の建設の現場監督，民間企業に発注した恒久住宅のために地ならしから始まる一連の建設作業の総括など，日々大量の仕事をこなしていた。当然のことながら，1人ではこなしきれないため，何人かのローテーション，住民との連携により，次から次にあふれ出る調整作業や業務に携わっていた。もちろん，これらの作業から賃金を得る事ができるわけではない。リーダーのSも同様である。コミュニティ活動に熱心に取り組み，住民全体へ貢献してはいるものの，自身の家庭には経済的貢献ができなくなる。また仕事はどうしても一部の住民やリーダーに偏りがちである。復興の過程では，リーダーのみならず，多くの住民が過労で倒れたり（リーダーは入院），家庭内での葛藤，離婚といったケースが見られた。中心的な委員の1人，Tはこう言う。

「CODIのプロジェクトのアイディアは良い。でも，住民にとって少し重荷が過ぎる。誰かがやらなければプロジェクトは進まない。「できる範囲でほんの少し手伝う」というようでは，プロジェクトは進まない。でも，一生懸命取り組めば取り組むほど，自分の家族の生活は困難になる。家族のためには，仕事をしなければならない。でも，普通の生活を維持しようとすると，コミュニティの仕事は手伝えない。例えばタクシーの運転手も毎日仕事をしないといけない。自分の車を所有しているならいいが，そんな人はほとんどいない。何ヶ月も休んだり，週2日，3日のみタクシーを運転して，他の日はコミュニティで仕事をするといったような働き方はできない。一部に仕事が集中しているのも問題だ。一部の人はまだプロジェクトの方針を理解していない。1ヶ月に1回，貯蓄組合にお金を預ければよいのだと思っている。土日だけ手伝うという人はいるが，全体を見る人も何人かは必要になる。一部にのみ負担がかかっている今のような形で続けていくのは無理だ。時間も余計にかかるし，遅れれば遅れるほど，負担も大きくなる。CODIのプロジェクトの目的は良いかもしれないけれど，食べていくことと衝突する」。

コミュニティ活動の機会費用。活動と稼得活動の衝突というジレンマ。これは，集合アパートを選んだ人たちの，セルフヘルプ住宅プロジェクトに対する懸念事項でもあった。集合アパート側のリーダーの1人Lは言う。「バーン・マンコンの手法はミーティングも多く，人々の時間を奪う。外に働きに行く時間を犠牲にしないといけない。ほとんどの人は正規の安定した雇用労働者ではない。公務員は少ないし，日雇いや露天商，タクシーやメイドなどだ。それに，貯蓄できなければ組合を脱会しなければならない。自分達には無理だ」。

災害後の復興には迅速性が要求される。火災によって，財産や職業を失った

住民も多かった。集合アパートを選んだ住民が，自身のセルフヘルプ住宅への消極的な姿勢の理由として挙げていたのは，貯蓄活動に対する不安と，この仕事量の多さに対する懸念であった。集合アパートであれば，「政府が建ててくれる」。かつ，当時の政府の説明では，建設期間は1年，長くても1年半で済むとされていた[3]。

　実際，10％の貯蓄を達成するのは容易ではなく，融資開始条件を満たしたのは 2006 年のことであった。ただし，プロジェクトの長期化は，貯蓄活動の遅延というよりも，むしろ，様々な調整が難航し，その1つ1つを解決するのに膨大な時間がかかったためである。Tが言うように，住民内部の負担の多さと偏在は，長期化の一要因となった。同時に，調整の問題は，内部にとどまっていたわけではない。対外的な交渉や政府の許可などが度々遅れ，遅々として進まぬ交渉過程では，実施機関である CODI に対する不満も高まっていった。住民同士の連携と議論の場が増え，他のコミュニティとの経験交流が増えると，住民の中にも，CODI 自体を相対化する視点が育ってくる。例えば，2005 年の 5 月には，建設を受注した企業への支払いの時期が問題となった。コミュニティの側としては，できれば後払いをしたい。建設会社の元請けは，カンボジアやバンコクの他のコミュニティでの建設事業の実績があり，比較的柔軟に支払い問題に対応できるとしていた。ただし，CODI の側は，原則通りの実施，つまり，前払いをしたうえで建設を開始するべきだと主張し続けた。また，会議への参加依頼に対しては，多忙を極めるスタッフの日程がなかなか合わず，結論はいつまでも保留された。そのような小さな行き違いが度重なる中で，CODI に対する異議申し立てと要望書が提出されるにいたった。また，時期同じくして，NGO が主催した CODI の在り方に再考を促す趣旨のセミナーにリーダーが招かれ，他のコミュニティのリーダーとともに討論者として参加したりもしていた。この頃に，様々なコミュニティのリーダー達が共通して指摘していたのは，CODI の組織体制や実施体制の問題であった。委員の1人はこう言う。「問題は，官僚的な組織体制だ。様々なプロジェクトが遅れている。自分のコミュニティの復興が遅々として進まない中，南部支援に駆り出されたりもした[4]。コミュ

---

[3] 本文で指摘した通り，実際には，集合アパートの完成と入居は，セルフヘルプ住宅よりもさらに1年以上長くかかった。

[4] 津波の後，コミュニティのネットワーク化を目的に掲げる CODI の要請によって，南部のコミュニティの復興を支援するため，リーダーを初めとして十数人が，2週間ほど南部にボランティアとして派遣された（2005 年 1 月）。バンコクの他のコミュニティからも同様に住民が派遣されている。

ニティ同士で助け合う事は悪い事ではない。ここでも，たくさんのコミュニティが助けてくれている。ただ，皆の負担が大きいだけで，それぞれのコミュニティ自身の活動はどんどん遅れている。CODIは，スタッフの数に対して，手を広げすぎではないか」。

さて，このような現実を見据えた上での含意は何であろうか。

1つは，災害後の復興とコミュニティ活動についてである。

確かに，協調行動の形成，協力体制の構築には時間がかかる。個々には対外的交渉力を持たず，より脆弱な生活基盤を持つ下層民にとって，CODIの方針が示すように，集団として組織化し，発展の経路を模索することが重要となるであろう。実際，何年にも渡る活動を経て，集合アパートのグループには見られないような住民同士の密な連携と協力体制が育ってきたのは確かである。とはいえ，火災という非常事態に対して，平時の条件をそのまま適用することは再考の必要があるのではないだろうか。災害後には，安全かつ衛生的な仮設住宅の確保，再建への具体的な見通しと計画が必要とされ，その復興過程では迅速性が要求される。プロジェクトの長期化と円滑な進展の疎外は，住民自身の生活の再建を困難にすると同時に，コミュニティの住民，リーダーを疲弊させ，求心力の低下を招きかねないのである。

2つには機会費用の問題があるだろう。自助開発の名の下に，自己犠牲（および家庭の犠牲）は当然と見なされがちである。困難な過程や葛藤は，コミュニティの結束力のための必要悪として大して問題視もされない。集合行為が様々な営為を生みだし，住民のエンパワーにつながっているのは疑う余地もない。CODIの長年の活動の意義と功績も，積極的に評価すべきであろう。とはいえ，元来，所得の制約の大きい下層民にとって，コミュニティ活動のためのリソースの配分（時間を含む）は，大きな負担ともなりうる。住民主体の開発の現実とそのジレンマ。その問題を直視しないことには，住民の厚生水準の向上や，自立，階層上昇の可能性を広げていく事はできないのではないだろうか。

3つには，2つ目と深く関わっているが，実施機関との協力関係，活動の実施の手法などの課題を具体的に工夫していくことで，多くの非効率性を克服する必要があるだろう。「協同」する際の，各アクターの役割と機能の明確化とそのスムーズな連携が重要となる。「自分達で建てたら，とっくに終わっていたのに」。住民達から度々聞いた発言である。簡易住宅であれば，2週間程度で自力建設が可能である。フォーマルな住宅を建設するのに4年間。このギャップは，

制度，実務上の問題を調整するだけでもだいぶ縮まるのではないだろうか[5]。

　復興過程にかかった4, 5年間に犠牲にしたリソースは，本来，子供の教育や，老後のための貯蓄に回せるものであったかもしれない。「貧乏暇なし」がコミュニティ開発の現場での実態である。「住民主体」「コミュニティの主体性」の尊重という原則が，財政・行政的制約下で，住民への丸投げにすり替わってしまう危険性を忘れてはならない。住民の自力的な発展のために，社会がどう関わるかを真剣に問う必要があるといえるだろう。

　マイクロクレジットや住民主体の開発理念や概念は充分に浸透した。その積極的意義を戦略的に主張する必要はもはやないだろう。むしろ，今後は，今までの活動を総括し，より具体的に，個別の課題を検討していく段階なのではないだろうか。

---

5) 繰り返しにはなるが，集合アパートに目を向ければ，結果的に「政府が建ててくれる」プロジェクトであったはずが，セルフヘルプ住宅よりもさらに1年半も長くかかり，また，実際には入居できなかった世帯が多く存在するという皮肉な結果となった。「政府」にまかせっきりでも，順調に進むわけではない。住民自身が取り組まざるを得ない。その点では，セルフヘルプ住宅側の住民とCODIは，調整，交渉を同じテーブルについて行ってきた結果，協働を可能とするような関係を築いている。一方，集合アパート側は，建設の放置，遅延に対して，「陳情」を繰り返すことが唯一の手段であった。

第 7 章

リスクへの遭遇②：
火災に対する自営業者の対応と階層化

都心コミュニティSでの大火災は，住宅の喪失のみならず，自営業者にとっては生産手段の喪失による職業への打撃をもたらした。また，コミュニティという居住空間の喪失と変容自体が，「居住」面のみならず，「職業」面にも大きな影響を及ぼした。

　本章では，火災に直面した住民，特に自営業者の職業変化とリスク対応に関して考察する。リスク対応の過程は，同時に，コミュニティ内の格差が露呈する過程でもあった。したがって，火災が職業に与えた影響を明らかにした上で，職業の再建・復興の実態と，それに伴う階層性の変化に注目する。本章は，インフォーマル経済の視点からは，インフォーマル経済従事者のリスクへの直面と対応，職業変容の過程を扱う。本事例の分析を通じて，インフォーマル経済従事者を本質的に規定する「不安定性」に対する考察のみならず，居住空間の喪失と職業変容の密接な結びつきを明らかにしたい。第1節では，職業への影響と変容の概要，および職業構成の変化を確認する。その上で，第2節，第3節では，職業階層間の移動や階層内の変化について，事例も交えながら検討する。事例を交えることで，定点観察だけでは浮かび上がらない職業・生活再建への動態的過程が明らかになるからである。

1　火災の職業への影響：自営業者への打撃

　第6章で確認した火災による世帯厚生水準の低下は，住宅の喪失や，その再建のための借金や貯蓄の切り崩しにのみ起因するのではない。職業そのものに対する深刻な打撃が大きな要因の1つである。

　火災の職業に対する影響の概要を，質問表調査の結果から把握してみよう[1]。被災世帯の内，世帯主が有職者である295世帯を見ると，火災が職業に影響を与えたと回答した者は57.6％に及ぶ。また火災後に一時停職，休職した者は59.3％であり，平均日数は64日にもなる。影響があったと回答した者の

---

1)　質問表調査は自己記入方式であったため，インタビュー方式で実施した質問表調査（2004年）のように，夫婦両方に詳細な質問をすることは，断念せざるを得なかった。したがって，世帯主に関してのみ，職業変化に関する詳細な質問を実施し，それ以外の世帯構成員は，基本情報（職業，所得，職種など）および職業を変更した者はその変更内容のみを確認している。

詳細を見ると，直接的な影響の内容は，生産手段の全焼・半焼が49.9％で最も高く，次に顧客の喪失・市場の縮小11.8％，解雇3.6％と続く。間接的な影響としては，貯蓄組合によるセルフヘルプ住宅を建設するグループを中心に，コミュニティ活動のために就業時間を減少せざるを得ない人が18.8％であり，現在の居住地が勤務地から遠いと回答している人が10.0％である。火災後の対応は，同種の職業を再開した者が38.8％，職業を変更した者が24.7％，失業した者が7.0％となっている。火災の後の生活の再建のためには，まず何よりもその元手となるリソースが必要になる。職業への打撃は，人々の稼得活動に大きな制限を与えた。

火災後1年半が経った調査時点でも，コミュニティの低所得化の進行は顕著である。平均月収を比べると，世帯主全体では，8,486バーツから7,608バーツへと減少し，男性は8,721バーツから7,811バーツ，女性は7,984バーツから7,160バーツへと減少している。表7-1は，火災前と調査時点における世帯主の所得階層の移動を表したものである[2]。一見して分かるとおり，低所得化が進行している。低所得者階層（A-C）を見ると，火災前は全体で18.4％であったが，23.1％へと増大している。男女別に見ると，男性は12.8％から17.5％，女性は29.0％から33.7％へと増大している。月収9,000バーツの階層Eまでを見ると，全体で，66.3％から74.2％へと増大しており，男性で59.7％から68.7％，女性では79.0％から84.6％へと増えている。所得階層が落層した人は男性で23.7％，女性で21.8％と，男性の方がやや比率は高いが，元々男性と比較して低所得階層に位置する女性は，3分の1が低所得者階層（A-C）に位置しており，影響は深刻である。階層を一つ移動することは，月2,000バーツ以上の所得の減少を表している。2,000バーツといえども，ぎりぎりの生計で生活を維持している場合，その打撃は大きい。

それでは，職業階層別では，どのような影響の違いが見られるのであろうか。コミュニティ全体の職業構成の変化をみると，火災の打撃が最も大きかったのは自営業者であったことが分かる。また，一部の労働者は，被雇用（低）部門への移動を見せていた。データから少し詳しく確認してみよう。

表7-2，表7-3は，男女別（世帯主）に火災前後の職業構成の変化を表したも

---

[2] 世帯主の主な職業の月収を基にしている。副職有職者が30人ほどいるが，個別の職業分析を主眼においているため，副収入・副職に関しては計上していない。また，夫婦共同で屋台や雑貨屋を営んでいる場合は，片方にのみ計上するのではなく，月収を半額ずつ計上している。

表7-1 被災世帯世帯主の所得階層の変化

世帯主全体

所得階層		火災後									合計	落層[1] 人 (%)	上昇[1] 人 (%)	階層分布 (%)	
		A	B	C	D	E	F	G	H	I	J				火災前	火災後
火災前	A	15		3	4	1						23		8 (34.8)	7.2	8.7
	B		1	2								3		2 (66.7)	0.9	1.6
	C	4	3	21	5							33	7 (21.2)	5 (15.2)	10.3	12.8
	D	5	1	7	61	5	2					81	13 (53.1)	7 (8.6)	25.2	29.3
	E			2	13	55	2			1		73	15 (20.5)	3 (4.1)	22.7	21.8
	F	2		4	9	2	29	1				47	17 (36.2)	1 (2.1)	14.6	13.1
	G	2		1	1	3	2	13	1			23	9 (39.1)	1 (4.3)	7.2	4.4
	H				2			1				3	2 (66.7)		0.9	0.6
	I				1	3				18		22	4 (18.2)		6.9	5.9
	J		1	1	1	4					6	13	7 (53.8)		4.0	1.9
	合計	28	5	41	94	70	42	14	2	19	6	321	74 (23.1)	27 (8.4)	100.0	100.0

世帯主（男性）の所得階層の変化

所得階層		火災後									合計	落層 人 (%)	上昇 人 (%)	階層分布 (%)	
		A	B	C	D	E	F	G	H	I	J				火災前	火災後
火災前	A	5			3							8		3 (37.5)	3.8	4.7
	B		1									1			0.5	1.4
	C	1	2	14	1							18	3 (16.7)	1 (5.6)	8.5	11.4
	D			6	35	3	2					46	6 (13.0)	5 (10.9)	21.8	27.5
	E				10	41	1			1		53	10 (18.9)	2 (3.8)	25.1	23.7
	F	2		3	9	2	23					39	16 (41.0)		18.5	16.1
	G	2				2	2	12	1			19	6 (31.6)	1 (5.3)	9.0	5.7
	H				2			1				3	2 (66.7)		1.4	0.9
	I					3				16		19	3 (15.8)		9.0	8.1
	J		1			3					1	5	4 (80.0)		2.4	0.5
	合計	10	3	24	58	50	34	12	2	17	1	211	50 (23.7)	12 (5.7)	100.0	100.0

のである。男女共通の傾向として顕著であるのは，被雇用者が増大している点である。男性は，火災以前には被雇用者が38.5%，自営業者が56.9%と，自営業者の比率の方が高かった。火災後も自営業者の比率が高い点に変わりはないが，被雇用者が41.2%へと増大したのに対して，自営業者は53.6%へと減少している。女性の職業構成の変化はより顕著である。火災前から元々，被雇用者が49.0%，自営業者が35.4%で被雇用者の比率が高かった。被雇用（低）部門であるサービス労働者や商業使用人が多いことが被雇用者の比率の高さにつな

表 7-1 （つづき）

世帯主（女性）の所得階層の変化

所得階層		火災後										合計	落層 人（%）	上昇 人（%）	階層分布 (%)	
		A	B	C	D	E	F	G	H	I	J				火災前	火災後
火災前	A	10		3	1	1						15		5 (33.3)	13.6	16.4
	B			2								2		2 (100.0)	1.8	1.8
	C	3	1	7	4							15	4 (26.7)	4 (26.7)	13.6	15.5
	D	5	1	1	26	2						35	7 (20.0)	2 (5.7)	31.8	32.7
	E			2	3	14	1					20	5 (25.0)	1 (5.0)	18.2	18.2
	F			1			6	1				8	1 (12.5)	1 (12.5)	7.3	7.3
	G			1	1	1		1				4	3 (75.0)		3.6	1.8
	H											0			0.0	0.0
	I				1					2		3	1 (33.3)		2.7	1.8
	J			1	1	1					5	8	3 (37.5)		7.3	4.5
合計		18	2	17	36	20	8	2	0	2	5	110	24 (21.8)	15 (13.6)	100.0	100.0

出所：質問表調査を元に筆者が作成。
注：所得階層区分（単位：バーツ）　A[0 – 1,000 未満]　B[1,000 – 3,000 未満]　C[3,000 – 5,000 未満]　D[5,000 – 7,000 未満]　E[7,000 – 9,000 未満]　F[9,000 – 1万 1,000 未満]　G[1万 1,000 – 1万 3,000 未満]　H[1万 3,000 – 1万 5,000 未満]　I[1万 5,000 – 1万 8,000 未満]　J[1万 8,000 –　　]
　　1) 括弧（ ）内の数値は，各所得階層（火災前の階層）の合計人数に対する，階層移動者の比率。

がっている。火災後は，自営業者は 22.7％と約 13 ポイント低下したのに対して，被雇用者は 58.0％へと増大した。

　男女ともに，自営業者は，高生産性部門，低生産性部門共に減少したが，被雇用部門で拡大したのは低生産性部門である。男性の自営業（高）部門が 13.7％から 11.9％，自営業（低）部門が 43.1％から 41.7％へとどちらも減少を見せている。それに対して，被雇用では，高生産性部門は全体の人数に変化はないが，低生産性部門は 24.7％から 27.5％へと増大している。自営業者の減少は，主に被雇用（低）部門への移動となっていることが読み取れる。女性労働者を見ると，その変化はより顕著である。自営業（高）部門は 10.0％から 0.9％へと急減し，自営商業（雑貨屋・屋台以外）や自営商業（雑貨屋）従事者は全て退出している。低生産性部門も，屋台従事者を中心に減少しており，全体としては 25.4％から 21.8％へと減少した。これに対して，被雇用部門は，高生産性部門が 8.1％で変化がないのに対して，低生産性部門は 40.9％から 49.9％へと急増しているのである。特に，サービス労働者は 9 ポイントの増大となった。

表 7-2 世帯主（男性）の職業構成の変化

職業階層	火災前 人数	火災前 比率 (%)	火災後 人数	火災後 比率 (%)
農業	0	0.0	0	0.0
経営者	0	0.0	0	0.0
被雇用	81	38.5	87	41.2
公務員・教師	9	4.3	7	3.3
製造業労働者	9	4.3	11	5.2
一般俸給被用者	11	5.2	11	5.2
サービス労働者	16	7.6	16	7.6
商業使用人	8	3.8	8	3.8
運輸通信労働者	11	5.2	16	7.6
単純労働者（日雇い）	17	8.1	18	8.5
自営業	120	56.9	113	53.6
自営商業（雑貨屋・屋台以外）	0	0.0	0	0.0
自営商業（雑貨屋）	7	3.3	5	2.4
建設業職人	14	6.6	13	6.2
製造業職人	7	3.3	6	2.8
技能者	1	0.5	1	0.5
自営商業（屋台・行商）	27	12.8	24	11.4
運輸通信	60	28.4	61	28.9
サービス	4	1.9	3	1.4
家内労働	0	0.0	0	0.0
その他	8	3.8	9	4.3
主婦・夫	0	0.0	0	0.0
失業	4	1.9	5	2.4
定年	2	0.9	3	1.4
貸家・貸部屋運用	1	0.5	0	0.0
就学	1	0.5	1	0.5
不明	2	0.9	2	0.9
合計	211	100.0	211	100.0

出所：質問表調査より筆者作成。
注：グレーの部分は高生産性部門。
　　火災前（平均　8,721 バーツ　中位 8,000 バーツ）→火災後　（平均 7,811 バーツ　中位 7,000 バーツ）

　火災を経て，所得面では低所得化が進行し，同時に職業移動による職業構成の変化が起こった。影響の内容を見る限り，火災の直接的な影響を最も受けたのは，生産手段を必要とする自営業者，もしくはインフォーマル経済従事者であることは明らかである。生産手段を喪失した自営業者は，その後，投資による再開，職業変更，もしくは失業の3つの経路を辿ることになった。火災が各

表7-3 世帯主(女性)の職業構成の変化

職業階層	火災前		火災後	
	人数	比率(%)	人数	比率(%)
農業	0	0.0	1	0.9
経営者	1	0.9	1	0.9
被雇用	54	49.0	64	58.0
公務員・教師	5	4.5	4	3.6
一般俸給被用者	4	3.6	5	4.5
製造業労働者	6	5.5	4	3.6
サービス労働者	22	20.0	32	29.1
商業使用人	13	11.8	15	13.6
単純労働者(日雇い)	4	3.6	4	3.6
自営業	39	35.4	25	22.7
自営商業(雑貨屋・屋台以外)	1	0.9	0	0.0
自営商業(雑貨屋)	7	6.4	0	0.0
製造業職人	3	2.7	1	0.9
技能者	0	0.0	0	0.0
自営商業(屋台・行商)	25	22.7	21	19.1
建設業	0	0.0	0	0.0
運輸通信	1	0.9	1	0.9
サービス	2	1.8	2	1.8
家内労働	1	0.9	2	1.8
その他	15	13.6	17	15.4
主婦	0	0.0	1	0.9
失業	9	8.2	12	10.9
定年	4	3.6	4	3.6
貸家・貸部屋運用	1	0.9	0	0.0
就学	1	0.9	0	0.0
合計	110	100.0	110	100.0

出所:質問表調査より筆者作成。
注:グレーの部分は高生産性部門。
　　火災前(平均　7,984 バーツ　中位 6,000 バーツ)→火災後　(平均 7,160 バーツ　中位 6,000 バーツ)

職業階層に与えた影響,つまり所得の低下や職業移動の異なる経路の実態を,階層間の移動と階層内の変化に着目して,次節で深めてみよう。自営業者の異なる経路に焦点を当てるとき,鍵となるのは生産手段や資金などのリソースの保有状況である。火災によって,住宅,生産手段,耐久消費財といった資産を一気に失ってしまった被災者は,貯蓄や借金,支援金といった資金を用いつつ対応を図ることになる。資金の保有状況はもちろんであるが,同時に,情報,

技能，被雇用部門に参入する場合には教育水準などの無形のリソースが鍵となる。以下では，各階層の影響の実態を詳細に検討した上で，再開・変更（移動）・失業の異なる経路を取った各集団に関して，その特徴を明らかにする。

2　職業階層内の変化と階層間移動

　火災が各職業階層に与えた影響を男女別に表したのが表7-4，表7-5である。まず男性をみてみよう。被雇用者に対する火災の影響・打撃の内容は，「職場が遠くなった」「コミュニティ活動」による稼得労働時間の減少といった間接的な影響が中心である。唯一の例外は日雇い労働者であり，建築関係の日雇い労働者は工具が焼けてしまい，再投資を余儀なくされている。それに対して，自営業者は，店舗や生産手段の焼失によって大きな打撃を受けている。特に，自営商業（雑貨屋）や建設業職人，自営商業（屋台・行商）に対する影響は大きい。生産手段喪失後，再開，職業変更など，それぞれの経路を辿ることになったが，休業日数を見ると，再投資・再開も決して容易ではないことが分かる。

　休職日数は，被雇用者では1週間程度の者が多い。1年間休職した労働者がそれぞれ1人いた製造業労働者，一般俸給被用者は平均日数が高く出ているが，それでも平均値は2ヶ月程度であり，その他の休職者は，火災直後の混乱が一段落した時点ですぐに職場に復帰していた。一方，自営業者の休職日数は長い。雑貨屋で平均133.0日，建設業でも178.4日であり，自営商業（屋台・行商）が比較的早くて，70.8日である。再投資の金額も，約2万バーツから3万バーツであり，月収の2倍から6倍の金額である。休職日数の長さは，投資資金獲得のハードルの高さを示している。月収の落ち込みを見ても，被雇用者に対して，自営業者の落ち込みの度合いは大きかった[3]。自営業は，労働投下量のみならず，市場の動向にも大きく影響される。一部の住民はコミュニティ活動に時間がとられるのみならず，コミュニティ空間の焼失により，市場自体も縮小してしまった。例えば，屋台従事者では，コミュニティ内部で販売している者も多

---

3) 被雇用者の給料の減少は，職場変更による減給やコミュニティ活動に従事するために，OT勤務（時間外労働）ができないことによる。後者は，間接的な影響ではあるが，全体としては，火災の直接的な影響に起因する理由は見受けられない。

焼け跡で再開した屋台

かったが，人口8,000人の購買力が喪失してしまったため，市場が急激に縮小した。外部市場への新規参入は障壁が高いため，焼け跡やサッカー場の仮設住宅近辺で販売を再開した者も多い。ただし，月収は以前の半分以下へと低下している。

　女性の職業への打撃も見てみよう。被雇用者に対する影響は，男性と同じく，「職場が遠くなった」点や，「コミュニティ活動」による時間の制約が挙げられている。男性と比較して，被雇用（低）部門の女性の休職日数の平均値は1,2ヶ月であり，短くはないが，高生産性部門，特に一般俸給被用者の休職日数は短くなっている。それに対して，自営業者への影響は深刻である。男性では，6人が再開している自営商業（雑貨屋）も，表7-3の通り，女性の場合は，火災以前は7人いたが，全員，再開できていない。元雑貨屋経営者は，被雇用（低）部門へ流出，もしくは屋台・洗濯請負などのその他の自営業（投資平均額は約9,000バーツ）を始めている。自営商業（屋台・行商）に関しても，過半が店舗・道具を焼失しており，打撃は大きかった。再開は，男性の休職期間70.8日と

表 7-4　男性世帯主（被災世帯）の職業に対する火災の影響

職業階層		人数	火災の影響・打撃[1]	休職・休業	再投資（平均金額）
被雇用（高）	公務員・教師など	9		33.5 日 (2)	
	製造業労働者	9		70.2 日 (5)	
	一般俸給被用者	11		77.8 日 (6)	
被雇用（低）	サービス労働者	16	職場が遠くなった (2)	12.3 日 (9)	
	商業使用人	8	コミュニティ活動 (2)，職場が遠くなった (1)	8.4 日 (5)	
	運輸通信労働者	11	コミュニティ活動 (1)	6.4 日 (5)	
	単純労働者（日雇い）	17	道具全焼・半焼 (12)，解雇 (1)，顧客喪失 (2)，コミュニティ活動 (1)	105.5 日 (13)	再投資 (13)：7,227B
自営業（高）	自営商業（雑貨屋）	7	道具・店舗全焼 (6)，顧客の減少 (1)	133.0 日 (5)	再投資 (6)：32,500B
	建設業職人	14	道具全焼・半焼 (9)，コミュニティ活動 (2)	178.4 日 (8)	再投資 (9)：19,750B
	製造業職人	7	道具全焼 (2)，コミュニティ活動 (4)	46.7 日 (7)	再投資 (1)：20,000B
	技能者	1	道具全焼 (1)	60 日 (1)	再投資 (1)：20,000B
自営業（低）	自営商業（屋台・行商）	27	道具全焼 (15)，顧客の減少 (4)，コミュニティ活動 (2)	70.8 日 (18)	再投資 (13)：21,417B
	運輸通信	60	コミュニティ活動 (1)	55.9 日 (36)	
	サービス	4	道具全焼 (2)，コミュニティ活動 (1)	27.3 日 (3)	再投資 (1)：10,000B
その他	失業	4			
	貸家運用	1			

出所：質問表調査より筆者が作成。
注：括弧内（ ）の数字は該当者の人数。「休職・休業」記載の日数は，平均休職日数。また「再投資」の欄の「B」とはバーツを表す。
　　学生 1 人，定年 2 人，職業階層不明の 2 人（火災前）を除く。
1）「火災の影響・打撃」の回答「コミュニティ活動」とは，コミュニティ活動による稼得労働時間の減少を指す。

比較すると，111.7 日の休職期間を経ており，1 ヶ月程度，遅れての再開となっている。自営商業（屋台・行商）に対する男性の投資平均額は 2 万 1,417 バーツであるが，女性は 1 万 7,000 バーツであり，男性と比較すると小規模となっている。

　火災の後，投資資金を確保した者は再開し，資金を得られない者は失業や職業変更をすることとなった。ただし，再開できたからといって，火災前と同じ

表 7-5　女性世帯主（被災世帯）の職業に対する火災の影響

職業階層		人数	火災の影響・打撃[1)]	休職・休業	再投資（平均金額）
経営者	経営者	1		15.0 日 (1)	再投資 (1)：35,000B
被雇用（高）	公務員・教師・その他	5	職場が遠くなった (2)	82.5 日 (3)	
	一般俸給被用者	4		3.0 日 (2)	
被雇用（低）	製造業労働者（未熟練）	6	コミュニティ活動 (1)	41.3 日 (4)	
	サービス労働者	22	解雇 (2)，コミュニティ活動 (3)，職場が遠くなった (2)	43.6 日 (11)	
	商業使用人	13	コミュニティ活動 (2)，職場が遠くなった (2)	76.0 日 (8)	
	単純労働者（日雇い）	4	道具全焼 (4)	105.0 日 (2)	再投資 (3)：10,333B
自営業（高）	自営商業（雑貨屋・屋台以外）	1	職場が遠くなった，道具全焼 (1)	45.0 日 (1)	再投資 (1)：50,000B
	自営商業（雑貨屋）	7	店舗・道具全焼 (6)，顧客の減少 (1)		
	製造業職人	3	道具全焼 (3)		再投資 (3)：6,500B
自営業（低）	自営商業（屋台・行商）	25	道具全焼 (16)，顧客の減少 (4)	111.7 日 (12)	再投資 (12)：17,000B
	運輸通信	1			
	サービス	2		150.0 日 (1)	
	家内労働	1	作業場全焼 (1)	110.0 日 (1)	
その他	失業	9			
	貸家運用	1	貸家全焼 (1)		

出所：質問表調査より筆者が作成。
注：括弧内（ ）の数字は該当者の人数。「休職・休業」記載の日数は，平均休職日数。また「再投資」の欄の「B」とはバーツを表す。
　　学生1人，定年4人（火災前）を除く。
1)　「火災の影響・打撃」の回答「コミュニティ活動」とは，コミュニティ活動による稼得労働時間の減少を指す。

水準の経済活動を営めるわけではない。居住者の減少，顧客の所得低下による市場の縮小や，住宅再建の調整作業の影響は決して小さくなく，自営業者の所得低下の幅は大きい。再開する資金を確保できたとしても，顧客・市場の喪失を理由に転職せざるを得なくなった人もいるのである。

　表7-4，表7-5で明らかになった職業階層別の影響内容をふまえて，職業階層大分類（被雇用［高］，被雇用［低］，自営業［高］，自営業［低］）別に，火災前後

の職業階層移動と所得の変化を総括してみよう。

表7-6は，火災後に職業階層を移動した人を表している。男性で23人，女性で37人が移動した。大分類間移動で最も多いのが，被雇用（低）部門への参入である。男女共に，自営業（高・低）部門や，失業中であった人が，火災後に収入が必要になり参入している。次に多いのが，自営業（高・低）部門従事者が，自営業（低）部門の職業へと参入している事例である。特に女性は，自営業（高）部門は大部分が流出しており，被雇用（低）部門に3人，自営業（低）部門に5人流入している。また，自営業（低）部門から被雇用（低）部門への移動も6人となっている。表7-4，表7-5を見る限り，自営業（低）部門は，再開率も決して低くはなかった。つまり，被雇用，自営業のいずれも，低生産性部門は相対的に参入障壁が低いことが示唆されるであろう。さらに掘り下げて，職業移動者・退出者の所得階層の変化を見てみよう。表7-7は，火災前後の職業の所得階層を表している。男女共に被雇用（低）部門は低所得階層（A-D）が増大しており，相対的に所得水準が低い職種に参入が多かったことを示している。一方，自営業（高）部門，自営業（低）部門に関しても，低所得化は進行している。

自営業者の移動の詳細を少し紹介しよう。例えば，男性の自営業（高）部門では，影響を受けた従事者のうち，17人は再投資を行って事業を再開している。また，職業を移動したのは4人であるが，それぞれ，雑貨屋従事者が屋台とバイクタクシー（自営業［低］）へ，建設業請負者が日雇いの建設労働者へ，自動車の修理工房を営んでいた者が会社運転手（被雇用［低］）となっている。自営業（低）部門では，17人が生産手段を喪失し，直接的な影響が大きかった屋台従事者を見ると，13人が再開しているが，一方で，3人がバイクタクシー運転手（自営業［低］），1人が会社運転手（被雇用［低］），1人が工場労働（被雇用［高］）へと移動した。

女性は，自営業（高）部門の雑貨屋従事者では再開した者はおらず，移動先を見ると，一般俸給被用者1人，サービス労働者（被雇用［低］）2人，屋台従事者（自営業［低］）2人，その他サービス従事者（自営業［低］）1人，失業者1人となっている。自営業（低）部門でも，影響の大きかった屋台従事者（自営商業［屋台・行商］）を見ると，農業1人，サービス労働者（被雇用［低］）6人，失業者4人となっている。

自営業と被雇用の間の移動を見ると，前職の技能を生かした同種の職業間の

表7-6 火災前後の職業移動　　　　　　　　　　　　　　　　　　　　（単位：人）

男性世帯主

火災前の職業	現在の職業						合計
	被雇用（高）	被雇用（低）	自営業（高）	自営業（低）	失業	定年	
被雇用（高）	1				1	1	3
被雇用（低）	1	1		1			3
自営業（高）		2		2			4
自営業（低）	1	4		4	1		10
失業		2					2
貸家運用					1		1
合計	3	9	0	7	3	1	23

女性世帯主

火災前の職業	現在の職業						合計
	農業	被雇用（高）	被雇用（低）	自営業（高）	自営業（低）	失業・主婦	
被雇用（高）			1		1		2
被雇用（低）			5		1	2	8
自営業（高）		1	3		5	1	10
自営業（低）	1		6			4	11
失業			3		1		4
貸家運用						1	1
学生			1				1
合計	1	2	18	0	8	8	37

出所：質問表調査より筆者が作成。
注：火災前後で職業階層を移動をした者のみ抽出して作成。職業階層大分類ごとに集計。
　　女性労働者に関しては，被雇用（低）から，家内労働（内職）に移動した1人に関しては，便宜上，自営業（低）に区分している。また，同様に，被雇用（低）から主婦へと移動した1人に関しては，失業者と一緒に計上した。

移動が見られるのも重要な特徴である。例えば，バイクタクシーとメッセンジャー，建設業職人が日雇いの労働者へ転出している。また，女性に関しては，家事労働の延長である清掃業など特殊技能が必要とされず，比較的参入しやすい被雇用の低生産性部門に流入している傾向が強い。

流出者の所得階層を確認すると，男女別に傾向が異なっていた。男性の自営業（高）部門は，階層E，自営業（低）部門では，階層E，F，Jの流出が多く，必ずしも最下位の者ではない。ただし，サッカー場に居住している者も多いため，所得制約が大きい世帯である可能性が高い。火災後の再開状況を見ると，

表7-7　世帯主の階層移動（単位：人）

男性[1]	火災前の階層					火災後の階層				
所得階層	被雇用(高)	被雇用(低)	自営業(高)	自営業(低)	合計(人)	被雇用(高)	被雇用(低)	自営業(高)	自営業(低)	合計(人)
A+B		1	1		2			3	1	4
C+D	4	21	5	33	63	5	25	7	44	81
E+F	11	23	15	42	91	13	28	11	31	83
G+H	8	5	2	6	21	6	3	1	4	14
I+J	6	2	6	10	24	5	2	3	8	18
合計	29	52	29	91	201	29	58	25	88	200

女性[2]	火災前の階層					火災後の階層				
所得階層	被雇用(高)	被雇用(低)	自営業(高)	自営業(低)	合計(人)	被雇用(高)	被雇用(低)	自営業(高)	自営業(低)	合計
A+B		1		2	3		2		1	3
C+D	1	29	4	15	49	1	38		14	53
E+F	5	13	3	7	28	5	15	1	7	28
G+H	1	2	1		4	2				2
I+J	2		4	5	11	2			5	7
合計	9	45	12	29	95	10	55	1	27	93

出所：質問表調査より筆者が作成。

注：所得階層区分（単位：バーツ）　A［0－1,000 未満］　B［1,000－3,000 未満］　C［3,000－5,000 未満］　D［5,000－7,000 未満］　E［7,000－9,000 未満］　F［9,000－11,000 未満］　G［1万1,000－1万3,000 未満］　H［1万3,000－1万5,000 未満］　I［1万5,000－1万8,000 未満］　J［1万8,000－　］

1)　労働市場外の住民を除いて作成している。火災前は、失業4人、定年2人、学生1人、貸家運用（階層G）1人の計8人が市場外であった。火災後は、失業5人、定年3人（各1人ずつ増え）、及び学生1人の9人を除外している。なお、職業階層の特定が困難であった2人に関しては、集計から除外している。

2)　労働市場外の住民を除いて作成している。火災前は、失業9人、定年4人、学生1人、貸家運用（階層C）1人の計15人が市場外であった。火災後は、主婦1人、失業12人、定年4人の計17人を除外している。また、家内労働者は便宜上、自営業（低）に区分している。家内労働者は、火災前は1人（階層D）、火災後は2人（階層D）である。同様に、経営者1人（火災前後共に階層I）は自営業（高）、火災後に農業に参入した1人（階層A）は自営業（低）に計上している。

上位階層のみではなく、元々低所得階層であった者は生産手段も小規模であったため、比較的再開率が高かった。一方、女性の方は、自営業（高）部門はほぼ全員退出しており、自営業（低）部門に関しても、階層Cが5人全員、階層Dは4人、階層Eから1人退出しており、低所得階層を中心に流出していた。上位階層Jに位置する者は、元々コミュニティの外のオフィス街で営業している場合が多く、少なくとも市場の縮小の影響は受けておらず、火災後の所得に影響はなかった。女性は、雑貨屋従事者が1人、屋台従事者が4人、失業した。

これらの人の属性を見ると，平均年齢が64歳であり，高齢者であった。資金の獲得が困難であったこれらの従事者は，1年半経った時点でも事業を再開できていない。

職業移動・再開のプロセスは，リソースの獲得如何によって決定されている。最後に，幾つかの事例を通じて，その過程を具体的に確認しよう。

3　自営業者の職業の再建過程

再投資・再開者，職業移動者，失業者の3つのグループに分けて1年半の過程を追ってみよう[4]。

○ 再投資・再開者の事例

事例①　屋台従事者T夫妻　（夫56歳　妻46歳　東北地方出身　小4卒）

T夫妻は，火災前はコミュニティ内自宅前でイサーン料理の屋台を営んでいた。子供は，血のつながりはないものの，実子同様に扶養している4人（中学生1人小学生3人）である。火災によって，屋台店舗も兼ねた自宅，屋台用の道具も全て焼けてしまった。火災後，賃借する経済力はなく，サッカー場で暮らしている。貯金はないが火災前からの借金があり，新たな借金は難しいと思案していたところ，5月に内務省から自営業者用補償金で約3,000バーツが支給された。それを用いて，やかん，ガスボンベなどを購入し，火災後の緊急物資で大量に支給されたミネラルウォーターを用いて，コーヒー，飲料屋台を始める。最初は焼け跡内で販売していたが，すぐにサッカー場の自宅（仮設住宅）前に変更した。6月には，コーヒー屋台の売り上げを用いて鍋を購入し，同じく支給物資の米を使用して，飲み物だけではなく，早朝にはお粥も作るようになった。野菜の仕入れには費用がかかるため，品数の多いイサーン（東北タイ）料理や注文屋台を再開するには時間がかかったが，火災後約11ヶ月経った2005年の3月には，中華なべや簡易屋台を購入し，注文屋台を開始した。ただし，狭いサッカー場内にも，大きな店舗設置型屋台だけで4店舗開業しており，競争が激しい。火災前は1日，300〜400バーツの利益を得

---

[4]　使用する事例は，火災前に質問表調査を実施した65世帯を中心とする。火災後，追跡調査・参与観察を継続しており，変化の詳細が確認できるからである。

ることも可能であったが，調査時点では，1日100～200バーツに過ぎず，月収は半分程度になっていた。扶養子の実母からの送金もないため，長女は中学校に進学したが，追加費用（3,000バーツ）が必要なコンピューターや英語の授業は断念せざるを得なかった[5]。その後，焼け跡で建設作業が始まった際には，建設労働者を相手にイサーン屋台を開くために，焼け跡に引っ越した。

事例② 屋台従事者M （女性　35歳　バンコク生まれ　小6卒）

　Mは，夫に先立たれており，父（75歳）と小学生の子供2人と親戚の7人で同居していた。1999年からコミュニティ内で注文屋台を営んでおり，火災前には月収1万1,000バーツを稼ぐほどの評判の店であったが，全焼してしまった。火災後，アパートを賃借してコミュニティ近くに住んでいる。一家を支えなくてはならないが，子供も幼く，体調が芳しくない父の世話もあるため，外に働きに出ることができない。10万バーツの貯金があったので1年目は何とかなったが，それも底をついたので，2005年5月に小さな屋台用手押し車（1,800バーツ）や道具を計6,000バーツで購入し，ガソリンスタンドや近隣に行商に行っている。新規参入の場所取りは難しいため，固定した販売場所を見つけることができず，行商が中心である。父親の介護もあるため長時間の販売は難しく，月収は半分以下になっている。

事例③ 屋台従事者T夫婦 （夫55歳　妻51歳　　東北地方出身　小4卒）

　T夫婦は，サートン通りのある銀行の前でイサーン料理を販売していた露天商である。火災時は，ちょうど妻方の父が危篤で，地方に帰省していた。火災のニュースを聞いて急いで戻ってきたが，火災の被災状況の調査のため，区役所によって焼け跡は封鎖され，封鎖が解除される5月までコミュニティに入れなかった。家は半焼であったが，コミュニティが封鎖されている間に，焼けなかったはずの家財は全て盗まれていた。屋台の手押し車は焼けていなかったが，壊れていた。ここ1年，サートン通り近辺の屋台取締りが強化され，行政から再三退去勧告が出されていた。とはいえ，新規の販売場所の確保は難しく，次男が進学中であったため，販売時間の制限を条件に販売許可を求めながら営業を続けてきていた。しかし，火災後，数週間ほど店を出せなかった間に，行政によって，サートン通りの屋台撤去は進んで

---

[5] 2005年5月1日に基本費用として2,970バーツを支払ったが，コンピューター，英語の授業にはさらに2,000バーツと1,000バーツがかかる。基本費用は借金をしてやり繰りしたものの，追加分は諦めざるを得なかったという。

おり，再開が難しくなってしまった。やむを得ず，壊れた屋台の手押し車を修理して，焼け跡内でムーヤーン屋台を開始する[6]。少し余裕ができてからは，焼き鳥や魚，パパイヤのサラダも売り始めた。夫は貯蓄組合の役員もしているので，日々，住宅再建に関して雑務が多く，行政側との交渉にも時間を取られる。したがって，コミュニティ外での新規参入が難しい上に，せっかく販売場所を確保できたとしても，毎日の営業が難しい。火災前には，1日500〜700バーツの利益を得ることも可能であったが，焼け跡内では多い日で200バーツ程度であり，利益が全く出ない日も多い。そんな日は，売れ残りを自分たちの夕食にしている。次の日に投資できる金額が手元に残れば，翌日も投資する。収入が不安定なので，コミュニティの外で部屋を借りる経済力はなく，焼け跡に住んでいる。火災後，息子が銀行の事務職に就職してからは，火災前からの借金を月々1,000バーツ，返済してくれている。長期化するほど，家族の負担は大きいが，住宅の再建が終わって生活が安定すれば，もう一度コミュニティの外で販売場所を探したいと考えている。昔，潰瘍を患った夫の体調がすぐれないのが気がかりであり，検査費用も高いが，息子が働き始めて安定した給料（月収8,000バーツ）を得るようになったため，通院も続けられている。

　以上の3例から，投資資金の獲得に苦労している様子が浮かび上がってくる。生活の再建を図りながら，少しずつ投資を拡大しているのである。逆の言い方をすれば，入手可能なリソースを最大限生かしながら悪戦苦闘している姿が見て取れる。しかし，実は，投資資金を獲得しても，顧客の喪失と市場の縮小が大きな足枷になっている。これらの労働者は，個人条件（年齢や学歴），および世帯条件（介護役割など）によって，被雇用部門には容易に参入できないという制約も持っていた。生活の再建のためには現金収入が必要であり，自営業を軌道に乗せたいのではあるが，投資規模のみならず，市場も時間も限定されている中，職業の再建も思うようにならないというジレンマが生じている。
　雑貨屋の事例も見ておこう。

事例④　雑貨屋　H　（女性　39歳　バンコク生まれ　小6卒）

　Hは，コミュニティで雑貨屋を経営しており，月収7,000バーツほどであった。夫は，自動車整備工場の従業員であり，月収8,000バーツである。高校生を筆頭に3人の就学中の子供がいる。火災後，夫は以前の職業に継続して従事しているが，

6）　豚の串刺しを焼いたもの。

妻Hは店舗が全焼したため失業した。最初の2ヶ月はアパートに部屋を借りており，家賃負担が重かったため，妻は箱作りの内職労働を開始した。しかし，出来高賃金が数バーツの仕事は，月数千バーツにもならず，6月にサッカー場に居を移してから雑貨屋を再開することにした。火災前の貯蓄は1万2,000バーツであり，火災直後にすぐ使い切ってしまった。したがって，夫の生命保険を担保に銀行やインフォーマルな金貸しから合計して3万バーツの借金をし，棚や保冷庫などを購入し，商品にも投資した。冷蔵庫は，夫の弟が資金援助をしてくれたため，購入できた。夫の弟が，月々1,500バーツずつ，返済してくれている。火災前は，1日で2,000～3,000バーツの仕入れをしており，よく売れる日には500バーツ以上の利益をあげる日もあった。しかし調査時点では，1日の売り上げが700～800バーツ程度であり，利益が全く出ない日もある。利益は最も良くて200バーツ程度にしかなっていない。

　事例④は，世帯主ではなく配偶者（妻）が雑貨屋を営んでいた事例ではあるが，特に女性世帯主の多くが自営業（高）部門を退出している理由を考える上で興味深い。雑貨屋は日々の投資で循環する資金の金額が大きい。また冷蔵庫購入をはじめ，大型投資が必要であるため，初期投資額も大きい。収入水準は屋台従事者と比較して格段に高いとは限らないが，労働強度は低く，魅力の大きい職種ではある。しかし，投資のハードルは非常に高い。3万バーツという大きな金額の借金を全て金利20％のインフォーマルな金貸しから借りるのはリスクが高い。借金の一部を，夫の生命保険を担保に公的機関から得ることができたことは大きな意味を持っている。また，親族からの支援があった点も少なからぬ影響を及ぼしている。女性世帯主の雑貨屋経営者が，全員再開できていない事実からは，女性世帯主が抱えているだろう制約が垣間見えてくる。

○ 職業移動者

[自営業（高）部門から自営業（低）部門に移った事例]

事例⑤　元雑貨屋　N（女性　46歳　中部地方出身　教育歴0年）

　Nは夫とは死別しており，娘，その夫と孫3人，姉の計7人で住んでいた。姉と2人で小さな雑貨屋を営んでおり，月収は6,000バーツほどであった。火災のあと，サッカー場に住んでいる。火災後，何ができるか考えていたが，歳を取っているのであまり選択肢もない。投資資金を確保するあてもないが，サッカー場では既に雑

貨屋が数店，開業し，いずれにしても開業するリスクが大きかった。Nは，2005年5月から乾物の行商を始めた。バスに乗って仕入れに行くので費用がかかる上に，利益はまだ週300バーツほどにしかならない。姉は，同じく5月頃から，サッカー場で勤労者を顧客に洗濯請負を始めた。毎回20～30バーツほどの利益にしかならず，週に2，3回しか仕事が入って来ないので，大した収入にはなっていない。娘婿がタクシーの運転手をしており月収6,000バーツにはなるので，今はその収入で皆が暮らしている。

[自営業(低)部門から被雇用(低)部門への移動]

事例⑥　元屋台従事者R夫妻　（夫36歳　妻40歳　東北地方出身　夫小6卒　妻小4卒)

　R夫妻は，火災前はコミュニティ内でイサーン料理の注文屋台を営んでいた。妻が始めたが，夫も3年前から手伝うようになった。自宅とは別にスペースを借りて，投資をして販売スペースを拡大したが，1年しかたっていない時点で火災に遭遇してしまった。2人の間には，幼稚園児の娘が1人いるが，妻には前夫との間にできた子供がさらに3人いる。妻の両親や親戚と同居しており，全部で16人になる。現在は，コミュニティの外で，月6,000バーツの部屋を借りており，夫妻は月々1,500バーツを負担している。住居登録の権利は父のものであり，「同居世帯」に分類されたため，政府の補償金は全く受け取れなかった。しかし，父が，政府から受け取った補償金の一部である1万バーツを渡してくれたため，それを用いてヌードルの屋台を2004年5月に再開した。イサーン料理の屋台は，投資資金1万バーツでは道具を揃えることができなかった。コミュニティの外で場所を探したが，上手く見つけられず，焼け跡で開始した。壁はなく屋根を作っただけの簡易な店舗を設置したが，ガスボンベやその他の調理道具が盗まれては困るので，夫はアパートに帰らず，毎日，店舗で寝泊りしていた。6，7月頃から，賃貸アパート暮らしを断念した世帯が，焼け跡に続々と流入してきたため，顧客が増えることを期待した。しかし，簡易屋台を開始する人も急増した。売り上げが思わしくなく，休みがちとなり，2005年の5月には完全に店を閉じた。夫は5月に，友人の紹介で，水道局の運転手になった。教育は小学校6年しか受けていないので，紹介がなければ仕事を得るのは難しかった。6月の新学期には，教育支出で1万バーツ程度必要であり，資金を投資に回す余裕はない。むしろ，教育支出のために借金をしなければならない。それでも，もし販売場所が確保できるなら，夫婦でまた屋台を再開したい。ただし，昔の規模で営業するには，大きな投資資金が必要であり，集合アパート入居

後に，店舗スペースを確保できるのかも分からず，見通しは立っていない。

　資金確保の難しさと，市場縮小が大きな影響を与えているのは，再開した者と変わらないが，被雇用部門への参入に紹介者が介入しているのは注目に値する。もう1つの事例を見てみよう。

[自営業（低）部門から被雇用（低）部門への移動]

事例⑦　元洗濯請負従事者Y（女性　37歳　バンコク生まれ　小4卒）

　Yはコミュニティ内で洗濯請負をしていた。夫とは再婚であり，前夫との間の子供も入れると，4人の子供がいる。火災前は，夫は別居しており，娘と2人暮らしだった。火災の後，夫も同居するようになり，最初の2ヶ月は近隣のアパートで部屋を借りたが，2ヶ月して焼け跡に戻ってきた。夫はタクシーの運転手をしてみたり，やめてみたり，と安定した収入を得る様子がない。火災の後，各世帯は支出を切り詰めており，洗濯請負の仕事が成り立つとは思えない。小学校4年しか教育を受けておらず，選択肢がないので当惑していたが，姉がオフィスビルTの7階のフードコート（食堂）に空きスペースがあることを教えてくれた。オフィスの従業員が食べに来る食堂で，デザートを販売し始めた。オフィスは売り上げの20％を徴収するが，スプーンや食器は，食堂に用意されている物を使えばよく，初期投資は1,500バーツで済んだ。2，3日に1回，仕入れをし，1日の利益は100〜300バーツ程度である。仕入れた日は利益が出ないが，それでも月収で4,000〜5,000バーツにはなり，朝昼食も食堂で食べることができるので，日々食べる分ぐらいは何とかなっている。問題は教育費で，新学期が来ると頭が痛い。朝5時から出勤して午後は店を閉めてから仕入れに行ったり準備をしたりしていると，火災前のように友人や近所の人に囲まれていた時とは生活のパターンが変わったと感じている。

　火災に対する対応は緊急を要する。したがって，自営業者は，上位階層，もしくはコミュニティ外に市場を持つ安定層以外は，小規模に再開するか，もしくは被雇用部門へと移動した。移動は，技能が継承できる類似職が多い。事例を見ると，被雇用部門へのスムーズな移動は，紹介者の有無が1つの鍵となっている。ただし，被雇用部門は，学歴障壁があるため，参入可能な職種は被雇用（低）部門に限られている。被雇用（低）部門は，所得自体は，一部の自営業とさほど大差はなく，同程度か若干良い程度である。例えば，雑貨屋からウェ

イターに転職したJは，月収4,000バーツの最低賃金レベルで働いている[7]。女性では技能面からも参入障壁の低い，清掃人（サービス）に参入した労働者が多いが，月収は5,000バーツ程度である。それでも，火災後の生活再建や仮住まいの家賃負担を捻出するためには，投資が必要なくかつ安定した収入が得られるという利点は重要なのである。

○ 失業者

最後に，失業者の事例を見てみよう。

事例⑧　元屋台従事者N　（女性　73歳　東北地方出身　教育歴0年）

　Nは夫とは死別しており，離婚した娘1人と，預かっている孫3人と甥の計6人で住んでいる。火災前は菓子の行商人で，市場で売っていた。火災前の月収は3,500バーツ程度で，月利20％の高利貸しに1万3,000バーツの借金はあったが，貯蓄はなかった。火災では，屋台用の手押し車や道具が全て焼けてしまった。娘が火災の前から，スーパーのレジ販売員として働いており，月収4,500バーツを得ていた。火災の後，3ヶ月は休んだがその後再開したものの，長引く仮設生活で体調を崩し，今は休職している。高校生の甥の両親は全く仕送りをしてこず，子供たちの教育費の獲得も困難である。投資資金を捻出する余裕はなく，収入源がないため，隣人から借金をして生活をやり繰りしている。

　事例のように，多くの失業者は高齢者である。しかも，支援を期待できるはずの子世代に，むしろ子供を預けられているケースも多い。孫の両親からの送金がないケースもあり，これらの人々の厚生水準の低下は，孫世代にまで影響を与えている。

---

7)　2005年のバンコクの最低賃金は1日175バーツである。

4　小括

　以上，火災の事例から，とくに自営業者に焦点を当て，リスク対応の過程を見てきた。不安定性に規定される自営業者は，生産手段の喪失という決定的なリスクへの直面に対して，再投資，職業移動などを通じて対応してきた。同時に，コミュニティという生産空間・消費空間の消失は，自営業者の労働や生活パターンを変化させている。その中で，リソース獲得や市場の確保といった課題に直面し，退出や移動を余儀なくされる者も多かった。火災後1年半を経た後も，所得水準は回復しておらず，安定した収入源を確保している被雇用者とは異なる様相を見せていた。特に，元々低所得階層に位置する女性労働者，高齢者に対する影響は大きかった。資金は重要なリソースであり，まずはその確保が重要である。投資資金が確保できない者は，被雇用（低）部門への移動，もしくは失業することとなった。しかし，投資資金が確保できたとしても，コミュニティ内の市場に依存していた自営業者に関しては，市場の制約など外的条件がその後の復興に大きな影響を与えている。技能や学歴が相対的に低い労働者ほど，屋台や清掃人など，類似の職業に参入せざるを得ず，悪循環に陥りがちである。

　職業移動と職業構成の変化に注目すると，被雇用部門の低生産性部門への参入が多いことに気付く。移動は，主に自営業（高・低）部門から，被雇用（低）部門へ，もしくは自営業（高）部門から自営業（低）部門への流入が中心であった。その流れを改めて概念図に表したのが図7-1である。火災のリスク対応後の移動からは，開発経済学の議論が想定した，インフォーマルからフォーマルへの移動説とは異なる，被雇用（低）部門と自営業間の流動性の高さが見えてくる。カステルたちは，インフォーマル経済を「生存の経済」として規定する議論に反論し，貧困者が生存のための必要から従事する仕事は，いわゆるインフォーマル経済とは限らず，被雇用部門の低賃金職種も同様の必要から選択しうることを指摘している（Castells, Portes & Benton 1989）。本章で取り上げた事例の一部は，まさにそのような選択行動を示している。

　ところで，事例研究からは，元自営業者の悪戦苦闘だけではなく，火災後の対応過程には，世帯戦略が大きく関係していることが見て取れる。また，女性

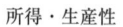

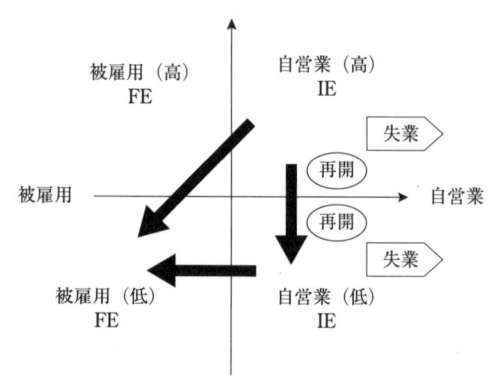

図 7-1 火災後の職業階層移動
出所：筆者が作成。
注：FE＝フォーマル経済，IE＝インフォーマル経済
　　火災による生産手段の喪失（焼失）による職業移動

への打撃は男性に比べてより顕著であった。本章の事例では，再開が可能であった雑貨屋の事例のように，世帯内の協力関係が比較的良好な世帯を取り上げている。ただし，実際には，火災による家族関係の変化や非協力的な関係によって，世帯厚生水準の一層の低下や職業再建が困難になっている世帯も少なくはない。そこで次章では，元郊外コミュニティUを事例に，ジェンダーの観点から女性労働者のリスク対応過程に注目する。その際に，個人条件のみならず，世帯条件がどのように関わっているかについても，考察を加えたい。

第 8 章

リスクへの遭遇③：
レイオフと女性労働者のライフコース

本章では，元郊外コミュニティUの女性の事例を中心に，女性の職業経路および階層性に関して分析する。前章までの議論では，職業におけるジェンダー間格差が大きいことが明らかになった。元郊外コミュニティUの女性の特徴は，インフォーマル経済従事者の比率の高さである。ただし，時代別の職業構成を検討すると，その比率の高さは，実は比較的新しい現象であることが分かる。多くの女性は，1990年代中旬まで，工場労働者として働いていたが，1990年代後半以降，工場労働を退出せざるを得なかった。本章では第1に，女性のライフコースを検討することを通じて，インフォーマル経済への参入過程を確認する。ただし，一言でインフォーマル経済といっても，第1章で述べたように，様々な職種が存在しており均質ではない。第2に，女性が工場労働から退出後，異なる職種に展開していく際の経路選択に，個人条件と世帯条件がいかに関わっているかを検討する。第3に，職業階層を分類し，職種間の階層性を抽出し，新規インフォーマル経済参入者の増加や市場の変動が女性に与えている影響を検討する。

　女性に注目する理由は2つである。第1に，女性の工場労働者は，1980年代後半から始まるグローバル化の第一期から，1997年の経済危機前後に始まる第二期にかけてのマクロな再編成の影響を顕著に受けており，再編の影響が象徴的に表れている存在だからである。第2に，ジェンダーに注目することで，ミクロな生活の側面をより明らかにすることができるからである。

　従来のマクロ分析は，「製造業を支える女性の未熟練労働者」，つまり女性の経済への貢献とその社会における位置づけを明らかにしたが，実際の経済主体である個別の女性の労働と生活に対する具体的・長期的影響に関しては明らかにしてこなかった。本章での分析を通じて，グローバル化第一期の主な担い手であった女性労働者が，第二期を経て，工場労働から締め出されていく一方で，階層格差を含みながらも，多様な職種に展開していくことによって，営業と生活，家庭を維持，再生産している実態を明らかにしたい。結論を先取りして言えば，再編の直接的影響を最も強く受けた女性ではあるが，その後の変化とそれに伴うリスク対応過程は，個人条件と世帯内の役割に規定され，一様ではなかった。女性は，妻・母としての役割のみならず，稼ぎ手としても重要な役割を担っている。にもかかわらず，個人条件と世帯条件によってリスクへの対応力に制約を受けている女性ほど，変化に対して脆弱であったと言えるのである。

1　ライフコースの検討：インフォーマル経済従事者の増大

　元郊外コミュニティ U の職業構成の特徴は，現在における女性のインフォーマル経済従事者の比率の高さ，そして，1990 年代前半には製造業従事者が多いことであった。インフォーマル経済従事者は，なぜ増加しているのか。個人の職業経路を検討することで，その点を確認してみよう。

　表 8-1，表 8-2 は，同コミュニティにおける女性のライフコースを表している。表 8-1 は，元工場労働者，およびコミュニティで大きな比率を占める家内労働者を配置している。表の上部は，横軸が西暦を示し，2004 年までのバンコクにおける職業経験を表している。縦軸は個人を，年齢順に配置している。表の下部は，年齢を横軸にとっている。また，表 8-2 は，元工場労働者，家内労働者以外の女性である。

　ピンクで表されている元工場労働者は，特に SME と注記がない場合は，かつて大工場（数百人から 1,000 人以上の規模）で働いた経験のある女性であり，いわゆるフォーマル経済経験者である。表からも明らかな通り，多くの女性が 1980 年代から 1990 年代初頭にかけて，工場労働を経験した。ところが，ほとんどの女性が過去 10 年の間にインフォーマル経済に移動しているのが分かる。これに対して，表 8-2 に示されている女性は，インフォーマル経済内での職業移動が中心である。つまり，コミュニティ内のインフォーマル経済従事者の増加は，工場労働から退出した女性の参入によって引き起こされたことが明らかである。表下部の年齢別ライフコースを見ると，ほとんどの女性は，10 代から 20 代に工場労働に参入し，大部分は 30 代には退出している。これらの女性の多くは現在 30 代から 40 代であり，1980 年代からの経済ブームを 10 代や 20 代で迎えたコーホート世代である。逆に，表 8-2 を見ると，インフォーマル経済内で職業キャリアを形成している女性は，主に現在 50 代以上の世代である。もしくは，都市に流入した年齢が，20 代後半以降であった女性が比較的多いことが分かる。

　それではコミュニティの女性の大部分を占める元工場労働者は，なぜ工場労働を退出し，インフォーマル経済へと移動していったのであろうか。退職理由は主に 2 つである。第 1 の理由は，マクロな経済的理由に関わるものであ

る。工場の閉鎖，レイオフが中心であり（該当者55％），外的・絶対的な理由による。具体的にいうと，1つ目は，1990年代中旬頃から進行しつつあった産業構造の再編，つまり労働集約的な産業から資本集約的な産業への移行が，大きな影響を与えている。第1章で前述の通り，1997年の経済危機の際は，多くの労働集約的産業でレイオフが相次ぎ，その中心は女性の未熟練労働者であった。2つ目は，構造変化と並行して都市化が進行した結果，コミュニティが立地する地域の生産機能が弱化していったことが指摘できる。コミュニティの歴史で紹介したとおり，1990年代後半には，工場の移転・閉鎖が続くが，工場閉鎖後の展開は男女で異なっていた。男性労働者は，少数ではあるが，企業が用意した送迎車を使って，郊外に転出していった工場に通勤し，勤務し続けている[1]。ところが，女性に関してはこのような事例は見られなかった。この違いは何から生じるのであろうか。

　女性の退職の第2の理由は，妊娠，もしくは家族構成員の育児・介護の必要性である（該当者30％）。この選択は一見，自主的な選択と言えなくもない。しかし，当事者に詳細な話を聞くと，つわりがある場合，ラインワークの継続は無理であったという。工場の未熟練労働者の勤務シフトは，独身女性を想定して作られており，妊娠や育児などの母親の役割との両立は容易ではない。したがって，自主的に退職したのではあるが，実際には不本意な離職と言えるであろう。以上の理由を見る限り，マクロな産業再編の中で多くの女性がレイオフされているが，同時に退職の選択，さらには退職後の職業選択は，女性の世帯内役割に大きく規定されていることが予想される。

　世帯当りの平均就業者数の高さが示すとおり，多くの世帯は複数の稼得源を確保することで一定の世帯収入を維持している。したがって，工場労働から退出した後も，独身女性はもちろんのこと，既婚女性も，妻，母親の役割を担うと共に，家計に収入を繰り入れる役割を期待されている。退職後の職業選択は，様々な制約の中で行われる。20代前半の依然として若い女性は，新しく別の工場に参入する機会が相対的に開かれていた（表8-1の[1][2][5][7]のケース。[7]は非正規雇用である）。しかし，その他の女性は，年齢的にも工場労働への再参入の機会が閉ざされており，インフォーマル経済に参入することとなった。

---

1) ある程度の技術を習得した労働者を維持確保するのは，工場側にもメリットが大きいためである。通勤には1時間半から2時間程度かかるため，企業によっては，簡易寮を用意しているところもある。寮を使用している男性は，週末だけコミュニティの自宅に戻ってくる。

インフォーマル経済の業種は，屋台・行商，廃品回収人や洗濯請負，美容院，家内労働者と様々であるが，大部分は自営業の低生産性部門に参入している。次に，新規参入の諸条件を検討してみよう。

2 インフォーマル経済内部の階層性：異なる経路の選択条件

　異なる職業選択の経路は3つの要素に依存している。個人の潜在能力，世帯構造と条件，そして周辺地域の就業機会である。

　個人の潜在能力は，年齢，ジェンダー，教育水準，技能，リソース所有の有無，職業経験などによって規定される。世帯構造と条件は，ある構成員の世帯内での役割を規定し，同時に，世帯内分配と権力関係のあり方によって，個人が保有するリソースと職業選択の範囲に影響を与える。世帯内での役割は，妻や母としての役割，つまり育児などが入ってくるが，これは，児童の発展段階や，家族のライフサイクルの局面によっても変化する。個人の潜在能力と世帯構造・条件は，相互に規定し合って，家族時間の段階によって家庭内の優先事項を変えながら，現実の選択を可能とするのである。

　コミュニティの周辺地域の就業機会もまた，個々人の職業選択を規定する重要な要因である。マクロ経済や労働市場の構造変化，またそれに伴う都市形態の変化は，就業機会を規定し，それによって，実際に選択可能な職種群が形成される。言い換えれば，就業機会は都市形態 —— 機能と立地 —— の中で絶えず生成され，変化するのである。

　個々人の実際の選択は，これらの3要素の相互作用によって規定される。ケースの分析に関して言えば，労働市場における未熟練労働者の需要の低下，及び周辺地域のフォーマル部門の就業機会の縮小は，コミュニティ全体に影響を与えている。したがって，ここでは外的な一定条件として扱い，それ以外の前者2つの条件を，事例を交えながら検討してみよう。

　インフォーマル経済職種内，特に自営業者にとっては，初期投資額や技能の違いがその階層性を大きく規定している。これらの要素は，同時に新規参入の参入障壁となるものである。参入時の障壁は，1．初期投資，2．技能水準，3．情報，4．教育水準の4つである。個人の潜在能力と世帯構造・条件の複合条

表 8-3　現職（女性）の所得水準と初期投資／技能（職業階層別）

(単位：バーツ)

職業階層大分類	職業	月収	初期投資額	技能
インフォーマル経済				
家内労働	家内労働者（靴）	600～3,000	20～150	低 ↑ ↓ 高
	（家内労働者／仲介人）	(5,000～6,000)	20	
自営業	屋台・行商	600～15,000	0～3,500	
（低）	廃品回収人	2,500～4,000	10,000	
	洗濯請負	4,500～8,000	18,000	
自営業	雑貨屋	8,500	20,000	
（高）	美容院	9,000	50,000	
【参考】				
被雇用	工場労働者	4,000～7,000	0	中
（低）	ビル清掃	4,000	0	

出所：質問表調査より筆者が作成。
注：月収に関しては，夫婦で共同している（補助労働ではない）屋台と廃品回収人各1名は，便宜上，夫婦の月収の半額を記載。また，所得幅は，各従事者の中から，最低値と最高値を記載。初期投資額は，投資時期当時の金額。

件は，ある個人がこれらの障害をいかに克服できるのかを規定する。そのうちの情報源に関しては，多くが友人・近隣・親戚であると回答しているが，小さなコミュニティであるため，情報源は重複している。また教育水準は，タイの労働市場を分断する主要な要因ではあるが（浅見 2003），ホワイトカラーとブルーカラー，熟練工と未熟練工といった，より大きな区分において，参入障壁として機能するであろう。レイオフされた女性の多くは，すでに30代後半であり，工場労働への参入条件が時代とともに中卒から高卒へと引き上げられる中，年齢的にも学歴からも，工場労働への再参入の道は閉ざされていた。したがって，低生産部門のインフォーマル経済内（ここでは，自営業および家内労働）での階層に関しては，むしろ初期投資額と技能水準が重要な意味を持ってくる。

　女性が参入したインフォーマル経済職種を，所得水準，初期投資額，技能水準によって分類したのが表 8-3 である。第4章での議論に対応させると，家内労働者，自営業（低）部門と自営業（高）部門の3つの区分が可能である。表が示すように，職業階層大分類別に分けると，生産性と所得水準，初期投資額は相互に関連していることが分かる。

写真 8-1　靴の内職労働者
自宅の軒先で，靴の上部部分の縫製に従事する家内労働者。

写真 8-2　靴
元請が取りに来るのを待つ靴。

　1つ目のカテゴリーである靴を製造する家内労働者は，20バーツの針を購入するだけで参入できる。元請からコミュニティにいる仲介人の女性を通して，靴の材料が支給され，指示されたデザインに沿って靴の上層部を縫うのが仕事である。支払いは，出来高賃金制で毎週1回，まとめて支払われる[2]。調査年の出来高賃金の相場は，一足セットで4～8バーツである。靴の縫製自体はさほど技能を必要とせず，仲介人や他の住民に教われば1日で習得可能である[3]。参入は容易であるが，長時間労働を強いられる割に収入は低く，収益性の最も低い職業階層のひとつとなる。

---

[2]　仲介人の女性は，自身，家内労働者として縫製にも従事しているが，全ての注文の分配や賃金支払いなどの管理を任されている。彼女は，コミュニティの女性に分配する全ての靴の出来高支払いの中から，品質管理料として一足につき1バーツを受け取り，残りが労働者に配分される。元請から5バーツが支払われるとすると，1バーツは仲介人が取り，残りの4バーツが実際の縫製を担当した労働者の受け取り分である。

[3]　筆者もコミュニティの住民に教わりながら，縫製に挑戦したことがあるが，一足セットで1時間強かかった。ほとんどの女性は，一足セットを30分ぐらいで完成させる。それでも，1日20セットが限度であり，丸1日働いても，80～100バーツ程度にしかならない。

2つ目のカテゴリーは，屋台・行商，洗濯請負，廃品回収人などの自営業（低）部門である。初期投資の対象は，屋台や行商用の籠や手押し車，食器・調理機材，洗濯用の洗濯機や，廃品回収の際に使う三輪バイクである[4]。一定の額の投資が必要となるが，他方で技能の観点からは，いずれも，女性が通常，家庭で行う家事労働，つまり調理，洗濯，清掃で駆使する技能である[5]。したがって，必要な投資を確保できれば，参入は比較的容易である。

　3つ目のカテゴリーは，雑貨屋や美容院であり，自営業（高）部門である。雑貨屋は業務用冷蔵庫の購入に多額の資金を必要とし，また品揃えをそろえるためには，日々かなりの資金の回転を必要とする。屋台・行商の1日の投資額は，200から500バーツであるが，雑貨屋の家計簿調査（2005年9月）によると，1日の投資平均額は3,727バーツである。1日の顧客平均数は213人であった。所得の面からは，屋台従事者と比べて格段に所得が高いわけではない。しかし，日々大きな資金を回転させていることで，常に現金を保有している点が，屋台・行商などの低生産性部門との大きな違いである。技能に目を向けると，美容院は，専門的な技術の習得が必要であり，他店で一定期間，修行を積むか，もしくは技術専門学校においてカット技術を習得する必要がある。したがって，設備投資や自己投資（技能・技術の習得）の必要性が高く，自営業（低）部門と比べても，参入障壁は高いと言えるであろう。

　以上の3つのカテゴリーを見ると，先の2つのカテゴリー，つまり家内労働と自営業（低）部門への参入者は明らかに増加しているが，自営業（高）部門に関しては，増えていない。個々の職業選択はいかなる条件の中で行われているのであろうか。事例を用いて，参入時の状況をさらに詳しく検討してみよう。

○ 家内労働者の事例

　事例①　家内労働者Y（35歳　バンコク生まれの都市第2世代　小学校6年卒）
　　　　（表8-1　No.[4]）

---

4)　より細かくは，投資可能な額によって，屋台・行商の中でも，籠，手押し車，店舗設置型と階層が分かれる。洗濯サービスに関しても，手洗いで行う小規模レベルから，洗濯機を何台も設置し，預かり洗濯やコインランドリーを併設するところまで様々であり，同職種内も階層性を帯びている。

5)　廃品回収人は，インタビューに対して，ゴミの収集と販売にも多少の技能が必要であると語ってくれた。日々，どのぐらいで売れるのか，何を集めるのか，見積もりをしながら回収する必要があるからである。

Yは，夫 (37歳，会社運転手) と子供2人 (13歳・8歳) の4人家族である。最初の仕事は，コミュニティ近隣にあるウールのコートやジャケットの縫製工場で，13歳の時に15歳と偽り働き始めた (1982年)。日当は65バーツで[6]，数年間働いた。比較的制度はしっかりしていたが，縫製工場の粉塵が深刻であり，23歳の時に，タイ系大手C社に移動した。ただし，要求される技能水準が高かったため15日で退職し，コミュニティの隣に立地する，電気製品を製造するタイ系資本T社に移動した。最初は正規社員として雇用されたが，すぐに非正規社員に切り替えられたため，組合には参加していなかった。担当はテレビ用部品の組み立てで，有名ブランドのロゴをつけており，日本人や西欧人が工場に頻繁に訪れていたので，輸出用であったと思っている。テレビのほかにも，ラジオ (国内市場向けの電池製のものを含む)，冷蔵庫，ステレオ，扇風機などを作っていた。最初の給料は，116バーツで (1992年)，月26日勤務であったため，月収で3,000バーツほどであった。3年ほど働いたが，妊娠3ヶ月 (第2子) の時につわりが始まり，退職せざるを得なかった。退職した頃には，既にT社は経営危機に直面していたのか，徐々に資産を売却し始めていた。

　ところが，妊娠中に夫が失業したため，家計を補填するために靴の内職を始める。その後，夫の母親がバイクの購入資金を提供してくれたため，夫はバイクタクシー運転手になり，収入を確保できるようになった。さらに，夫の兄が，トローリーの運転の訓練をしてくれたため，サムットプラカーン県の工業団地内のE社のコンテナ運転手として働き始めることができ，安定した収入を確保できるようになった。夫の収入源は以前よりも安定しているが，平日は工業団地の寮で生活し，週末にのみ戻ってくるため，日々の現金支出源を確保する必要があり，内職を続けている。内職の出来高賃金が，1997年の経済危機以降低下しており，充分な収入を確保できないため，子供が幼稚園に行き始めた際に，一度工場労働に戻ったが，15日目に子供が病気になり，辞めざるを得なかった。現在は夫が外で働いており，また妻が外で働くことに反対するため，内職を続けているが，副職として位置づけている。

事例②　家内労働者T (51歳　バンコク生まれ　小学校4年卒)
　　　 (表8-1　No. [16])

　Tは，妹夫婦とその子供2人，別の妹1人と2部屋の木造の平屋で同居している。未婚である。妹夫婦や別の妹とは別会計である。小学校4年を終えてから，母を手伝って建設日雇い労働者として働き始めたが，重労働であったため14歳で辞める。朝6時から働いて，日当14バーツだった (1967年)。20歳から石鹸工場で働き

---

6)　1982年のバンコクの最低賃金は64バーツである。

始め，1日11バーツで8時から21時までの11時間労働に従事していた（1973年）。31歳からは宝石加工の工場で勤め始める。一番給料も良く，満足していた。ところが，38歳の時に，妹に子供が生まれたが，妹の方が教育水準も高く，仕事を続ける意向を持っていたため，本人が退職し，約5年間，妹に代わって育児を担当する。その後，病気の母親を7年間看病し，インタビューの1ヶ月前に看取ったばかりである。育児・介護中は，妹から皆の食費として，1ヶ月1,000バーツを渡されていたが，現在は，光熱費の分担を明確に決めて，家計を別にし始めた。ただし，長年，育児・介護に携わっており，蓄えもないので，仲介人を介して仕事を請けている親戚から靴の内職の仕事を分けてもらっている。仲介人から直接請け負っているわけではないので，充分な仕事量を確保できず，過去1ヶ月の月収は1,000バーツに満たなかった。歳を取っているので，他に選べる仕事もないが，靴の内職者も増えているので，生計を立てるのに充分ではない。何でもよいので，収入が良い仕事を探したい。

Yは再編の始まった10年近く前に家内労働（靴内職）に参入し，Tは，最も新しく参入した労働者である。Yにとっては，靴内職は主婦業の副職という位置づけであるが，Tの場合は，主な生計手段として捉えられている。しかし，両者とも，参入時期には資金面で制約があり（Yは夫の失業直後であり，本人も退職金・貯金がなく，Tは，長年の育児・介護のため，自己資金を有していない），投資を必要とする自営業への参入が容易ではなかった。資金面での制約に加えて，仕事の内容と継続の可能性は，育児・介護の役割の担い手，協力者の確保が可能かどうかに大きく左右されている。Tの場合は，妹が仕事を継続するために，姉であるTが代わりに退職せざるを得なかった。寝たきりの母の介護も担ったため，介護中は現金収入を得るような仕事と両立することができずにいたのである。

○ 自営業（低）部門の事例

事例③　洗濯請負従事者M（46歳　バンコク出身　小学校4年卒）
　　（表8-1　No.[12]）

　Mは，10代後半から，近隣のタイ系資本T社（電気機械）に20年近く勤務し，品質管理を担当していた（1973年以降）。1994年にT社の事業閉鎖が決定され，生産機能が停止する。ただし，プロダクションワーカーたちが解雇された後も，在庫整理や輸出先との調整のため，さらに1年程度勤務し続けた。近隣アジア諸国か

らの注文を処理したりしていた。

　工場は，1995年には完全閉鎖され移転していった。閉鎖直前の給料は日当で160から180バーツ程度で，月収は残業代も入れて5,000バーツ弱であった。貯蓄できたのはわずかで，家計は借金もしながらやりくりしていた。解雇時には，子供2人がまだ小さかったため，教育支出はさほどかからなかったが，依然として収入は必要であり何らかの仕事を探す必要があった。小さな子供がいるため，勤務地の遠い所は難しい。T社から受け取った6か月分の退職金はかなりの部分が生活費に消えたが，それでも一台中古の洗濯機を購入し，洗濯請負を始めた。当時はまだ洗濯機は広範には普及していなかったため，10世帯ほどの固定客ができた。夫は同じくT社に勤めていたが，解雇されてからラジオ修理工を始め，少しずつ規模を拡大していった。T社では同程度の収入であったため，それぞれ各自の退職金を使って投資した。現在は2人の子供も成人したため，夫婦共に仕事を減らしてきている。

事例④　洗濯請負従事者T　（38歳　サムットサーコン県出身　中学校3年卒）
　　（表8-1　No. [9]）

　Tは，会社運転手の夫（38歳）と，2人の子供（11歳と3歳）の4人家族である。12歳（1978年）から，就学の傍ら，小さな縫製工場で姉を手伝っていた。中学校卒業後は，常勤で勤め，19歳（1985年）からは，タイ系資本大手S社の縫製工場に勤務していた。10年近く勤めたが，まだ幼かった長女が病気になった際に，夫からも辞めるように言われ，退職した。育児に数年専念してから，洗濯機を利子20％の高利貸しに借金をして購入した。購入当時，夫はメッセンジャーで，収入は多くなく，家計に繰り入れる分も少なかった。そのため，借金は日々やり繰りしながら，自分で返済した。現在使用している洗濯機は2年前に買い換えたもので，価格は1万8,000バーツだった。まず，1万バーツ（利子率20％）を借りて，7,000バーツの頭金で購入し，残りは月々1,000バーツのローンで返済した。洗濯請負を始めた頃の顧客は，コミュニティの住民だったが，現在の顧客は，近隣のコンドミニアムに居住するインターナショナルスクールの教師をしている西欧人や銀行員，学校教師のタイ人で，5人の固定客がいる[7]。月収4,500バーツ程度であるが，足りない時は靴の内職をして補填する。ただし，不定期にしか従事しないため，仕事は他の内職従事者に優先して回されてしまう。夫は会社の運転手で，1万バーツ以上の月収があるはずであるが，月々5,000バーツしか家計に入れない。今月は3,000

---

7)　Tが洗濯請負を開始した際は，コミュニティの住民が主な顧客であった。近年は周辺地域の居住地としての機能が発達し，中間層や外国人が居住するコンドミニアムも増えつつある。コミュニティの住民は，友人を通して，それらの顧客を紹介されることが多い。

バーツのみであり，家計は自分の収入と夫の繰り入れ分でやり繰りしている[8]。

事例⑤　屋台従事者K　（34歳　バンコク生まれの都市第2世代　中学校3年卒）
　　　　　（表8-1　No. [3]）

　Kは，夫（36歳・中学校3年卒）と2人の子供（13歳と3歳），夫の両親と本人の両親の8人で同居している。父親と義父は塗装工として働いており，両親とは家計を別にしているが，光熱費と土地の貸借料については母親が支払いを担当してくれている。20歳（1990年）から9年間，母親に子守を任せて工場労働を経験したが，安定した職業ではなく，景気の変動による雇用調整によって解雇された。月収は退職時で5,700バーツだった。退職後，自己資金を用いて，1,500バーツの屋台用手押し車を購入し，コミュニティでヌードル屋台を始めた。3年目には，15歳から19年間，塗装工として働いていた夫も，塗装工を辞めて手伝ってくれるようになり，1日の仕込みの量を増やすことが可能だった。しかし，コミュニティ内，近隣地区で屋台従事者が増加しているため，顧客を安定して確保するのが難しい。朝5時から市場に行き，夕方まで販売するので，長時間労働になるが，夫婦2人が従事しても充分な収入にはならなかった。したがって，夫は6ヶ月前からコンテナ会社に就職し，コンテナの洗浄を担当している。通勤には50分かかるが収入はより安定した。ただし，月収6,300バーツを得ているにもかかわらず，屋台を共同経営していたときと違って，家計にお金を入れないため，妻が屋台収入から生活のやりくりをしている。現在の屋台の月収は，毎日販売しても，2,500バーツから4,000バーツで平均して3,000バーツ程度であり，以前よりは悪化した。それでも，自宅近くで働くことも可能であり，工場労働よりは屋台の方が仕事としては好きである。

事例⑥　屋台従事者S　（43歳　サムットプラカーン県出身　小学校4年卒）
　　　　　（表8-1　No. [11]）

　Sは，夫（49歳）と，4人の子供のうち2人（19歳・15歳），姉夫婦と同居して

---

[8]　妻は夫の正確な収入を知らない。夫へのインタビューによると，基本給は12,000バーツであり，OTがある場合は，さらに手当てが付く。夫の就業経験は以下の通りである（括弧内は，月収と従業年。月収は最終従事年のもの）。ガソリンスタンド（1,200/1982-1987年）→配達人（3,000/1987-1992年）→メッセンジャー（6,500/1992-2000年）→個人宅運転手（6,000/2000-2003年）→パソコン関連の部品工場（8,000/2003年）→運転手（現職　12,000/2004年-）。月収は，ガソリンスタンド，配達人に関しては当時の最低賃金レベル以下であるが，メッセンジャー以降は，最低賃金レベルよりは高い。

いる。別居している 2 人の子供（17 歳・11 歳）は就学中で，サムットプラカーン県にいる母に預けている。夫とはコミュニティ隣のタイ系資本 T 社で出会い結婚した。夫は事例①Y の夫と従兄弟である。

　T 社には 18 歳から勤務していたが，1 人目の子供を妊娠した際につわりがひどかったため，辞めざるを得なかった。日給ワーカーだったため，退職金はなかった。退職してから，子供は母に預けて，小さな屋台を始めた。夫は，T 社の運転手で正規社員だったが，1 年してから夫も退職する。退職金を使って，3,500 バーツで手押し車を購入した。母親からたれの作り方を伝授してもらい，ワールドトレードセンター（当時）の向かいで揚げつみれを販売し始める。通常は，販売場所の新規確保は容易ではないが，姉夫婦が既に菓子を販売していたため，比較的簡単に参入できた。現在は，人気スポットであり，新規参入は非常に難しい。コミュニティ内で販売していても，大した売上にならないが，ワールドトレードセンター近辺は市場が大きいため，売上は安定している。毎日仕入れに 4,000〜5,000 バーツかかり，毎日の利益は 1,000 から 1,500 バーツにもなる。ただし，バスで通うので渋滞に巻き込まれると，2 時間ぐらいかかることがあり，仕入れや準備に時間がかかるため，毎日の労働時間は 18 時間近い。

　同居の子供 2 人は，職を探している最中ではあるが，毎日の仕込みを手伝ってくれる。収入も高いが食べ盛りの男の子 2 人がいるため，毎日食費だけでも家族で 500 バーツ近くかかる。別居中の 2 人の子供には，毎月教育費を送金する必要があり，収入を今後も確保していくためには，現在の販売場所を維持することが重要になる。コミュニティ近隣では，同じ屋台でも，半分から 3 分の 1 の収入しか見込めない。

　以上が，自営業（低）部門の事例である。退職の理由は，工場閉鎖によるものが 2 例，世帯の事情（妊娠など）によるものが 2 例である。後者の場合，工場の労働形態は，妊娠などの諸状況に対応できるようになっておらず，女性は退出せざるを得なかった。とはいえ，依然として収入を確保する必要がある。共同経営の S を除いては，いずれの女性も，夫からの投資資金の援助はなかった。M の場合のように同時に解雇された場合や，夫の収入自体がさほど高くないこともあるが，一方で家計への繰り入れ状況を見ると，夫の家計への貢献自体が大きくないケースが見られるのである。したがって，足りない分を借金でまかないながら，投資を行うことになる。また，育児役割が，女性の職業の選択肢に制約を与えている様子も垣間見える。S のみは，都市の外部市場に参入し，屋台の営業を行っている事例であるが，それは母親が育児を支援してくれることによって成り立っている。S はコミュニティで最も高い収入を得てい

る1人であるが，そのような市場を獲得するためには，外部市場への参入，立地条件の良い販売場所での定着と顧客の確保，日々の投資活動など様々な要件を満たすことが必要になる。その上，屋台・行商で高収入水準を獲得・維持するためには，労働も大きく投入しなければならない。まず何よりも，そのような労働と投資活動を可能とする世帯条件が整っていなければ，外部市場へも参入できないのである。

○ 自営業（高）部門の事例

事例⑦ 雑貨屋M （35歳 バンコク生まれ 都市2世代目 高校3年卒）
（表8-1 No. [6]）

Mは，両親と姪と4人で同居している。事例③の女性が母親の妹で叔母に当たる。雑貨屋は元々，父親が開店したもので，両親が引退したので，引き継いだ。父親（60歳）はローイエット県出身で，12歳の頃友人と一緒にバンコクに出てきて，まずは建設業の日雇い労働者として，プラトゥーナーム区一帯の建設事業に従事した。21歳で結婚し，30歳半ばを過ぎてから雑貨屋を始める。父親の代で初期投資は2万バーツ程度（当時の年収分に相当）であり，かなりの高額であった。父親は，僧の付き人で海外を旅することも多かったため，父親の留守中は母が雑貨屋を切り盛りしていた。Mは，18歳からタイ資本大手の鶏肉加工工場で働いていたが，26歳の時に，母親が病気しがちであったため，看病と雑貨屋を引き継ぐために工場を辞めた。現在，店で使用している冷蔵庫は1台6万バーツであり，現在までの累積投資額を計算すると30万バーツほどになる。1998年の火災の際には，隣の家まで全焼したが，何とか類焼を免れた。火災後，コミュニティの住民が減少したため収益は下がったが，燃えなかっただけでも運が良かった。

事例⑧ 美容院H （48歳 バンコク生まれ 中学校3年卒）
（表8-1 No. [14]）

Hは，小学校7年まで勉強した後，14歳（1970年）から，コミュニティ近隣のタイ系資本T社でラジオの組み立て作業に従事する。初任給は1日9バーツだった。働きながら中学校3年まで終了し，タイプ，英語，縫製なども習う。20年以上働いたので，最後には日当170バーツ，月収で残業代も入れると5,000バーツを超えることもあった。しかし，1990年代半ばに工場が閉鎖されてしまい，給料6ヶ月分の退職金が支給され，解雇された。衣服の裁断の仕事に短期間従事した後

に，船舶会社に入り，タイプの仕事に勤務した。しかし，上司が服装などについてうるさく，経営者とも折り合いが悪かったため，長く続けたいとは思っていなかった。母親が病気だったため，看病をしながらも，T社の退職金を使って，夜は職業訓練校に通い，1年ほど美容師の技術訓練を受ける。縫製や髪を切る技術があるのに，上司との軋轢に我慢し続けることはないと考え，開業を考える。その後，兄が無償で5万バーツを拠出してくれため，それを使用して開店した。最初は木造6m²もない程のスペースだったが，徐々に固定客も付き，店舗を拡大した。夫とは，既に美容院が軌道に乗ってから出会い，結婚した。将来はスパなども開きたいと思っていたが，子供もいないため，老後のためにお金を貯めておかなければならない。自分の代で終わるので，さらに事業を拡大する予定はない。

以上，自営業（高）部門もあわせて各事例を参照すると，工場退出後の職業選択には，個人条件のみならず，世帯条件が大きく影響を与えているのが分かる。つまり，工場労働の継続の可能性や，出産，育児，介護といった役割が生じた際の職業選択の範囲は，世帯条件によって大きな制約を受けているのである。夫の収入や家計への繰り入れ部分のみでは生計を維持するには不十分である。しかし一方で，主婦業と両立する仕事を探さざるを得ない。事例⑦や⑧の場合は，工場労働退出当時は独身であり，経済的・時間的にも，自由にリソースを活用できた。特に，事例⑧の場合は，技能・技術習得に自己投資をすることが可能であった。屋台従事者として最も成功している事例⑥に関しても，コミュニティから遠い外部市場での販売は，子育てを母親に依存することで可能となっている。

高生産性部門に参入するためには，初期投資の確保や技能の習得が不可欠ではあるが，個人・世帯条件の制約の中で，獲得可能なリソースの規模は，おのずと決まってくる。いずれの女性も，工場労働勤務時代は，最低賃金程度，もしくは少し高い程度の所得しか得ることができず，独身女性を除いては，貯蓄できる余裕はなかった。したがって，日雇い労働者であった事例①の女性や，長期にわたる介護・育児労働への従事で，蓄えを持たない事例②の女性と，退職金を受け取ったその他の女性との間には大きな違いが生じている。事例⑥のように，夫の退職金で投資して共同で経営している場合を除き，退職金を得ても，かなりの部分を家族の生活資金に使用せざるを得なく，借金を一部利用する形で次の投資活動が行われた。一方で，高生産性部門に参入した事例⑦と⑧の2人は，比較的自由にリソースを使用できる立場にあったが，雑貨屋に関し

ては家業を継いだため，自己投資は必要がなく，美容院に関しても，資金援助を受けて初めて投資が可能となっている。実際には，高生産性部門に対する投資を獲得するのは容易ではないことが分かる。参入を規定する個人条件と世帯条件，さらには外的要因がうまく絡み合うことで初めて，リソースの生産的活動への分配を高い水準に引き上げることができる。その後の事業の拡大・営業には，顧客の獲得，販売場所の確保のための情報ネットワーク，技能に対する追加的投資，資金の安定した確保などが必要になるが，個人条件と世帯条件は，いかに外的な条件やリスクに対応し，事業を拡大していくかといった，発展経路のいずれの局面にも制約・促進要因として関わってくるのである。

ところで，女性内格差に注目すると見落としがちであるが，女性全体は男性と比較すると，より低賃金職種に従事しており，平均所得も低かった。初期投資の規模も相対的に低い。しかし，その事実のみに着目すれば，夫が働いている場合，女性の労働は，世帯所得の補助的な役割を担っているに過ぎないのではないか，という見方もありうるだろう。そのような見方に従えば，家計戦略の一環として，家計内のリソースを女性に配分しないのは合理的であると言えるかもしれない。男性を世帯主と定義し，男性が外で働き，世帯の厚生水準を維持する役割を担っていると考えれば，女性の従事する職種が低賃金職種に集中しており，様々な制約があるとしても，特に問題視されることはない。むしろ，世帯内の育児や家事労働が最も重要な役割であれば，生産的投資の獲得に制約があっても，世帯全体としては厚生水準が低下することはない。

はたして，女性の収入は家計の中で補助的な位置づけに過ぎないのであろうか。次に今一度，女性のリソース獲得の制約要因を家計における女性の貢献と合わせて確認する。それをふまえた上で，改めて女性のインフォーマル経済従事者が増加している現象の影響を考察してみよう。

3　女性の資金確保と家計構造：個人と世帯のはざまで

元工場労働者が自営業・家内労働に参入した際の投資資金の調達先は，表8-1を見る限り，自己資金が中心である。投資資金の世帯内協力に関しては，ひとつには，世帯全体の予算制約があるため，夫や家族の支援を期待できない

可能性が考えられる。もしくは，世帯内の役割の分離と家計の共有規範が，夫婦間でリソースの共有構造に一定のパターンを生み出している可能性もあるであろう[9]。女性の投資資金の獲得はどのような世帯構造の下で行われているのであろうか。

　本節では，家計分担の類型を検討することによって，夫よりも収入が低いにもかかわらず，むしろ女性の収入が，世帯の厚生水準の維持に貢献していることを明らかにする。女性は，しばしば，世帯の厚生水準改善の鍵であることが指摘されてきた[10]。世帯条件によって，女性の職業選択が制約を受けるのは前述の通りである。夫との役割分担や，世帯内のリソース分配の不均衡が大きい場合ほど，主婦と稼ぎ手の二重の役割を担った女性の負担は大きいであろう。制約が大きいほど，投資規模・自営業の営業規模も小さくならざるを得ないが，同時に世帯の厚生水準も低下するという悪循環に陥る可能性が高い。

　家計経済研究所（1992）は，家計の組織化の類型を，夫の収入管理と妻の収入管理の方法の組み合わせによって，拠出型，夫財布主張型，支出分担型，妻財布主張型，一体型，夫扶養型，夫妻管理型に分類した。タイの調査地の場合，給料が銀行振り込みとなる被調査者は依然として少なく，各自が現金で所得を受け取っているため，もともと財布は別々であり，任意に拠出されなければ，夫の給料の全額を妻が管理することは不可能である。ここでは，調査地の実態に合わせて区分を簡素化し，夫が給料の中から毎月一定額を妻に渡す場合を「拠出型」，夫と妻が別財布であり，支出の役割分担を明確にしている場合を「支出分担型」，夫の収入の大部分を妻が管理する場合は「妻管理型」，夫婦二人で管理し，支出も合同に行う場合を「夫妻管理型」として，4つに分類する。また屋台などの自営業で，合同で営業している場合は，財布が分かれていないため，「夫婦自営共同型」，その他の夫婦を基本単位としない世帯に関しては，「その他」で分類している。

　表8-4をみると，夫婦を基本とした世帯構成をもつのは34世帯である。その中でも，「拠出型」が32％，「支出分担型」が29％であり，財布を分けている世帯が60％近くになる。「夫婦管理型」は，大きな予算に関しては共同で出資

---

[9]　嶋田は，インドネシアの小商人（市場の行商・屋台従事者）の実態調査から，インドネシアの文化・社会的規範を理由に，女性（妻）が男性（夫）に投資資金の融通を依頼することははしたない行為として避けられる傾向があると説明している（嶋田2001）。

[10]　例えば，Moser［1998］など。

表 8-4　家計組織化の類型

	世帯数	構成比（％）	構成比（％）[1)]
拠出型	11	23	32
支出分担型	10	21	29
妻管理型	5	10	15
夫婦管理型	6	13	18
夫婦自営共同型	2	4	6
その他の世帯	14	29	
合計	48	100	100

出所：質問表調査から筆者が作成。
注：全50世帯の内，単身世帯を除く48世帯で集計。有職者を有さない1世帯に関しては，「その他の世帯」に分類。
1)「その他の世帯」をのぞいた場合の構成比。

し，支出項目に関して明確な役割分担はしていないが，一方で食費に関しては，外食が多いため，自立性が高くなっている。したがって，家計は世帯に共同でプールされるのではなく，支出行動は個人で独立し，必要に応じて協力し合っている。

　表8-5は「拠出型」と「支出分担型」の各世帯の所得と支出，夫婦の負担比率を示している[11)]。夫の所得が妻よりも高いケースがほとんどであるが，しかし，「拠出型」，「支出分担型」のいずれも，所得に対する支出の拠出率は女性の方が高い場合が多い。「拠出型」の場合は，一定金額が毎月妻に手渡されるが，不足分を夫が補填するケースはほとんど見られず，妻が夫の拠出分と自身の収入を合わせてやり繰りしている。「支出分担型」に関しては，食費，光熱費，子供への小遣いなど，日々必要とされる経費に関しては妻が拠出し，教育費や土地の賃借料，住居費などは夫が支出するケースが多い。土地の賃借料は，$1m^2$ あたり10バーツでありさほど高くなく，1ヶ月分の支出を累積すると妻の支出分担額が大きくなる。したがって，月収や負担の比率を比較すると，月収は夫の方が高いが，負担は，月収ほどの開きがないか，もしくは妻の方が高くなっている。

11) 家計データが不十分であった3世帯を除く。項目に関しては，表8-5の注を参照のこと。家計全体を表すには，充分なデータとなっていないが，一定の傾向を示すには問題がないと考える。なお，自営業者の日々の投資支出（仕入れ，道具類購入など）に関しては計上していない。家計の共有部分に注目している。

表 8-5　家計の構造（基本的支出）

拠出型

サンプル群	夫婦の勤労所得合計（カッコ内は妻の所得）	家計支出合計	夫拠出額	家計支出残高[1]	拠出率（夫）	拠出率（妻）[2]	月収比率（夫：妻）	負担比率（夫：妻）	家族構成[3]
1	24,000（9,000）	18,380	2,000+9,000[4]	7,380	13%	82%	1.7：1	0.7：1	夫婦のみ
2	11,000（3,500）	7,890	3,000	4,890	40%	100%↑	2.1：1	0.6：1	夫婦のみ
3	13,600（4,600）	11,253	6,000	5,253	67%	100%↑	1.9：1	1.1：1	核家族
4	17,700（5,700）	10,100	3,000	7,100	25%	100%↑	2.1：1	0.4：1	核家族
5	13,000（4,300）	7,185	4,000	3,185	44%	74%	2.1：1	1.3：1	核家族
6	11,000（4,000）	11,310	4,800	6,510	69%	100%↑	1.8：1	0.7：1	核家族
7	11,000（2,000）	7,663	4,000	3,663	44%	100%↑	4.5：1	1.1：1	核家族
8	9,000（3,000）	13,517	4,500	9,017	75%	100%↑	2.0：1	0.5：1	核家族
9	21,000（9,000）	12,700	6,000	6,700	50%	74%	1.3：1	0.9：1	3世代家族

支出分担型[5]

サンプル群	夫婦の勤労所得合計（カッコ内は妻の所得）	家計支出合計	夫拠出額	妻拠出額	拠出率（夫）	拠出率（妻）	月収比率（夫：妻）	負担比率（夫：妻）	家族構成
10	4,000（2,000）	4,935	500	4,435	25%	221%	1.0：1	0.1：1	夫婦のみ
11	15,000（10000）	8,000	0	8,000	0%	80%	0.5：1	0：1	夫婦のみ
12	13,500（6,000）	8,485	510	7,975	7%	141%	1.3：1	0.1：1	核家族
13	15,500（5,500）	14,365	7,465	6,900	75%	125%	1.8：1	1.1：1	核家族
14	14,000（6,000）	6,290	1,000	5,290	13%	88%	1.3：1	0.2：1	核家族
15	23,000（7,000）	10,200	3,300	6,500	21%	93%	2.3：1	0.5：1	核家族
16	9,300（3,000）	9,100	700	6,100	11%	203%	2.1：1	0.1：1	3世代家族
17	14,500（4,500）	15,300	10,800	4,500	108%	100%	2.2：1	2.4：1	複合家族
18	10,000（5,000）	10,250	1,200	9,050	24%	181%	1.0：1	0.1：1	複合家族

出所：質問表調査より筆者が作成。

注：家計調査のデータが不完全であった3世帯は除いている。

　家計支出：共有している主な支出項目のみに関して回答を得ている。耐久消費財や，職業関連の投資を計上していない。家計支出の全体を把握するには不十分であり，過小評価になっている。数値に関しては，夫婦にクロス質問を行い，正確度の向上を図っている。

　調査項目：過去1ヶ月の食費，光熱費，一学期分の学費（月額にして換算），子供への小遣い，土地の賃借料，家賃，貯蓄，借金返済，税金，社会保険料，冠婚葬祭，病気治療，娯楽費。消費財・耐久消費財も重要な項目であるが一部のみ確認。

1) 家計支出残高＝家計支出全体－夫の負担額
2) 拠出率＝自身の所得に対する家計への拠出比率　100%↑＝100%以上。通常，借金，貯蓄の切り崩しなどで妻が対応。
3) 核家族＝夫婦＋子供
4) 共同家計繰り入れ分の2,000バーツ以外に，夫は仕事で使用している自動車のローン返済（月6,000バーツ），外食費用（月3,000バーツ）を負担。その他の食費，光熱費，土地の賃借料，家賃，消費財などの全経費は妻が共同経費から支払う。家計支出には，妻の投資部分（美容院）は計上していない。負担比率は，生活費部分のみで比較。夫は家計繰り入れ分2,000＋食費3,000バーツ，妻は前月負担額の7,380バーツ。
5) 負担の役割分担のパターン：妻が食費・光熱費・子供の日々のお小遣いを拠出し，夫が教育費，土地の賃借料，住居費を支出する場合が多い。事例16は家計支出額9,100バーツの内，2,300バーツ（光熱費＋土地の賃借料）は同居の母が負担しているため，本表では差し引いて計算している。

ところで，夫の中にはしばしば妻に実際の収入額を伝えておらず，ボーナスの存在を知らせていない人も見られ，妻は夫の収入を実際よりも過小に理解しているケースが存在している。いずれにしろ，夫からの追加的補填が期待できない場合，支出の不足を補うのは妻の仕事である。特に，夫婦のみではなく，扶養が必要な子供や両親を抱える世帯は，妻が，不足分を補填するために奔走することになる。妻の支出の拠出率が100％を超えるケースは，つまり，妻が自身の収入以上の負担を行う必要があるということを意味する。実際，多くの女性は借金や，副収入を確保して対応することになる。例えば，「拠出型」事例4（前節の事例④の女性）や事例8の場合は，不足分を補うためにインフォーマルな金貸しに借金をし，毎日小額ずつ返済している。事例8は屋台従事者であるが，日々の売り上げの中から，借金返済とその他の必要経費を支払った残りが，翌日の仕入れの原資となる。また事例4は洗濯請負人であるが，靴の内職を副職として行い，家計を補填することもある。調査月は洗濯請負からの収入4,500バーツ以外にも，靴内職に従事し1,200バーツの副収入を得ている。夫は月収1万2,000バーツであり，残業代がある月は1万5,000バーツとなる。ただし，妻は夫の収入は1万バーツ弱であると知らされている。家計への繰り入れ分は3,000バーツでしかなく調査月は5,000バーツを月利20％の高利貸しから借りており，毎日150バーツずつ返済していた。子供のミルク代だけで月々1,200バーツもかかり，基本支出を削るのは難しい。洗濯機購入のローンも入れた借金は累積で6万バーツにもなっているという。

「支出分担型」に関しても，事例を参照してみよう。事例10や11のように夫婦のみの世帯は別家計であってもさほど問題はない。事例10に関しては，夫の拠出額は少ないが，夫婦共に既に警備会社を定年退職しており，退職金の蓄えや子供からの送金があるため，妻がその中からやり繰りしている。しかし，扶養児童のいる世帯は教育費の捻出など，世帯全体の重要な投資課題がある。にもかかわらず，一部の夫は，数百バーツの土地の賃借料にしか拠出していない。その場合ほとんどの世帯では，妻が借金をして対応している。

以上の事例を概観すると，家計支出行動において，夫婦間の協調行動が十分ではない場合，世帯の厚生水準を維持する中心的役割を担っているのは，女性であると言えるであろう。家計の充分な確保のためには，安定した収入と，事業の拡大が不可欠ではあるが，夫婦間の協調行動の欠如が大きい世帯ほど，女性の収入は日常の生活費に使用され，投資的利用をするためのリソースの確保

が困難になる。それでも，不足する収入を確保するためには，時として，副職に従事したり屋台営業時間を延ばしたりして，少しでも多くの収入の獲得に努めざるを得ない。第4章では，女性の平均所得は男性よりも低いにもかかわらず，平均労働時間は長いことが明らかであった。各事例からは，妻や母の役割に規定されている女性像が垣間見える。家事労働に関しても，多くの場合は，女性の方がより長時間従事しており，時間的な制約条件ともなっている。世帯の厚生水準維持のために，大きな役割を担っているにもかかわらず，全体としては女性の従事する職業は，低賃金に抑えられており，したがって，さらに収入を確保するためには労働時間を延ばすしかない。一方で，事業拡大に対しても，個人・世帯条件が足かせになっているという悪循環がそこにはある。

　つまり，女性が低生産性部門に多く見られ，事業拡大が制約されているのは，女性の労働が家計のための補助的な労働に過ぎないからではない。一見，補助的な労働として捉えられる様相を持ちつつも，家計の内訳を見ると，日々の支出の積み重ねから，女性の家計に対する貢献度は夫よりも高くなっている場合が多い。夫と妻の世帯内役割と家計支出負担の不均衡が，女性が投資にまわすことのできるリソース（資金や時間）に制限をもたらし，新規参入事業の選択や事業拡大を自由に行い得ない大きな要因となっているのである。家事労働の延長であるとみなされる自営業は元々賃金率が低い。女性労働に対するこのような評価と，女性自身が，主婦と稼ぎ手という二重の役割を担っていることが足かせとなり，事業規模は小規模に留まりがちである。

　育児や介護を女性が担っている間は，女性の就業は一見補助的に見えるのではあるが，夫が早期定年退職した場合や，健康を害して働けなくなった場合，女性が主な稼ぎ手とならざるを得ない。実はそのような事例は，コミュニティの中で多く見られる。例えば野菜の行商人であるⅠ（68歳）は，夫（76歳）が病気がちで働けず，行商からの月収7,000バーツで家計を支えている。また，コミュニティで東北料理の屋台をしているT（44歳）は，夫が20歳年上の64歳である。かつては，夫は建設業に従事しており，妻も一緒に従事してきた。しかし，夫が体を壊してからは，単身では建設業の注文に対応することもできず，やむを得ず屋台を開店した。月収は大幅に落ち込み，5,000バーツにしかならない。20歳の娘が区役所に勤務し4,800バーツの月収を得ているので，一部援助してもらいながら生計をやり繰りしている。元来，建設労働やバイクタクシーなどの職種は，事故や怪我にあうリスクが相対的に高い。コミュニティでは，夫

が50代そこそこで引退し，妻が家計を支えているケースに少なからず出会う。明確に「主な稼ぎ手」として規定されるこれらの女性も，一見補助的に見える「隠れた主な稼ぎ手」である女性も，多くはインフォーマル経済従事者である。元々インフォーマル経済従事者である者に加えて，若年期に一時期フォーマル経済に従事しつつもプッシュアウトされてインフォーマル経済に参入してくる新規参入者も多い。いずれの女性にとっても，稼得活動は重要であるが，インフォーマル経済従事者の増大は，インフォーマル経済市場の競争の激化も意味していた。

4　インフォーマル経済従事者間における競争の激化

　家計の分析から，女性の収入が世帯に対して重要な役割を占めており，特に男性との世帯内役割分担が不均衡な場合は，女性の生産労働からの収入の水準が世帯の厚生水準に大きく影響を与える可能性が示唆された。同時に，主婦と稼ぎ手としての二重の役割負担と，市場における女性の労働に対する評価の低さが，女性の労働を，補助的な性質のものへとすり替えてしまうという逆転現象も見られた。実際には，女性の就業は世帯に対して重要な役割を担っている。一方で，個人・世帯条件に制約された女性の職業選択の結果，コミュニティ内のインフォーマル経済従事者が増加している。そのような特質をふまえて，今一度女性全体の就業構造とその変化を振り返ってみよう。

　元工場労働者と，その他の世代の女性の職業経験は異なっていた。全体としてインフォーマル経済従事者が増加したことは，各世代にどのような影響を与えているのであろうか。改めて，年齢世代（コーホート）別にその経路を確認してみよう。

　図8-1は，年齢コーホート別の職業経路を表している。現在50代から60代の女性は，10代から20代が1950年から1970年代にあたり，都市拡大期に流入した都市第1世代である。典型的な経路は，農村からバンコクに流入してすぐ，行商や個人宅での住み込み家政婦，建設労働などに従事し，その後，インフォーマル経済内で移動し，職業キャリアを築いてきた経路である。

　現在，30代から40代の女性は，タイの産業構造の変化と1980年代後半か

```
現在の年齢世代
┌─────────────┐
│ 50–60代の女性 │
└─────────────┘

    農村→バンコク
        IEへ直接参入（例：屋台・行商、サービス）

┌─────────────┐
│ 30–40代の女性 │    経済ブームに直面したコーホート世代
└─────────────┘

    農村→バンコク　（もしくはバンコク生まれ）

                                    インフォーマル経済【ジェンダー】
    ［10～20代前半にバンコクに移入］   ┌──────────────────────┐
      FEへ参入（工場）→レイオフ ──→  │ 家内労働者            │
                    ↓         ↗    │                      │
                  育児・介護 ───→   │ 自営業（低）          │
                                    │ (Cf. 屋台・行商，洗濯請負) │
                                    │                      │
                                    │ 自営業（高）          │
                                    │ (Cf. 雑貨屋，美容院)  │
    ［20代後半以降にバンコクに移入］   │                      │
      IEの低生産性部門へ直接参入  ──→ │ 【初期投資・技能】    │
                                    └──────────────────────┘

┌───────────┐
│ 20代の女性 │
└───────────┘

    第2世代
        FEへ参入 →レイオフ ────→ FE（正規雇用）
                          ↓
                          FE（非正規雇用）
```

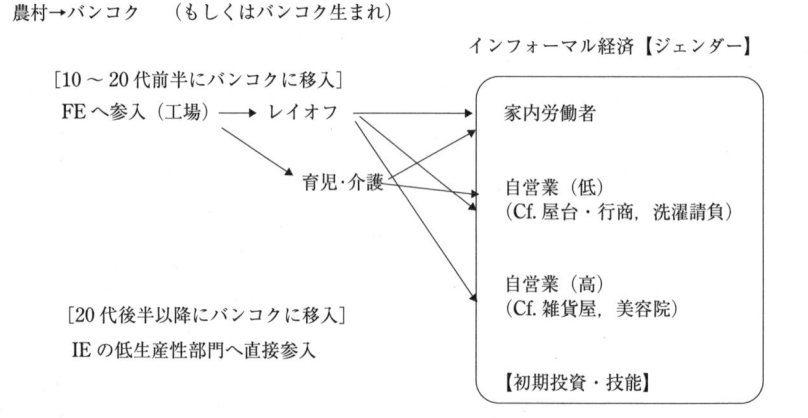

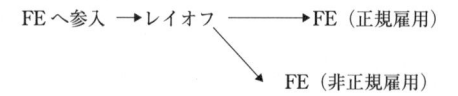

図 8-1　女性の年齢世代別職業経路（元郊外コミュニティ U）

出所：筆者作成．
注：FE＝フォーマル経済，IE＝インフォーマル経済
　　【　】は，経路選択に影響を与える要因．
　　調査地の場合，レイオフの主な原因は，工場の閉鎖・移転による．

ら始まる経済ブームの，まさに担い手となった世代である．都市流入年齢が10代から20代前半の場合は，まず工場労働に参入し，解雇や世帯内役割によって工場労働を退出した後は，女性という属性ゆえに，自営業（低）部門を中心としてインフォーマル経済へと参入している．その際に，女性内でも格差があり，投資能力，技能のレベルによって，異なる階層のインフォーマル経済へと参入していった．現在20代の女性は，都市第2世代も多く，教育水準が高い

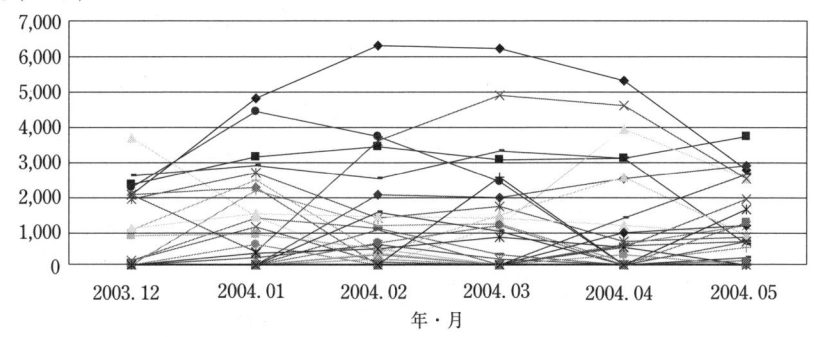

図8-2　家内労働者の月収の推移
出所：会計記録から筆者が計算・作成。
注：2004年2月に6,000バーツを記録している女性は，親戚に仕事を分配しているため，個人所得ではない。

場合は，職業選択の幅は他の世代よりも広くなる。工場労働退出後も，学歴が障壁とならない場合は，再度工場労働に参入する機会が，依然として開けている。

　後発参入者となる元工場労働者のインフォーマル経済参入によって，当然のことながら，コミュニティ内でのインフォーマル経済従事者間に競争が生じた。新規参入が最も多いのが屋台・行商（自営業〔低〕）であり，またコミュニティ全体で参入・退出が最も激しいのが靴の内職（家内労働）である。調査時点では，マクロな再編の影響を受けてから既に10年近くが経っており，コミュニティ内のインフォーマル経済内の競争の激化と格差の構造は既に顕在化していたと言える。過去10年を見ると，参入の容易な靴の内職，屋台従事者は一貫として増え続けていた。ところが，インフォーマル経済内で最も階層が上位となる雑貨屋，美容院従事者，つまり自営業（高）部門は増えていない。

　インタビューでは，家内労働者と屋台従事者，廃品回収人は，一様に競争の激化を問題点としてあげる。特に，屋台従事者と廃品回収人は，コミュニティ内のみならず，コミュニティ近隣地域でも競争が激化していることを指摘する。たとえば，廃品回収人は，元請の所へ廃品を持ち込む者の数が近年，急増していることを指摘する。「失業しているよりは，たとえ100バーツでも収入がある方がまし」なため，仕事を失った人が流入しているという。

　最も競争が激化しているのは，インフォーマル経済内で最も低い階層に位置する靴の内職に従事する家内労働者である。従事者は一貫として増えている

が，1997年の経済危機以後，出来高賃金は半額となり，そのままの水準で回復していない。経済危機以前は，一足セットで6～10バーツであり，最低賃金レベルに近い月収4,000バーツ近くを確保できたというが，現在は出来高賃金は4～8バーツに下がっており，月収2,000バーツがやっとである。図8-2は，2003年12月から2004年5月の家内労働者の月収の推移である。全体の注文量は季節によって変動するが，比較的安定していた2003年12月から2004年5月に限っても，32人が出入りを繰り返しており，個人が安定した収入を確保するのは難しい[12]。家計の補助的な位置づけであった事例①の家内労働者の場合は，他の構成員が家計に貢献的であれば，減少分を補うこともできるであろう。しかし，夫が家計に非協力的である場合や，事例②のように，主な生計手段とする者にとっては，月収2,000バーツでは生活を維持できない。事例①の場合は，年齢も比較的若いため，家族周期の変化（子育ての終了）に伴い，別の職業に参入する可能性も依然として開けているが，事例②の場合は，他の職種への参入は容易ではない。

　このようにマクロな構造変化は，女性労働者のインフォーマル経済への流入を促したが，その影響はインフォーマル経済従事者内でも均等に現れるわけではなく，参入がしやすく，かつ生産性のより低い職種が最も打撃を受けている。つまり，下層の中でも最下層の女性が最も大きな影響を受けているのである。靴の内職に関しては，従事者の増加という要因と同時に，靴産業自体が，グローバルな再編に直接的影響を受けていることが関係している。コミュニティで最下層の女性が製造する靴は，元請を通じて，近隣アジア諸国に輸出されており，生産工程との関係で言えば，最もグローバル化にさらされていることは特記に値するだろう（コラムを参照のこと）。このような靴内職への参入者の増大と，競争の激化の影響は，個人条件や世帯条件に制約のある従事者に特に大きな打撃を与える。屋台従事者を見ても，最も所得水準の高い従事者は，再編

---

[12] 2003年12月から2004年5月の間，コミュニティの従事者全体が請け負った靴の注文量は，月平均で6,061足である。ただし，最小の12月は4,376足であり，最大の3月は7,154足で約2,800足の差がある。月ごとの平均従事者数は17人，平均月収は1,274バーツである。2004年11月から2005年2月も同様の調査を行った。注文合計の平均は8,141足であり前年よりは増加している（最小月は5,928足，最大月は9,339足）。月の平均従事者数は22人であるが，54人もの女性が仲介人に名を登録している。そのうち5ヶ月間に実際に従事したものは34人で月収平均が1,243バーツである。注文量の変動は激しいが，主な収入源としている女性以外にも，副収入が必要な女性が従事し，参入者が増大している（仲介人の会計記録より分析）。

の始まる前に一足先に参入していた者であり（表8-1 [11] 事例⑥や表8-2 [37]），前者はバンコク中心街，後者はコミュニティの中でも食堂形式の屋台を設けるまでに事業を拡大していた。外部市場での販売箇所獲得は容易ではない。一時期に急増した後発の屋台従事者は，コミュニティ内，もしくは近隣地区で限られた客層をめぐって競争をすることになる。一方で，雑貨屋や美容院などの自営業（高）部門は参入も容易ではないが，コミュニティ全体を見ても，目立った新規参入者の増大はなく，競争の度合いは緩やかである[13]。

5　小括

　1980年代のタイにおける産業構造の再編は，タイにおいても，若年の女性労働者を工場の未熟練労働者として吸収した。タイにおけるグローバル化の第一期から第二期にかけての経済と労働市場の再編過程は，第一期で主な担い手として生産活動に従事していた女性労働者に深刻な打撃を与えた。工場労働を退出した後，雇用労働の就業機会が乏しい調査地の女性は，それぞれ個人条件や世帯条件に規定されながらも，様々なインフォーマル経済職種に参入していった。工場労働に従事する期間は，労働者のライフコースから見れば，ほんの一部分に過ぎないのである。

　ところで，主婦・母親など複数の世帯内の役割を担っている女性は，生産的労働においては，一見，補助的な位置づけに見える。しかし，家計構造の分析からは，世帯の厚生水準に対する女性の貢献と負担の大きさが浮かび上がってきた。それにもかかわらず，女性の従事するインフォーマル経済職種は，市場で安価にしか支払われておらず，その上，世帯内役割の分配が不均衡である場合，事業拡大のための生産的投資資金確保の制約条件が大きくなるという悪循環が起こっていた。一方で，マクロ市場の条件は厳しくなりフォーマル部門（工場労働）における女性の選択肢が縮小しているが，他方で，個人・世帯条件は，フォーマル経済のみならず，インフォーマル経済職種への参入条件をも規定しており，インフォーマル経済従事者の生き残り競争に関しても制約を加え

---

13)　調査時当時で，コミュニティ内には，雑貨屋が3店舗，美容院が2店舗である（被調査者を含む）。

る。その中でうまく対応できる者とより脆弱な層の格差はますます拡大しているのである。

　女性の家計への役割は，家族の発展段階に関わらず，常に重要な鍵となっている。夫が働いている間は，一見補助的な労働に見えるという逆転現象が起きているものの，実際には女性の収入が実質的に家計を支えている事も多い。さらに，夫が早期退職をした場合，名実ともに，一家の主な稼ぎ手になるのは女性である。教育水準や年齢といった個人条件の制約があるほど，職業選択の幅も狭まっていくが，稼得の必要性は高まっていくというジレンマがここにはある。同時に，世帯における協調行動や分配構造が不均衡であるほど，女性の負担が大きくなっていくのみではなく，生産的活動への足かせとなり，世帯の厚生水準を悪化させるという悪循環を引き起こしているのである。職業経路は，世代によって異なっているが，インフォーマル経済を中心に職業経験を経てきた50代以降の女性と，新規に参入した30代以降の女性の間でも，競争は激化している。これらの多くの女性にとって，様々な職業を経験しつつも，ライフコースの中で最終的には，インフォーマル経済が生業となっている。いわゆる近代部門とされてきた工場労働に従事していた女性労働者も，リスク対応の過程で，インフォーマル経済へと移動しているのである。

　第7章，第8章と続く職業分析を通じて，不安定性や変化を内包しつつも，各個人がリスクに対応しながら，職業生活を維持している様が見てとれた。次章では，そのような職業変化の経路もふまえながら，都市下層民にとっての職業，そして，成功を意味する「上昇」とは何か，といった論点を深めたい。

【コラムシリーズ　都市の中で③】

靴はどこまで旅をするのか：靴のバリューチェーン

　コミュニティの家内労働者が縫製する靴は，最終的には，どこまで旅をしているのだろうか。元請にとって，家内労働者は調整弁であり，家内労働者と元請の関係は力関係が明白であるため，インタビューの実施は非常に繊細，かつ困難である。それでも，2007年のある日，コミュニティの住民の協力により，1つの元請の工場に対するインタビューが実現した。その後の元請の追跡調査をふまえて，靴の辿る道筋を見てみよう。

　図1は，靴のバリューチェーンを示している。コミュニティの女性たちによって，靴の上部の縫製が行われる。その後，靴は元請の工場へと運ばれ，底付けなどの各工程を経て商品として完成する。工場には，2007年当時で50人，その後景気の変動によって増減を繰り返しているが，約20〜30人の労働者が働いており，各工程を分業している。労働者の多くはタイの東北地方からの出稼ぎ労働者である。また2009年には，ラオスからの移民労働者も加わった。いずれにしろ，工場で完成された靴は，国内外の市場へと旅を続ける。

　主な輸出先は，マレーシアやスリランカなどである，直接輸出，もしくは卸商を通じて市場に出ていく。マレーシアに卸している靴は，軍隊用革靴など，難易度の高いものが多く，コミュニティに下請けを出さず，全工程を工場で製造している。これに対して，スリランカには，コミュニティにも下請けに出すような，布製や本皮以外の靴が中心である。元請が知っている範囲では，コミュニティに仕事を卸している同業者も，バングラディシュやパキスタンなど近隣アジア諸国に卸しているとのことである。

　またタイ国内の卸市場にも卸している。チャイナタウン（ヤワラート）の卸業者の所を訪問した際には，インドから商人が買い付けに来ていた。ちなみに，一足あたり出来高賃金4〜5バーツの靴が，タイ国内の卸市場では350バーツで販売されていた。これらの靴が，スリランカなど，タイよりも後進国であるとされている近隣アジア諸国へと販売されていくのは興味深い。ここには，これらの諸国の中間層の消費を，タイの下層コミュニティの女性が支えているという構図がある。グローバル化がもたらす変化の本質は，国家間を序列付けるということよりも，むしろ，都市と都市の間，人々の間にこのような重層的な関係を生むことにある。このような重層性は，都市の内的循環と外的循環を，ヒトやモノを対象に，1つずつ丹念に追うことでしか明らかにならないだろう。イ

ンタビューが実現した元請は，2008年には，スリランカに工場を設置し，現地生産も開始した。より詳細な生産関係のダイナミズムは，また機会を改めて考察したい。

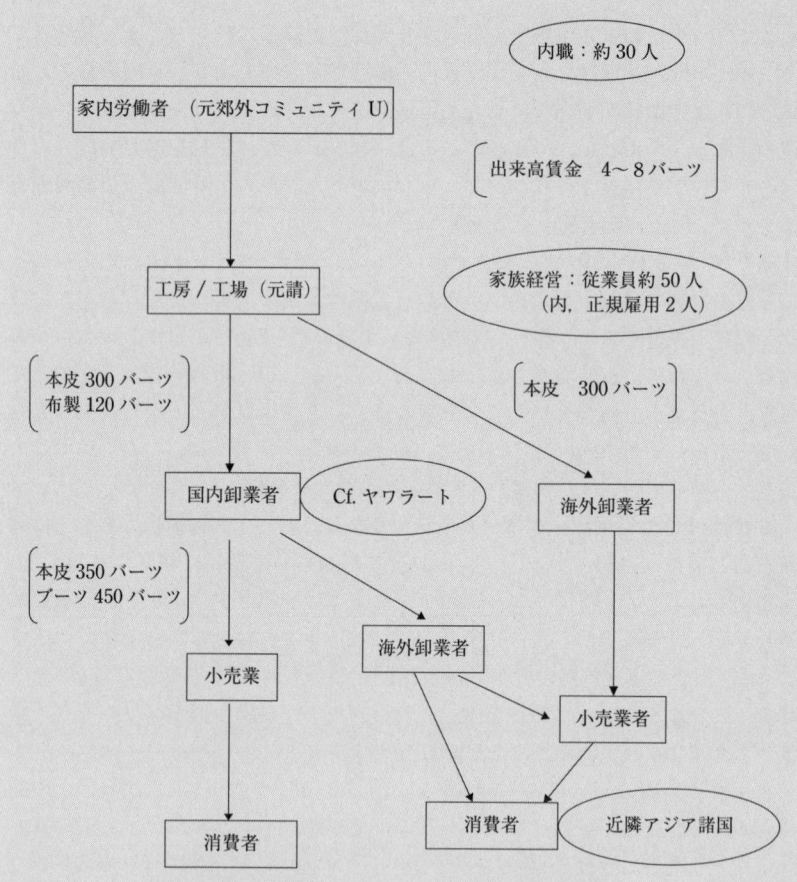

図1　靴産業の生産と流通（2007年6月現在）
出所：フィールド調査より作成。
注：金額は，全て一足あたり。

【コラムシリーズ　調査地で出会った人々③】

コミュニティの一美容師として生きて

　Phii H はいつもとてもオシャレだ。第8章で既に紹介している通り（事例⑧），元郊外コミュニティ U で美容院を営んでいる。エクステンションをつけていたり，手の凝った編みこみをしていたり，いつも髪型が違う。どうやってレパートリーを増やすのかと聞くと，色々な雑誌からだという。日本のヘヤーカタログ誌も参考にしているというので，お土産に持っていったらとても喜んでくれたりした。

　私の少し癖ある髪質はカットが難しいらしく，海外ではいつも困ってしまう。バンコクでは，某日系大手化粧品メーカーの S サロンから，シーロムの，芸能人も通うという（らしい）ゲイのヘアーサロン，日本のとある美容院のバンコク支店など，様々な所でカットしてみたが，京都に一時帰国する度に，京都の親しい美容師 K さんに「ひどいなあ」とぶつぶつ言われていた。ところが，ある日，コミュニティで Phii H にカットしてもらった。京都に帰ったら，K さんが「お，今回は上手いな」と言う。ちなみに当時の価格でいうと，カット料金はそれぞれ，S サロン（1,500バーツ），シーロム（600バーツ），日本の美容院のバンコク支店（1,200バーツ），Phii H のお店は50バーツである。カットの内容では多少高くなるけれども，せいぜい100バーツと少しである。「300円かあ」となぜか闘争心を燃やす K さんの様子を Phii H に報告すると，「日本の美容師が誉めてくれたの？　すごいじゃない」と大喜びだった。

　$6m^2$ ほどのスペースで始めた木造の美容院は，今もこじんまりとしているけれど，$16m^2$ ほどで，立派な店構えである。オシャレな Phii H のセンスは，お店のインテリアにも現れている。シャワー台に横になってみると，天井にはたくさんの蝶々のシールが張ってある。鏡の周りには，造花や置物が並んでいたりする。とある時は，$2m^2$ ほど，建てまわしをして，マッサージスペースが出来ていたりした。研究熱心な上に，流行に敏感で，20代の女の子の間で，ラメ入りの紐を髪の間に結ぶのが流行っていた時期は，美容院に着くなり，私の頭にも数本のラメが結ばれた。本人は当然，真っ先に取り込んでいて，頭がキラキラと光に反射している。絶対に流行るのではないかと思って，「もう少し町中でお店を開こうと思ったりしないの？」と聞くと，「スパを開きたい」といつも思っているけれど，「もう歳だし，遅くに結婚したから，子供もいないし，これで充分」「子供がいないのだから，少しはお金を貯めて老後に備えないといけな

いのよ」と言う。コミュニティに数軒しか家が無い時期から住んでいて、どんどん密集化が進んでスラム化してきたことを嘆きながらも、両親が残してくれた家や、コミュニティにもやはり愛着があるという。長い付き合いで、固定客も多い。もう少し、カット料金を上げても良いような気もするけれど、「無理無理、文句を言われるわ」と。

　コミュニティの中での技能形成は、もちろん容易ではない。例えば、内職労働者の縫製品などを見ていても、品質が甘いことも多い。一方で、Phii H を見ていると、ブランド力はなくても、技能やセンスを持っている人も、きっとたくさん潜んでいるのだろうと思ったりもする。色々な理由で、大々的にビジネスとして展開しようとはしない、もしくは出来ないけれども、確実にプロとしての何かを身につけ、大事にしている人たちだ。

　ちなみに、私は今でも、バンコクで髪を切るときは、Phii H の所に行く。

現在の美容院の外観と店内（2009 年 11 月撮影）

第 9 章

都市下層民の職業移動と階層移動：
「上昇」の経路

第7章から第8章の分析を通じて，火災やレイオフなどのリスクに直面した都市下層民の職業の実態とその変化を見てきた。人々は，時にマクロ経済の変動に翻弄され，時に個別のリスクに直面しながらも，その変動の中で，様々な職業間を移動し，流動性の高さを見せていた。都市下層民の頻繁な職業移動からは，インフォーマル経済自体の不安定性も垣間見える。伝統的な開発経済学では，都市への流入者が，伝統部門から近代部門へと移行することを「上昇」として捉えていた。第2章で見た通り，タイのインフォーマル経済支援政策の中での上昇のイメージも，この二元論を越えるものではなかった。

　このような伝統的な開発経済学のイメージから見れば，不安定性や非定着性は，一時的な待機地としてのインフォーマル経済の特質と映るのかもしれない。しかし，就業者の視点から考えると，不安定性，変動の激しさは，都市下層民にとって，ある程度，想像しうる事象である。もちろん，リスクに直面した際の生活への影響が深刻であることに変わりはないが，一方で，インフォーマル経済職種に従事すること自体が，不安定性への対応過程を必然的に含んでいるのであり，就業者は常に，様々な手段を使って，リスクを切り抜けようと工夫している。また職業移動は，必ずしも，リスク対応の結果からのみ生じるのではなく，就業者自身が，主体的に職業変更を選択している場合もある。

　このような現実の都市下層民の職業世界を前提とすると，都市下層民にとっての「成功」や「上昇」とは，何を意味しているのだろうか。そもそも，理論が想定する「上昇」のイメージ自体が，実態とずれているのではないかという疑問も生じてくる。第2章では，問題提起をするに留まったが，今一度，実態と照らし合わせて検討してみたいと思う。本章では，職業移動の経路を振り返りながら，都市下層民の「上昇」に関して，当事者の文脈をふまえながら考察することにしたい。

1　自立性か安定性か：都市下層民の職業観

　「上昇」に関する議論に入る前に，今一度，都市下層民の職業観について検討してみよう。人々の職業選択は，マクロな経済や都市の変化のもとで創出される就業機会や，現実に存在する様々な障壁との相互作用の結果として行われ

る。目の前に存在する選択肢群に対して，個人条件と世帯条件が制約要因，もしくは促進要因となり，人々の現実の選択を可能とするのである。第4章において，職業移動者の離職理由と現職への参入理由を検討した際に明らかにしたように，どの職業カテゴリーにおいても，まずは「所得水準」が大きな選択要因であることは明白である。所得の水準はカテゴリーに横断的な選考の基準となっている。とはいえ，単に所得水準で職業を評価しているかというと決してそうではない。「被雇用」と「自営業」を隔てる主要な価値評価の軸は，「安定性」と「自立性」であった。都市下層民の職業世界と職業観を知る上で，この二つの価値軸は重要な鍵となる。

都市下層民が言う「安定性」「自立性」の意味をより深めてみよう。

「安定性」の価値軸が最も強く表れるのは，被雇用（高）部門である。ここでいう「安定性」の理解はさほど難しくない。インタビュー時の人々の説明を引用すれば，「収入が安定」しており，「社会保障が完備」されている状況である。また，勤続年数が長くなっている者にとって，安定した雇用関係と昇給の見通しがあることである。実際には，被雇用者の中でも，このような高生産性部門に従事している者は，ごく一部である。このような条件が全て揃っていなくても，「一定の賃金が定期的に入る」ことを「安定性」と表現する者が少なからずいる。

これに対して，自営業者の言う「自立性」とはどのような意味であろうか。インタビューの際に感じるのは，「安定性」に比べると，個々人の「自立性」の意味づけは多様であるという点である。それでも，幾つかの共通する特徴が抽出できる。元郊外コミュニティUのバイクタクシー運転手は，「自立性」を「疲れたら休める，食べたい時に食べられる，命令されたりしない」と表現した。つまり，自由度の高さを強調する。時間や行動に対する自己裁量権，および上司の不在による自己決定権である。この点は，異なる立場からも頻繁に主張される。例えば，育児や介護を担っている女性が，自宅で屋台を営業することで，家事と稼得活動を両立しやすくなる場合である。

上司の不在と自己決定権の高さを評価する声も多い。第8章で登場した美容院従事者の事例（事例⑧）を思い出して欲しい。上司に命令されることを嫌い，少なくとも，それが企業（被雇用者）を自主退職し，美容院として独立する大きな契機ともなっていた。実際，「上司に命令されないこと」を，「自立性」の要素として主張する人は多い。自営業者が，自身の職業観を説明する際に，必

ず比較対象として持ち出すのは,「オフィスワーカー」である。職業の選択理由や, その意味することを理解しようと, 筆者が質問を重ねる度に, 例え話として必ず対比され, 被雇用者にはない「自立性」が自営業にはあると説明してくれるのである。その一方で, 自営業が「安定」していると表現する者はごくわずかである。

　ところで,「安定性」と「自立性」の価値軸は固定的かというと必ずしもそうではない。時には,「安定性」と「自立性」のうち, 優先される価値が変わることもある。例えば, 住民にインタビューしていると, 子どもの教育費を初めとして経費がかかる人は, 安定して所得を得ることに価値をおいた回答をする傾向がある。それでも, 自身の職業観を問われると自立性に価値をおく場合もあり, この二つの軸の間で, 絶えず揺れていることが垣間見える。そのような場合, より「安定性」の高いと考えられうる被雇用部門で, どのような選択肢が存在するかによって, 実際の選択は変わってくるだろう。個人条件により, 被雇用部門における選択肢が開けていない場合, 同程度の所得水準の職業しか選べないならば, 自営業に従事する可能性も高い。インタビューでは, 現在の職業が最も自分に適している (タナット) として, 適正であることを職業に対する評価として挙げている人も見受けられた。「適正である」という自己規定は, 制約の中での選択 (消極的な選択) であるのか, 積極的な選択であるのか, 検討を要する。

　質問表調査では, 現在までに経験した職業の中で最も満足している職業は何か, といった「満足職」と, 将来何か新しく従事したい職業はあるかといった「将来職」についても質問している。満足職では, 現職の選択理由と同じく, 回答が二分される。満足職の理由は, 所得水準以外では, 被雇用部門に関しては「安定性」, 自営業職種では,「自立性」をあげている者が多かった。注目に値するのは「将来職」である。平均年齢が40代を超えているにもかかわらず, 将来新しく始めたい職業があると回答したのは, 有職者全体の57%であった。第1位は, 自営業 (高) 部門の雑貨屋であり, 56%の人が選んでいる。第2位は, 農業で21%であった。ただし, 既に農村に土地を持っていない世帯も多く, 都市よりも環境の良い故郷で過ごしたいという郷愁に似た感情から回答した人も見受けられた点には留意が必要であろう。第3位は, 自営業 (低) 部門の屋台の12%であり, その他, 仕立屋6%, 安定職・会社6%と続く。

　ここで第1位に, 自営業 (高) 部門の雑貨屋が来ているのは注目に値するだ

ろう。「自立性」の高いとされる自営業の中でも，雑貨屋は，屋台や建設業職人，バイクタクシーなどと比較すると圧倒的に労働強度は低く，自宅で経営可能である。ただし，雑貨屋を始めるには，高い投資資金を要するため，参入のハードルは高い。また，日々，経営を維持するためには，ある程度のまとまった現金を常に回転させることが重要となる。各コミュニティの事例から明らかであったように，雑貨屋の月収は必ずしも突出して高いわけではない。コミュニティ外で営業する人気の屋台店舗であれば，雑貨屋よりも高い所得を稼ぐ事も不可能ではない。手元に利益として残る金額よりも，むしろ日々1,000バーツ，2,000バーツと資金の出入りがあることが重要である。予算制約の大きい世帯や不安定性を内包した生活の場合，日々の支出に直ぐ対応できるような現金のフローがあることの意味は大きい。人々にとって，自営業の中の様々な職業階層の中で，稼得行動の価値基準からも雑貨屋は，魅力的な仕事の1つである。

　以上のように，「自立性」と「安定性」の二つの軸が主観的選択に影響を与えていることをふまえながら，都市下層民の職業世界と「上昇」の内容を，より掘り下げていきたい。

2　職業経路と職業階層：「上昇」の意味すること

　都市下層民の職業間の移動や流動性の高さを考慮すると，実は，「上昇」とは言っても，何を「上昇」とみなすのか，容易に定義できるものではない。前述の通り，伝統的な開発経済学では，近代部門への参入が「上昇」として捉えられていた。しかし，元郊外コミュニティUの元工場労働者である女性に注目すると，グローバル化の主要な原動力を担っている産業部門は，労働者にとっては，ある一定の年齢を超えると押し出される可能性の高い，一時的な就業の場に過ぎなかった。したがって，「近代部門」として漠然とくくられてきた工場労働やホワイトカラーの被雇用部門も，その内実を検討すると，一様に扱うことはできない。同時に，父親の特定年齢段階の職業と子供世代を比較する先進国の社会学の階層移動分析は，参考にはなるが，流動性の高い都市下層民の分析に使用するには，一定の留意が必要である。労働者の視点から，職業経路を丁寧に辿る作業を抜きにして，定点観測から「上昇」を議論しても，実

は，労働と生活，もしくは厚生水準の向上の議論との間に乖離が生じるのである。改めて，第7章から第8章で議論した職業階層間，職業階層大分類間の移動の経路分析を振り返り，検討しながら，都市下層民の職業世界と「上昇」の定義を考えてみよう。

第7章では，都心コミュニティSの火災の事例から，主にインフォーマル経済従事者である自営業者のリスク対応過程を検討した。火災を通じて，生産手段，販売場所である居住空間を喪失してしまった自営業者は，高生産性部門，低生産性部門従事者共に大きな打撃を受けていた。その結果，投資資金を獲得できる者は事業を再開し，それ以外の者は被雇用の低生産性部門へ移動するか，もしくは失業を余儀なくされた。リソースを獲得できたとしても，市場の縮小と狭小化されたパイを巡る競争の激化から，被雇用部門へ転出せざるをえなかった者も見受けられた。火災後，1年半が経った時点でも，所得の低下の傾向は顕著であり，自営業者がリスクに対して脆弱であることが見て取れる。

第8章で検討したのは，元郊外コミュニティUの女性が中心であった。1980年代後半以降の，マクロな構造変化の第一期を支えた労働者であった女性が，第二期への再編期を通じて，中高年齢者を中心に工場労働から押し出されていく中で，被雇用部門から自営業へと移動していく様が検討された。各労働者は，技能や資金，情報などのリソースの保有状況と世帯条件に規定されながら，自営業の高・低生産性部門のそれぞれの職業に参入していった。

ところで，二つの事例に共通しているのは，被雇用（低）部門と自営業（高・低）部門間の流動性の高さである。特に，必要とされる技能に共通性のある，メッセンジャーとバイクタクシーや，会社運転手とタクシー運転手間の移動や，女性に関しては家事労働の技能があれば参入可能な被雇用サービス部門と自営業（低）部門間の移動が多く見られた。被雇用（低）部門から自営業に参入する場合は，技能や資金，情報といったリソースの有無によって，高生産性部門と低生産性部門への参入障壁は大きく異なっていた。しかし，逆に言えば，容易ではないとしても，リソースを得ることができれば，自営業（高）部門に参入する可能性が開かれていた。ところが，これらのカテゴリー間を移動している労働者は，被雇用（高）部門には参入する気配を見せていないのである。

第4章で，職業階層を分類した際に，それぞれの特徴の検討を行った。各職業階層の比較からは，一般俸給被用者の教育水準と所得の高さが際立っていた。また公務員は，所得水準はさほど高くないものの，労働時間は短く，参入

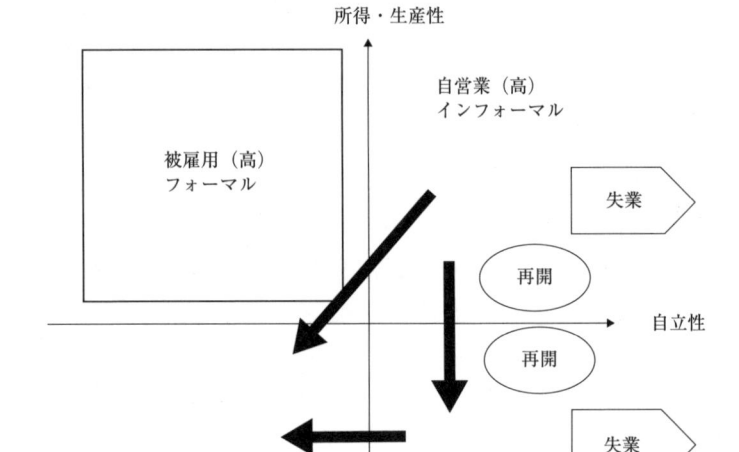

図9-1　火災後の職業階層移動
出所：質問表調査より筆者が作成。
注：フォーマル＝フォーマル経済，インフォーマル＝インフォーマル経済。
　　火災による生産手段の喪失（焼失）による職業移動。

に試験が課されるケースも見受けられた。これらの被雇用（高）部門に参入するには，「学歴」という障壁が存在していることが分かるであろう。一方，元工場労働者の女性に立ち返ってみると，被雇用（低）部門である工場の未熟練労働を長年経験した女性にとっては，潜在的な次職の選択肢は，自営業（高・低）部門であった。つまり，これらの女性にとっての職業選択の世界は，被雇用か自営業か，という区分で分断されているのではなく，被雇用（低）部門と自営業（高・低）部門は近接した選択肢の範囲として存在していた。自営業（高）部門と自営業（低）部門への参入可能性が下層内階層性を帯びているとしても，より大きな分断の境界線は，それらの3部門と，被雇用（高）部門の間に敷かれているのである。これは，火災に遭遇したインフォーマル経済従事者にとっても同じである。高学歴者が自営業に参入するのは，個人の自主的な選択として可能であるが，逆に学歴要件を満たさない者が被雇用（高）部門に参入する道は，開かれてはいない。以上の職業移動の経路を，表現したのが，図9-1と図9-2である。横軸は，都市下層民の職業観に即して，「自立性」と置き換えた。

```
                    所得・生産性
                        │
   ┌──────────┐         │
   │          │         │   自営業(高)
   │ 被雇用(高)│         │   インフォーマル
   │ フォーマル│         │      ↗     ↑
   │          │         │    ↗      │
   └──────────┘         │  ↗        │
                        │↗          │
────────────────────────┼───────────────── 自立性
                        │
  被雇用(低)             │    自営業(低)
  フォーマル   ━━━━━━━▶  │    インフォーマル
                        │
```

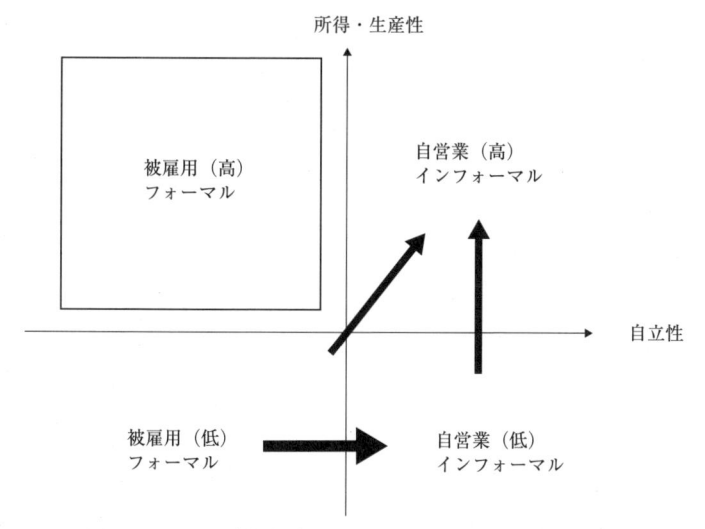

図 9-2　元工場労働者（女性未熟練労働者）の職業階層移動
出所：質問表調査より筆者が作成。
注：フォーマル＝フォーマル経済，インフォーマル＝インフォーマル経済
　　工場労働退出（解雇・工場閉鎖・妊娠など）による職業移動

　生産性と労働市場の分断といった外的要因は，当事者の職業観をどのぐらい規定しているのであろうか。被雇用（高）部門は，「安定性」が高く，高所得であった。しかし，一方で，学歴障壁が高い。他方，被雇用（低）部門と自営業（高・低）部門間の流動性は高いが，被雇用（低）部門の一部の職種に関しては，必ずしも安定度が高いとはいえない。また，所得水準も，職種によっては，自営業の方が高いか，もしくは同程度であった。自営業に関しては，リスクは高いものの，リソースの保有状況によって事業規模を拡大し，収入を増やす可能性が相対的には開かれている。何よりも，被雇用部門と比較すると，「自立性」が高いのである。また，職業選択の範囲が学歴障壁によって規定されている都市下層民の職業世界の中では，ライフコースの一時期に被雇用部門に就労したとしても，その後，一旦自営業に移動してからは，自営業職種が生涯の生業となる者も多い。同程度の所得水準であり，被雇用（低）部門の中でも，不安定な職種しか選び得ない労働者にとっては，より自立性の高い自営業に対する選好が強く，「自立性」が価値として優先される可能性が高い。そう考えると，火災の後，被雇用者となった元自営業者の中には，被雇用部門を，投資資金を獲得し，コミュニティが復興するまでの一時的な待機地であると考えている者

がいても違和感はないであろう。インフォーマル経済ではなく，被雇用部門が一時的な待機地となっているのである。将来就きたい職業の第1位は，雑貨屋であった。屋台や仕立屋もあわせると，自営業が突出して選ばれている。繰り返しになるが，雑貨屋は，自営業の中でも，最も投資資金が必要とされ，日常的にも高額の資金を循環させることが必要となる職業であり，参入は容易ではないが，一方で，労働強度は低い。都市下層民の最終ゴールとしての雑貨屋は，自立性を志向する自身の職業観の表れであると共に，マクロな構造に規定された都市下層民の職業世界の範囲をも表しているのではないだろうか。

　第4章で示した概念図は，左の象限に被雇用，右側の象限に自営業が位置し，縦軸が所得と生産性を表していた。図9-1，図9-2の通り，横軸は，職業観と照らし合わせると，「自立性」に置き換えることが可能であった。そこで再び政策主体側の上昇のイメージと，都市下層民のイメージとを対比させてみよう。第2章の概念図，図2-4を想起してもらいたい。政策主体が想定する「上昇」のイメージが端的に表されている。その「上昇」のイメージは，インフォーマル経済従事者と貧困が重なるCの象限を，フォーマル部門の上層部，つまりBの象限へと上昇させることであった（図9-3a）。非貧困層とフォーマル経済従事者の重なり，つまりBの象限は，被雇用（高）部門のイメージと重なる。つまり，図9-1，9-2（及び図4-1，4-2）を時計回りに90度旋回させると，政策概念図の象限とちょうど重なり合うのである（図9-3b）。所得・生産性の縦軸は，そのまま貧困削減政策の軸と重なり合うことになる。それでは経済成長の縦軸はどうであろうか。職業階層の図を旋回させたことで，自立性は下向きの矢印となってしまった。経済成長の縦軸を，インフォーマル・フォーマルの二分法的思考の文脈で考えるならば，下向きの矢印は不安定性，上向きの矢印は安定性と置き換えられてしまうのではないだろうか。インフォーマル経済の「不安定性」とその貧困との重なりが強調され，結果として，インフォーマル経済に否定的な規定が与えられるのである。インフォーマル経済従事者が「不安定性」に規定されているのは事実である。またマクロ経済の動向をはじめとする外的な要因に翻弄され，リスクへの対応を必要とされる局面も多い。にもかかわらず，当事者にとって，インフォーマル経済は生業の場であり，かつ，職業生活の最終目的の対象ともなっている。さらには，貧困者の「生存の場」といった消極的な機能を超えて，都市経済そのものと有機的に結び付いた機能を有していた。従事者は，一定の所得水準を満たしていれば，むしろ，自立性の高さを

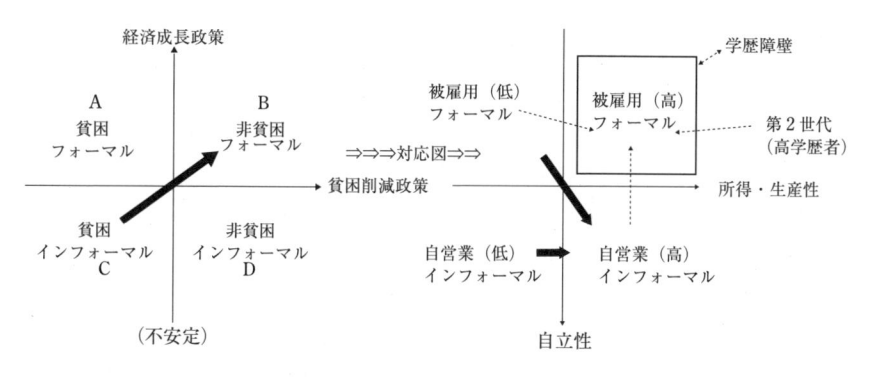

図9-3a 政策主体のIE支援政策における上昇イメージ（図2-4と対応）
出所：筆者が作成。
注：フォーマル＝フォーマル経済
　　インフォーマル＝インフォーマル経済

図9-3b 都市下層民の職業世界・上昇のイメージ
出所：質問表調査を元に筆者が作成。
注：➡ 都市第1世代の上昇イメージ
　　┈➤ 都市第2世代・高学歴者の上昇イメージ

理由に積極的な評価を示す。ここでは，政策主体が外から定義するインフォーマル経済像と，当事者が身をおく職業世界の中での評価の間に，ずれが生じていることが浮かび上がってくる。

　分断された労働市場は，閉じられた職業世界を作り出している。その中で，住民は選択し，成功を目指している。それでは，「自営業」に対する積極的な評価は，閉じられた職業世界を受動的に受け入れた結果に過ぎないのであろうか。もしくは，より積極的に，「自営業」を評価しているのであろうか。ここでも，都市下層民は，「安定性」と「自立性」の間の軸で揺れ動いている。そのずれと揺らぎは，世代を超えて露呈する。最後に，世代毎の上昇経路について検討してみたい。

3　「上昇」の経路と世代間移動

　2つのコミュニティの職業分析を通じて，個人の職業を元にした階層分類を行った。上位階層に位置するのは，一握りの被雇用（高）部門と自営業（高）部門であった。被雇用者の中では，特に一般俸給被用者が上位階層に位置していた。所得の平均値，中央値共に最も高く，参入障壁も高いが，参入者は安定し

た就業年数を見せていた。既に議論したとおり，被雇用（高）部門への参入は，学歴が必須条件である。例えば，都心コミュニティSで最も高所得者である航空管制塔に勤務しているBは，大卒であり，月収3万バーツを得ている。米資本の有名ハンバーガーチェーンの店長をしているSは，高卒ではあるが，勤務し始めた10数年前当時でいえば高学歴であった。勤続年数が長くなり昇進の結果，コミュニティの中では高所得を得る1人となっている。また，Wも高卒であったが，ドイツ系資本の製薬会社に職を得た。最初は妻Rが勤務していた財団のドイツ人の紹介で[1]，電話の交換手となったが，その後，WもRを通じて同じ会社に入社し，営業や集金を担当することになった。Wと電話の交換手であるRは，いずれも勤続年数が10年を超え，その間無事昇給し，夫は月収2万5,000バーツ，妻は2万バーツを得るようになっている。

　これらの高所得を得ることができる安定職従事者は，現在では，大卒以上の学歴が要求される。また，基本的には，航空管制塔で働くBのように，一般募集を通じて参入することになる。WとRの事例は，紹介者が間に介在して初めて実現しており，偶然性が高かったが，勤続年数を積み重ねる中で昇給した。コミュニティの中の，一握りの安定した被雇用層は，このように，ごく一部の，偶然と運が重なって参入した者を除いては，学歴要件を満たしている者のみがフォーマルなルートを使って参入することになる。

　一方で，自営業の上位階層の職業従事者の成功とは何であろうか。自営業の各職業階層別の所得幅を見ると，同一の職業階層内でも，収入の分散は大きい。それでも，自営業（高）部門と自営業（低）部門間では平均値に差が出ている。例えば，自営業（高）部門，特に男性の建設業請負や，自動車修理工房などの製造業職人，美容院は，平均値が高い。また，これらの大きな投資を必要とする職種に参入するには，資本力が必要である。労働者のライフコースを見ると，上昇への経路が見えてくる。建設業請負人を例に挙げてみよう。

　1960年代に，地方からバンコクに出てきたJは，まずは日雇い労働者となった。日雇い労働者は，被雇用部門の中でも最も不安定性が高く，被雇用（低）部門の中で最下位に位置する。しかし，友人を頼って参入すれば，その他の職業よりは容易に参入できる。1960年代，1970年代は，経済の原動力であるバンコクが都市として拡大を始めた時代であり，仕事には困らなかった。建設作

---

[1] 財団の事務の仕事をしていた際に，帰国を控えたドイツ人の雇用者が，財団の仕事は給料も低いし，大変であろうと製薬会社の知り合いに推薦してくれたとのことである。

業員として従事した仕事は，現存の有名ホテルやデパートなど，幾つもの名前を挙げることができる。建設現場を転々とする生活であったが，技術や技能を習得することはできた。また，仲介人を通じて，個人宅や店舗など，小さな仕事にも従事するうちに，独立を考えるようになった。特に家族を持ってからは，現場を転々としながら寝泊りする生活は難しいと感じるようになっていた。少しずつ道具も買い揃えていった。小さな仕事をする内に，顔見知りができ始める。日雇いの仕事の傍ら，家のこまごました修理など，ちょっとした仕事を請けるようになった。最終的には，建設業請負の親方から，開業資金を借りて，独立することになった。顧客は，インフォーマルな紹介が基本である。1つの仕事を請け負うと，案件に対して報酬額が決まる。娘の夫など，他にも2人に給料を払うが，仕事の紹介者がまた別の仕事を紹介してくれることも多く，ネットワークを通じて仕事を確保している。

　これらの自営業（高）部門の従事者は，まず参入時点でリソースの獲得という大きな障壁がある。特に投資資金の獲得は重要な鍵を握っており，第8章の女性の事例では，雑貨屋は家族経営であり，美容院は，親族からの無償の提供を受けていた。男性に関しても，貯蓄できる層は限られており，退職金の使用や，独立時には，親方や雇用者からの無償の支援や借金を使用して投資するケースが多い。また，独立や開業に必要な技術や技能の習得も，参入前の大きな障壁である。工場労働者が製造業へ，日雇い建設労働者が建設業請負へ，といった移動を多く見せるのは技術・技能要因による。美容院の事例でも，職業訓練校でカット技術を学ぶか，もしくは，まずは美容院の従業員となって技術を習得するのが普通である。

　一旦開業してからは，顧客の確保が課題となる。情報網，技術・技能の向上，継続的な投資と幾つもの課題が生じるが，その一つ一つに対応し，大きなリスクに直面することなく，安定して事業拡大に成功することができれば，建設業請負人として労働者を雇うことや，仲介人としてより大きな仕事を得ることも可能になる。コミュニティの中の，これらの自営業成功者が，所得面を見ても，最も上位の階層になっている。つまり，成功者とは，「安定」して事業拡大に成功した者，もしくはリスクに上手く対応し，変化を乗り越える事ができた者である。

　都市流入者の第一世代の「上昇」のイメージは，自営業者の成功が中心である。第7章の所得階層分析を振り返ると，火災前の上位階層には，被雇用（高）

部門のみならず，自営業（高）部門従事者や，一部，自営業（低）部門の従事者も位置していた[2]。一部の被雇用者層は，教育水準の違いや，「幸運」を理由に別扱いされる。それに対して，自営業（高）部門は，リソースさえ獲得できれば，参入する可能性が開かれている職業であるとして認識される。元来，自立性志向が強い上に，参入の可能性の機会が相対的には開かれているということが，自身の職業経験の最終ゴールとして，自営業（高）部門が上昇の到達点として捉えられる所以である。

ところで，表9-1を参照すると[3]，これらの被調査者の親世代の過半数は，農業従事者である。子供世代である被調査者は，被雇用（高）部門にも一部参入しているが，多くは自営業（低）と被雇用（低）部門に参入しており，一部が自営業（高）部門へと流入している。親子の移動があっても，農業以外では，主に被雇用（低）部門と自営業との間であった。出発点が同水準であれば，成功の可否は都市流入後の職業生活の中で規定されていく。

以上のように，自営業を中心に上昇しているのが第1世代であった。図でいえば，自営業（低）部門，被雇用（低）部門の象限から自営業（高）部門へと向かう矢印が上昇であり，政策概念図，図9-3では，AやCの象限から，Dの象限へと移行していくのが成功であると見なされている。

ところで，第1世代の上昇は，閉じられた職業世界の中での上昇でもあった。自身が従事する職業に対して，高い評価を与える自営業者は，その「上昇」のイメージを，子供世代に対しても継承しているのであろうか。

火災の影響を受けた自営業者の事例からは，教育費捻出に苦労する親世代の様子が垣間見えた。毎年，NGOや政府が提供する奨学金に対する関心は非常に高い。廃品回収人Pは言う。「子供たちには高い教育を受けさせたい。私たちのように小学校4年までしか出ていないと，苦労する。親のようにしんどい思いをして働かないといけなくなってしまう。長女は今，職業専門学校に入っ

---

[2] 都心コミュニティSに関しては，自営業（低）部門従事者の一部も上位階層に位置しているが，全て屋台従事者である。ビジネス街に近いという立地が反映し，オフィス街で屋台を営む者は，他の屋台従事者に比べて格段と収入が高くなる。また店舗を構えるようになると（食堂屋台），職業階層としても，むしろ高生産性部門の自営商業と近く，屋台従事者の中も階層性で区分することが可能である。

[3] 都心コミュニティSの全戸調査が最もサンプル数が多いため，ここでは，火災以前の職業情報を用いて概観する。本章では，被災世帯321世帯のみではなく，質問表に回答した369世帯全てのデータを使用する。

表 9-1　被調査者と父親の職業：都心コミュニティ S（全戸調査）

男性世帯主

本人職 / 父親職	農業	被雇用(高)	被雇用(低)	自営業(高)	自営業(低)	その他(僧)	合計
被雇用(高)	12	4	6	3	4	1	30
被雇用(低)	26	4	13	0	10	0	53
自営業(高)	16	0	6	6	4	0	32
自営業(低)	55	2	17	1	22	0	97
無職[1]	7	1	1	1	0	0	10
合計	116	11	43	11	40	1	222

女性世帯主

本人職 / 父親職	農業	被雇用(高)	被雇用(低)	自営業(高)	自営業(低)	合計
経営者	0	0	1	0	0	1
被雇用(高)	3	1	3	0	4	11
被雇用(低)	30	3	14	1	5	53
自営業(高)	4	1	2	0	3	10
自営業(低)	17	1	5	0	5	28
無職[1]	7	1	1	2	4	15
合計	61	7	26	3	21	118

出所：質問表調査より筆者が作成。
注：1）　無職＝失業，定年，学生，など。
　　　　父親と幼少の頃，死別，両親が離婚した場合などはデータがないため，集計から省いている。グレーは高生産性部門。
　　　　父親職と母親職をクロスすると，母親の方が上位の職業階層に位置するケースは，数例しかないため，両親の位置する階層は近似しているものとして便宜上，父親職を使用する。

たけれど，お金がないのでこれ以上は無理かもしれない。他の子供にもできるだけ高い教育を受けさせたいのだが」。10年以上前に，自身が障害を負って働けなくなった M の家族は，ホテルでコックを勤める妻の収入（月収9,000バーツ）のみで3人の子供を育ててきた。子供の教育のために，田舎の田園や家財道具はすべて売ってしまったという。末っ子の教育が終われば，少しは生活が楽になるだろうと思っている。

　中には，計画的な夫婦もいる。元郊外コミュニティ U で，子供2人を育てているバイクタクシーに従事する T と縫製工場に勤務する T の夫妻である。中学生と小学生の子供の将来の進学のために，月々500バーツずつ積立貯金を行っている。すでに5年目で，3万バーツになったという。妻は少しでも収入を増やそうと，工場の固定給5,000バーツ以外に，自宅に仕事を持ち帰り，出

来高ベースで追加所得を得ている。多い月では3,000バーツほどになる。夫も，月によっては1万バーツ以上を稼ぐ。ただし，2人とも労働時間は非常に長い。日によっては，13，14時間も働いている。

　子供により高い教育を受けさせたい。その願望が高いほど，家計の予算制約の中から，時としては，住宅に対する投資よりも，教育投資が優先される。火災やレイオフといったリスクは，子供世代に対する教育投資を中断せざるを得ない状況をもたらしてしまう。火災の発生はちょうど新学期と重なっていた。親世代は，何とか休学や停学をさせなくて済むようにと金策に奔走し，寄付や借金を得ようと必死であったのである。

　まだ30代後半で，ホテルのマッサージ師をしているMは言う。「小学校4年しか出ていないと，他に選べる仕事はないけれど，マッサージは，歳を取ったらしんどいかもしれない。資金があれば屋台を始めたいと思っている。子供が小さい時は恥ずかしがったかもしれないけれど，大きくなったし，一旦始めたら慣れてくれるだろうから，大丈夫だろう」。まだ若いMの自営業に対するイメージは，必ずしも高くない。外部の自営業に対するイメージと，自己の選択の間で揺れ動いている。子供には別の仕事について欲しいと思っている。

　都心コミュニティSの調査から，子供世代の教育水準と就業構造を暫定的に見てみよう（Appendix [8-1] [8-2] を参照）。被調査者369世帯の内，子供や孫に相当するものは616人であり，バンコク出身者が87.9％，未婚者が86.6％であり，都市第2，第3世代が中心である。15歳以上は48.8％を占めており，52.4％に当たる323人は就学中であり，144人（23.4％）は有職者であった。有職者の平均所得は6,407バーツと世帯主や親世代と比較すると低いが[4]，注目すべき点は，被雇用（高）部門従事者が有職者の約30％を占めている点である。これらの労働者は，勤続年数が依然として短いが，勤続年数が長くなれば昇級する可能性のある潜在層でもある。また，被雇用（低）部門は，約51％と非常に高い比率を示しており，全体としては被雇用者が大きな割合をしめている。

　教育水準も見てみよう。短大卒が5.7％，大卒が3.2％となっている[5]。現在就学中の者に関しても，短大0.5％，大学生が1.5％存在している。全体として

---

4) 最高値は2万2,500バーツ，最低値は1,000バーツである。なお，第2世代・第3世代の集計は，世帯数とは連動していない。被調査者の子供・孫全体を集計している点に留意が必要である。

5) バンコク全体の平均は，2000年の人口センサスによると，大卒者・大学在学中が20.3％，短大卒・短大在学中が6.1％となっている（NSO 2000）。

は，中卒，高卒が大多数をしめ，主に被雇用（低）部門や自営業（低）部門に参入している。しかし，絶対数は少なくても，高学歴層は少しずつ増えてきており，親世代が有していた学歴障壁を乗り越える可能性を持っているといえよう。学歴の中のヒエラルキーで序列がつけられるとしても，少なくとも，「学歴」を基準に，大卒市場，一般の労働市場に参入する機会を手にすることができる。現実はどうであれ，被雇用（高）部門と，その他の部門の間に存在する大きな断絶を飛び越えた「上昇」を，自身の職業世界の中で描いてみることができるのである。

4　小括

「伝統部門」から「近代部門」へ，「インフォーマル」から「フォーマル」へ，もしくは，農民から近代工場労働者へ，といった二項対立的な「上昇」のイメージは，近代化論の延長に登場している。理論が想定する「上昇」や，「インフォーマル経済」のイメージは，政策を通じて，都市下層民の世界にも持ち込まれるが，実際の都市下層民が自身の職業経験や，職業世界の中で紡ぎだす職業世界や「上昇」のイメージとは乖離したものである。

都市拡大期を経て，都市定着層が増大し，第2世代，第3世代が育ちつつある中，上層や中間層と都市下層の間のみではなく，都市下層民の中でも階層化が進行しつつあった。その中で，「成功」を手に入れたものと，落層した者，上昇のきっかけを掴めないままであった者の差は明確に開いていく。

格差が拡大し，コミュニティ内にも富める者と貧する者が混在するということは，コミュニティの中に，より明確な「成功」のイメージが形成されることを意味する。そのイメージは，マクロな経済変動や社会構造によって規定される自身の職業世界に密接に結び付いていた。ただし，理論の想定とは異なり，インフォーマル経済は，決して孤立した経済ではなく，むしろ，都市のダイナミズムと結び付いていた。その中で，住民は，被雇用と自営業の間を流動し，変動する就業機会に対応している。マクロな変動を内在化しつつも，限定された職業世界の中で，被雇用（低）部門の将来性と自営業を比較考慮した場合，自身の職業世界の中で「上昇」の可能性に開かれているのは自営業である。し

たがって，第1世代は，自営業を積極的に評価し，自立性の高さを好み，そして適職であるとみなす。一方で，安定職への憧れもないわけではない。家計のニーズや，職業に対するイメージを元に，「安定性」と「自立性」の軸の間を常に揺れ動いているのである。自身には選択肢がなくても，子供の世代には，学歴条件の制約が低下し，選択の可能性が高まることを望む。

理論が想定する「上昇」は，世代を超えて起こりうるものである。とはいえ，「上昇」のイメージを，近代部門への参入として矮小化することは，被雇用（低）部門の不安定性や，第1世代のダイナミズムを見落とすことにつながってしまう。第1世代には，第1世代の可能な選択肢の中での上昇と成功の世界がある。その障壁を打ち破る可能性は，世代を超えて出てくるが，それも，教育に対する予算分配を滞りなく行うことができる，第1世代の成功者が存在することによって初めて実現するのである。

インフォーマル・フォーマルの境界は，生産関係や，労働関係の関係性のあり方とその変容によって，常に変化する。マクロな経済構造を背景に，制度的・法的規定を通じて，保護や課税の対象の境界が形成され，時代の変化，構造の変化と共に揺れ動く。このような関係性によって規定される境界線とは，常に可変的であり，経済の実態との間にはずれを持っている。具体的な労働市場を考えると，タイ社会において，現実の境界線となっているのは，学歴であった。都市下層民の職業世界は，現実の選択可能な職業群と，自身のニーズに即して形成される。家計の必要と職業に対する選好は，所得水準を前提におきつつも，「安定性」と「自立性」の二つの軸の間の揺らぎとなって表れていた。ただし，第2世代に移行すると共に，「自立性」よりも，「安定性」の軸が強くなっていると断言するには時期尚早である。グローバル化が深化するにつれて，労働市場はますます不安定化している。そもそも，4象限の前提が崩されようとしている時代において，被雇用部門の「安定性」の軸も侵食されつつある。その侵食の度合いが強くなれば，「自立性」の軸が再び前面に出てきてもおかしくない。都市労働市場のダイナミクスと並行して，都市下層民の就業機会も変動している。マクロな変動と，ミクロな相互作用の下，実態は複雑に変化していくのである。

【コラムシリーズ　調査地で出会った人々④】

大学進学を目指す第2世代

　Nong Bと初めて会ったのは2004年3月の質問表調査の時だった。はにかんだ笑顔が印象的な，素朴な好青年だった。お父さんはトゥクトゥクの運転手で，お母さんは以前はコンドミニアムのメイドをしていたというが，調査の頃は失業中だった。コミュニティ内のアパートに，約四畳半ほどの1部屋を1,300バーツで借りて，家族3人で住んでいた。高校生の弟は，田舎の両親の元で高校に通っていた。お父さんは，(なぜかインタビュー時の回答はいつもオネエ語で)「しがないトゥクトゥク運転手で，田舎でゆっくりしていたいのに，息子ってば，大学でお勉強したいなんていうから，大変なのよぉ」「それに誰に似たのか，この子，勉強ができるのよぉ」と言っていた。「月収5,000バーツよぉ，本当に大学に入っちゃうのかしら〜」とわざと語尾をあげながらも，嬉しそうにケタケタ笑っていた。息子が大学に通いたいというので，バンコクに移ってきたという。火災の前に，タイの名門大学チュラーロンコーン大学を受験していた。

　火災の後，賃借層だったNong Bの家族には住宅の選択権がなかった。仮設住宅でも見かけず，どこに行ったのだろうと探していたら，コミュニティの焼け残った貸家に部屋を借りていた。「家賃，1,000バーツもあがったわよぉ」と相変わらずオネエ語のお父さん。火災の時，家にいたのはNong Bと田舎から来ていた高校生の弟の2人だったという。貸家はちょうど，コミュニティ内の幼稚園に近接していた。お母さんが言うには，Nong Bと弟の2人は，幼稚園の子供たちが逃げるのを手伝っていて，家財は何も持ち出せなかったという。火事の後，本が全部焼けてしまったとNong Bが泣いたのよ，と。ポケットに10バーツだけ入っていたという。いわゆる美談というよりも，Nong Bはまさにそんな少年だった。それからしばらくして，チュラーロンコーン大学の合格通知が届いたのは本当に嬉しいニュースだった。健康科学部に入学した。被災したため，入学金は免除になった。それでも，入学準備のための資金繰りは大変だったが，借金や祝い金などでやり繰りし，晴れて大学生になった。

　チュラーロンコーン大学は，門戸が広がりつつあるといえど，やはり裕福な家庭の子弟が多い。両親がトゥクトゥクの運転手やメイドの家庭はほとんどないだろう。周りの学生たちは，Nong Bにどう接するのだろう，大丈夫かなと一瞬，余計な心配をしたりもした。その後，大学のキャンパスを歩いている時，Nong Bにばったり会うことが数回あった。いつも楽しそうに友人達と歩いてい

て，私を見つけると，嬉しそうに声をかけてくれる。ある時は，久々にお母さんたちを訪ねたら，Nong B は津波の後のボランティアで，サークルの仲間と南部に行っているという。大学生活はとても楽しいと言っていた。懸念していた学費の問題も，1年目は政府から月々4,000バーツの支援，2年目には日系企業の奨学金に合格し，4年間を無事過ごす事ができた。そして，ふと気付くと，弟もバンコクに移り住んでいた。

　弟は，すらっとスリムな兄と異なり，両親に似て，ころころとしていて大きい。コミュニティの再建過程で，焼け残った貸家も撤去されることになり，近隣の団地のようなアパートに移り住んでいた。ここも一部屋のタイプで，4人になると少々窮屈そうだったがいつも賑やかだった。お母さんいわく，弟は「お兄ちゃんより勉強が出来る」のだそうだ。お兄さんよりも更に高校の成績が良いのだと言う。その横で，またお父さんがオネエ語で，「もう1人，大学に行くのかしら〜」「どうしましょ〜」と声を裏返して叫ぶ。政治学を専攻したいのだという。お母さんもメイドの仕事を再開した。

　月日が経つのは早くて，ふと気付くと，Nong B は無事大学を卒業していた。タイの大学生は，卒業してから就職活動を行う事も多い。Nong B は専攻を生かしてスポーツに関わる仕事をしたいとフィットネスクラブで訓練生として働き始めていた。狭き門である最終試験を経て，訓練生の中では唯一，正規に採用され，今も元気に働いている。お父さんの倍以上の稼ぎを得ているが，せっせと貯蓄している。2009年からは，チュラーロンコーン大学の大学院にも通い出した（スポーツ科学研究科）。学期ごとに2万バーツかかる学費も自分で払っている。また弟は，政治学部から志望を変更し，一浪したものの，マヒドン大学に入学し，医者を目指している。小さなアパートの1室での家族4人の生活は，まだしばらく続く。

おわりに

　本書では，急速に変化するバンコクを舞台に，都市下層民の労働と生活の実態を，居住と職業の面から分析してきた。リスクへの遭遇と対応過程を一つの柱としながら，動態的な分析，および，重層性への視点を重要視してきた。具体的な方法としては，個人を出発点にしながら，階層分析やライフコースにも着目してきた。本書を結ぶにあたって，改めて，本研究の課題と照らし合わせて得られた知見を総括したい。

　コミュニティにおける長期実態調査をもとにした本研究が目指したのは，議論をコミュニティ内部に閉じ込めず，都市の変化を視野に入れながらも，内在的な視点から都市下層民の労働や生活を捉えなおすことであった。理論や政策が想定するモデルを持ち込むのではなく，内部の階層性や上昇の経路を，事例分析を通じて明らかにした。また，リスク対応過程の分析を通じて，結果的にインフォーマル経済やコミュニティの実態や機能を浮かび上がらせることも試みた。

　単線的な発展段階論の視野に立った伝統的な開発経済学やインフォーマル経済支援政策は，グローバル化の進展のもと，ますます重層化する諸現象と，新しく創出されるインフォーマル経済のダイナミクスを捉えきれていなかった。1990年代のネオリベラリズムの流れの中で，貧困削減政策と経済成長政策の混合政策として現れていたインフォーマル経済支援政策や，2000年に入って登場する「制度外経済」支援政策は，様々な相違点があるものの，都市下層内部の階層性をふまえていなかったという点では共通している。いずれも，実際の支援対象は，都市下層民の上層部に限定されることとなった。

　また，第2章で議論したとおり，開発の担い手としてコミュニティに期待する動きは強まっていたが，一方で，コミュニティの形成や配置変化の実態を確認すると，都心での開発圧力と地価の高騰が，コミュニティの撤去圧力を高めていた。コミュニティは郊外へプッシュアウトされていく傾向にあるのに対して，住民の多くが，都心へ還流し，既存のコミュニティの密集化が高まっていく。都市の動態的な変化は，都市下層民の側からは，居住と職業の二側面の葛

藤として捉える事ができた。また，不安定性を増す現代において，都市下層民は，様々なリスクに直面する。人々のリスク対応過程は，個人条件，世帯条件，その他のアクターからの支援との相互作用によって規定される。変化の中で，都市下層内部の階層性は拡大しつつあった。そのような格差に対する視点不在のまま，当事者の自助と競争を軸に構成された支援政策は，内部の格差を固定したまま，もしくは，一部の上層部に対しては恩恵を与えるものの，格差の不均衡を助長する危険性を含んでいた。内部の階層性を丹念に検討する必要性を唱えたのは，このような危惧にもあったといえよう。

1　都市下層民のリスク対応と階層性：居住の変化，職業の変化

　本書が取り上げたリスクは，主に火災とレイオフの2つであった。幾つかの論点を振り返っておこう。
　コミュニティにおける火災は，人々の居住の側面のみならず職業の側面にも深刻な打撃を与えた。火災後1年半の時点での世帯調査でも，低所得化の傾向は顕著であった。ここでは，内容の要約は繰り返さないが，幾つかの重要な含意を指摘しよう。
　まず第1に，火災の影響は階層性を伴って現れた。コミュニティの住民の再建過程と，近隣の警察官の社宅，人々の月収の数倍もするような家賃を徴収するコンドミニアムの復興にかかった時間に雲泥の差があった点は，今更強調するまでもないだろう。ここでより注目したいのは，都市下層内部にも大きな階層性が存在し，リスク対応過程を通じて，その階層性が再編されている点である。
　火災直面後，コミュニティ内の階層性は，まずは仮設住宅や恒久住宅登録の際に，持家層と賃借層や同居世帯の違いとなって表れた。後者は，所得階層でも相対的に低位であったが，住居登録を持たないが故に，支援の対象にはなりにくかった。自力建設の家といえども，コミュニティ内の住宅は立派な資産であったのである。また，賃借を維持する財政力があるかどうかによって，仮住まいを賃借で行う世帯，もしくは基盤インフラが整っていないサッカー場などで自力建設をする世帯などに分かれていった。最終的には自力建設によって仮

住まいを確保した世帯は約60％にものぼる。

　賃借能力は，当然のことながら，稼得能力の違いが影響する。火災で深刻な打撃を受けたのは，自営業者であった。少なくても被雇用者に関しては，職業の側面で言えば，火災の直接的な影響はなく，むしろ，火災直後に企業から見舞金が支給されるという保障の恩恵を受けていた。ところが，自営業者は，生産手段の焼失や，仕事場，市場そのものが消失することで，職業自体も深刻な打撃を受けた。その後，人々は個人条件と世帯条件に規定されながら，自営業の再開，職業の変更，失業といった異なる経路をたどる。職業の変更では，被雇用（低）部門への流入が多く観察された。自営業の再開に関しても，低生産性部門が中心であり，投資資金の確保や市場の確保に悪戦苦闘しながらも，入手可能なリソースを駆使して，仕事を作り出す人々の姿が垣間見えた。社会属性別に見ると，ジェンダーで言えば女性，また世代で考えれば高齢者に対する影響が，より深刻であった点は重要である。

　第2に，火災によるコミュニティの消失によって，改めて，居住と職業の密接なつながりが明らかになった。ひとつには，コミュニティ自体が，居住空間であると同時に職業空間であり，市場でもあった点が重要である。ふたつには，火災の後の困難な過程にもかかわらず，大部分の世帯は，コミュニティ周辺にとどまった点に示唆される。人々は都市どころか，都心からも流出しなかった。都市下層民は，家計の予算制約から，職住近接を志向する傾向が強い。自営業者にしろ，被雇用者にしろ，都市下層民の就業機会は圧倒的に都心に集中している。人々が，流出しない理由として挙げたのは，職場と子供の学校の問題であった。

　このような状況は，改めて，多くの人々が都市定着層であることを認識させる。ところが従来は，流動性の高さが強調されるあまり，都市下層民が都市の中で，確実に生活の基盤を築いてきていること，また，その維持を —— 結果的には変更を余儀なくされるとしても —— 試みている点は充分に注目されてなかったのではないだろうか。たしかに都市下層民は，リスク対応の結果，職業や居住地の変更を余儀なくされることも多い。たとえば，コミュニティが撤去され，居住地が変わり職業も変更せざるを得なくなる。失業し，職業を変える。職業を失い，居住地を移動し，職業を探すこともあるだろう。その意味では，流動性が高い層であることは間違いない。しかし，一旦世帯を形成すると，人々は居住地の維持を志向する動きが強くなる。いずれにせよ，深刻な経

済危機や，何らかのリスクが勃発するごとに，マクロな視点からは，タイにおいては，都市下層民が「帰る場所」として，農村がセーフティネットになっているとの主張が安易に繰り返される。このような主張の根拠を，問い直す時期に来ているのではないだろうか。

　第3に，政府の支援政策のあり方自体が，人々の厚生水準の変化に直接影響を与える点である。火災という緊急時の支援政策では迅速性が要求される。しかし，公式な手続きを経なければならない政府の支援政策において，コミュニティの人々の自力建設と同様な速度は期待できないであろう。仮に自力建設をするとすれば，自宅の建設に必要なのはせいぜい2週間程度である。とはいえ，5年に及ぶ復興・再建過程の機会費用は大きい。実施体制，各アクター間の調整の問題は，幾つもの課題を残したと言えるだろう。また，コミュニティ内の分裂の過程は，コミュニティが決して一枚岩ではないこと，様々な利害関係や階層性を内包していることを露呈させた。貧困の解決を目標として掲げているはずの支援政策が，むしろ，コミュニティ内の階層化を助長し，社会関係を壊していくのは皮肉ではある。分裂の過程やその含意に関しては，別の機会に譲りたいが，コミュニティ開発を考える際に，このケースを「失敗例」として捉えるのではなく，むしろ，コミュニティの現実そのものであると捉え，そこから出発することが重要である点を指摘したい。また，混乱や分裂にもかかわらず，その後の再建の過程では，様々な人々の営為，協働，積極的な献身によって復興が可能となった点も補足しておく。

　火災の事例からは，女性への深刻な影響が顕著であった。第8章では，女性のリスク対応過程とライフコースを取り上げた。また，個人条件と世帯条件の相互作用が，女性の職業に対して制約・促進条件となりうることを明らかにした。ここで取り上げた女性たちは，グローバル化の第一期の主な担い手であった元工場労働者である。国際分業体制に組み込まれたいわゆる近代部門は，一時的な就業の場でしかなかった。これらの女性は，工場労働を退出後，個人条件と世帯条件に規定され，階層性を帯びながらも，様々なインフォーマル経済職種に参入していった。ここでは3点，指摘しておこう。

　第1に，工場労働を退出した女性は，自営業（高・低）部門，もしくは家内労働へと参入していた。女性の異なる職業経路には，投資資金へのアクセスや技能など，個人条件が大きな要因となっていた。自営業（高）部門へ参入できたのは，ごく一部の，リソースを獲得できた者だけである。ただし，リソース

獲得の可能性は，個人条件にのみ起因するのではなく，世帯内の協力状況など，世帯条件が重要な鍵となっていた。

　第2に，第1の点と関わっているが，世帯の中で妻や母として複合的な役割を担うことが，女性の投資行動の制約条件として現れていた。元来，女性は男性と比較すると，低賃金職種に従事している。他方で，家計分析からは，女性の家計への貢献度が時として夫よりも大きく，世帯内協力関係が不均衡であるほど，女性の稼得活動の制約条件が高まるという悪循環が見て取れた。世帯内の「隠された」稼ぎ手であるか，世帯内の唯一の稼ぎ手であるかにかかわらず，女性の稼得活動は，世帯の厚生水準の維持にとって，重要な意味を持っている。ところが，調査地の事例においては，女性の方が男性よりも労働時間が長いのにもかかわらず，賃金を比較すると，女性の方が低かった。これは一般的に観察される現象ではあるが，技能や資本といった個人条件にのみ依拠するというよりも，女性の就業する職種が，市場で家事労働の延長とみなされ，充分な支払いを得ていない可能性があることを指摘しておく。火災の事例でも，多くの職業を失った女性は，家事労働の延長である職業，例えば，清掃，調理，洗濯などに参入していた。これらの職業は，参入は比較的容易であるが，競争も激しく，参入者が増えることで，さらに賃金の引き下げ圧力が生じうる。そしてその影響は，世帯の厚生水準に跳ね返っていくのである。

　第3に，長期的な視点の重要性である。1990年代後半のレイオフから約10年を経ているコミュニティにおいても，自営業（高）部門への移動はほとんど見られず，むしろ，自営業（低）部門や家内労働者内の競争は激化していた。特に，家内労働者の増大や，賃金の低水準での維持，もしくは低下の傾向は，インフォーマル経済内部での競争の激化を示している。その中で，特に深刻な影響を受けてきたのは，これらの職業を主な，もしくは唯一の所得源とする人々である。コミュニティ内でより脆弱な層が，より深刻な打撃を受けるという悪循環が見て取れる。このような実態は，火災のケースにも示唆を与える。復興の長期化で，火災後既に5年が経ってはいるが，今後，火災以前の厚生水準への回復，もしくは上昇にはどのぐらいの時間がかかるのであろうか。リスクの影響は，短期的なものに留まらない。厚生水準の低下が固定されるのか，回復できるのか。リスク対応過程には長期的な視点も必要となる。

　ところで，インフォーマル経済の視点から見れば，第8章は，インフォーマル経済への参入過程を分析するものであり，第7章は，インフォーマル経済従

事者がリスクに直面した際の変化と対応,つまり,インフォーマル経済自体の変容の過程に焦点をあてていたと言える。参入と変容の結果,階層化は進行し,成功するもの,留まるもの,低落するものも出てくる。本書では,都市下層民の職業移動と階層移動の経路をひとつずつ確認した上で,都市下層民にとっての「上昇」と成功の具体的な中身について明らかにした。伝統的な開発経済学や支援政策が描く上昇の経路は,インフォーマルからフォーマルへ,伝統部門から近代部門へと移動する単線的な発展論であった。しかし,そのイメージと都市下層民の実際の職業世界や,当事者の中で描かれる上昇のイメージとは大きな乖離が生じていた。職業移動の経路を見ると,被雇用(低)部門と,自営業(高)部門,自営業(低)部門間との流動性は高かった。一方,被雇用(高)部門は,学歴の高い一部の労働者にしか参入の機会が開けておらず,分断された都市下層民の職業世界を作り出していた。このような分断された選択肢と閉じられた職業世界の中で,成功のイメージは形作られる。都市下層民の職業観と職業選択からは,「安定性」と「自立性」の間を常に揺れ動く姿が見えてきたが,多くの者にとって,その閉じられた職業世界の選択肢の中では,インフォーマル経済が生業であり,また,そこでの成功が最終目的ともなっていたのである。グローバル化の進展と,それに伴うリスクの増大は,インフォーマル経済内部の競争の激化をもたらしており,人々に様々な制約を突き付けている。しかし,わずかであっても,上昇の経路となりうるのもまた,インフォーマル経済なのである。被雇用(高)部門も含めた選択肢の拡大と,「安定性」と「自立性」の価値軸に対するより積極的な意味づけは,閉じられた職業世界を飛び出す可能性のある都市第2世代によってなされるであろう。

2 世帯の戦略とコミュニティ:不安定性とともに生きる

　都市下層民の中での成功のイメージは,一部の安定的な被雇用(高)部門従事者と,不安定性やリスクを上手く切り抜けながら,事業拡大に成功している自営業(高)部門従事者であった。とはいえ,世帯の厚生水準に目を向けると,個々人の職業階層における上昇が,必ずしも世帯の厚生水準の向上に結び付くとは限らない。前節で述べたとおり,世帯内の家計に対する協力状況,リソー

スの配分，意思決定のあり方が世帯の厚生水準を規定するからである。世帯の構成員が，たとえ高い所得を得ていても，それを世帯のリソースとして活用しない限りは，世帯の厚生水準は向上しない。元来，家計の予算制約は大きい。実際に共有して使用できるリソースの規模によって，家計内での諸活動の可能性が変わってくる。

少し具体的に見てみよう。都市生活において，約6,000～7,000バーツの月収で家族4人が暮らすのは至難の業である。食費だけでも50％を超えてしまうだろう。実際の生存戦略においては，世帯内で有職者数を増やす事，同居や自力建設によって，居住コストを抑えることで対応がなされる。それだけではない。たとえ世帯内協力が良好であったとしても，家計の予算制約は大きい。重要なのは，世帯の投資戦略と生活への見通しである。

多くの貧困層を描く研究者は，彼らを短期的な見通しで動かざるを得ないその日暮らしの人々として描く事が多い。実際，明日の予想もつかない不安定な層には，日々を借金の繰り返しで維持しているような人々がいないわけでもない。それでも，人々の多くは，外部者が思うよりもよほど自身の人生を知っている。リスクや不安定性を抱えた人生であることは既に分かっている事である。不安定性を前提とした上での，ある種の長期的な見通しが日々の生活設計や投資戦略に結び付いている。

各世帯は，予算制約を背景に，家族の中の優先事項にリソースを配分する。家族の発展段階によって，世帯内の優先課題は変化する。子どもの教育，住宅の改善や拡張，職業への投資など，幾つかの課題が同時に発生する場合，時としては，子どもの教育が優先され，職業への追加的投資や住宅の改善は後回しにされる。

筆者のホストファミリーの話を紹介しよう。この家族では，就学中の実子や預かっている子ども3人に対する教育が最優先課題である。計画的に，もしくは「希望」を持って，まずは子どもへの教育に投資し，少し余裕がある時に，少しずつ蓄えを作っては，住宅を改築する。必要な費用が貯まってから住宅を建て直し，また数年して必要な費用が貯まったら自動車を購入する。ところが，ようやく，自宅をコンクリート製に建て直した直後に，火災に遭遇して燃えてしまったりする。そんな「運」とも隣り合わせの人生であることを知っているからこそ，普段から火災などのリスクを非常に恐れてもいた。人々の人生は，様々なリスクやマクロな変化に翻弄される。そのような変化に，一つ一つ

対応していくこともまた，人々の人生の現実である。筆者のホストファミリーには，既に引退した父が働いていた時期からの貯蓄があった。火災が発生した2004年当時の有職者は母1人であり，世帯収入はコミュニティにおける平均の半分程度であったが，貯蓄はコミュニティの中で最も多かった。それでも，火災のあと，なるべく貯蓄に手をつけないで済むようにとサッカー場に移動した。それはかなり長期的な計画を考慮した上である。火災後，世帯の中での優先事項は子どもの教育費の継続的な捻出であった。同時に，貯蓄は老後のために取っておかねばならないという。社会保障制度もなく，再びどのような出来事に遭遇するかも分からないからである。だからこそ，早々に見切りをつけて，サッカー場に仮設住宅を建設する。建設終了後の恒久住宅に対する家賃返済は，むしろ「資産」ともなるので苦にならない。そのためにも，1，2年 —— 実際には5年となったが —— を不便な仮住まいで犠牲にしても構わないと考えるのである。

　人々は，期待・希望と現実のコストの間でやりくりし，そのせめぎ合いの中で選択し決断を繰り返す。日々の家計のやりくりはその見通しの中で行われる。ライフコースから見れば，ある時期に勃発するリスクが人生のどのタイミングであるかは，大きな違いを生む。制約の中での安定性さえもが揺るがされる時，子どもに対する教育投資や自身の生計維持の基盤が危機に晒されるからである。

　職業や生活に対するこのような姿勢は，単なるその日暮らしや怠惰といったものではなく，むしろ現実の予算制約に対する創意工夫の側面を持っている。とはいえ，実際にリスクに直面した際の衝撃や影響が小さくなるわけではない。様々な制約を乗り越える契機を得るのは容易ではなく，だからこそ，都市下層民はリスクに対してより脆弱でもある。

　コミュニティは，そのような人々が都市生活で適応するための，しなやかな調整機能を内包した有機的な空間である。不安定性に規定される都市下層民が，その不安定性をも吸収させながらも，自己や世帯の再生産を可能とする場である。自力建設を中心としたコミュニティは，居住空間としては，個々人や世帯のニーズと合わせて，日々投資され，更新されていく「プロセスとしての住居」が集まってできた地域である。同時に，コミュニティは単に住宅が集積している空間ではなく，生活・生産・消費の場として複合的な機能を持っており，ニーズに合わせて常に作り換えられている。コミュニティの本質とは，バ

ンコクという都市空間の中で，一般の住宅市場へのアクセスが限られている都市下層民が，自身のニーズに合わせて累積的に投資し，革新していくことが可能となっている点にある。その現出形態は，様々な機能，社会関係が有機的に結合されている歴史の積み重ねでもある。ただし，空間としては決して閉じられていない。コミュニティ内部に独自の市場を生み出しながらも，都市全体の市場と有機的に関係を取り結んでいる。それは，分断された二重構造ではなく，重層的な関係なのである。更に言うならば，都市のコミュニティとは，決して都市に「農村」を作ったのではなく，極めて都市的な機能を持っており，都市に適合する形で創出された極めて「都市的なもの」である。

グローバル化の進展の中，労働市場の下方圧力（底辺への競争：Race to the bottom）や不安定化が指摘される。インフォーマル経済の一部，特に低生産性部門では現実に競争の激化も観察されている。その一方で，コミュニティの移転圧力はますます高まりつつある。不安定性を吸収させる空間的・制度的柔軟性の再現は，今後一層困難となってくるであろう。火災の事例は，都市再開発の活発化とともに増大するコミュニティの撤去の問題と居住地や職業確保の問題を考える際にも示唆に富んでいる。

3　都市を生き抜く人々，都市を作る人々：グローバル化のダイナミズムの中で

開発経済学では，通常，工業化や近代化が進めば，インフォーマル経済は縮小し，最終的には消滅していくことが想定されていた。しかし，分析を通じて見えてきたのは，グローバル化や工業化の進展が，必ずしもインフォーマル経済の縮小を意味するのではなく，むしろ，グローバル化や都市化そのものの帰結として，あるいはリスクへの対応の結果として，インフォーマル経済が「再生産」され，時に拡大していることである。その中で，都市下層民の階層化も進展していた。都市の中で，生成，変化，消失，再生を繰り返すインフォーマル経済を理解するには，農村からの視点ではなく，都市の中のダイナミズムに注目しなければならない。グローバルな分業体制の中で，タイの中心，結節点としての機能を有しているバンコクは，グローバルな変動と無縁であるわけはなく，都市下層民の労働や生活もそのようなマクロ変動とは切り離されては

いない。

　ここでは，2点のみ指摘しておこう。まず第1に，都市の変化に合わせて，都市下層民の就業機会も多様化し，変化してきている点である。都市の側も，常に都市下層民の労働を必要とする。ある時点の職業構成は，時代の変化と連動しており，都市下層民に対する労働需要と，立地条件に規定された就業機会が反映されている。人々の職業経験の変遷は，個人・世帯条件に規定され，個別性があるとしても，マクロには，都市の歴史が反映されている。都市下層民もまた，都市の経済の一端を担っているのである。第2には，人々が積極的に職業を作り出す側面である。バンコクの交通渋滞を背景に，1980年代に登場したバイクタクシーはその一例であろう（第2章）。人々は僅かな機会を見逃さず，稼得活動のための活動を作り出す。制度が硬直的な先進国と比べると，良くも悪くも，そのような創意工夫が可能となるのである。先進国と比較すると，社会保障も，制度的支援も限定されているにもかかわらず，リスク時代を生き抜く力を持ちうるとしたら，それは社会や制度の柔軟性やルーズさゆえである。いずれにしても，都市下層民の稼得活動も，リスク対応過程も，コミュニティ内部のみに留まっていない。都市と有機的に結び付きながら，展開されているのである。

　以上をふまえた上で，本研究の政策的含意は何であろうか。個別の点では，既に充分指摘されてきた点ではあるが，教育，ジェンダーへの視点が重要であるのは言うまでもないだろう。また，ある時点での所得水準にのみ注目するのではなく，リソースへのアクセス，職業や家計構造などを複合的・動態的な視点から捉えることが重要となる。

　その上で，むしろ，強調したいのは，今一度，社会全体の中で，格差の問題を位置づけることである。潜在能力の拡大や，リスク管理能力といった視点の重要性，コミュニティや当事者の主体性を重んじた政策プロセスが重要である点は，筆者も視点を共有する所であり，疑義をはさむつもりはない。しかし，これらの主体を重視した議論は，「小さな政府」論が主流となる中，時として，各アクター間の調整の欠如や協働体制の不備から現場において混乱を引き起こしていることも事実である。当事者重視という反論の余地のない命題は，ソーシャルキャピタルの活用によるコミュニティ開発，協同政策として，時として内部の階層性に盲目的なまま，現場に適用される。場合によっては，支援政策の結果として，階層性や社会関係は弱体化してしまうのである。同時に，マク

ロな変化の構造的な要因に対する視点の欠如は，時として，格差の要因を「自己責任」として当事者に転嫁する危険性も持ちうるだろう。都市下層内部の階層性，コミュニティの機能や関係性の変化にしっかりと目を向けると同時に，リスクの性質を区分し，それぞれに適した対応策の検討が必要なのではないだろうか。特に緊急時の支援体制，その際のコミュニティの主体性の尊重，各アクター間の連携の仕方については検討に値する。様々な試行錯誤を経て，コミュニティの側からも，様々な営為が育っており，行政とのネットワークも格段に育ってきているのは確かである。そのような成熟が見られるからこそ，都市下層民に対する社会保障制度の未整備や社会的排除の問題と，再分配という課題に対して，グローバル化時代にいかに取り組むか，マクロな文脈の中で今一度，検討してみる必要があるだろう。

4　今後の課題

　最後に，本書では充分に扱うことができなかった幾つかの課題を，今後の課題として整理して締めくくりたい。
　まずは，グローバル化時代の都市分析である。「バンコクを舞台に」と言いつつも，本書では限定的に一部の地域を取り上げることしかできなかった。マクロな視点による，経済的・社会的な都市の実証分析は今後の課題としたい。また，バンコクのあちこちのコミュニティや工場でインタビューをしていると，人々の語りの中から，ふっとバンコクの歴史が立ち見えてくる瞬間がある。市井の人々の生活や労働もまた，都市の歴史と共にあり，都市の歴史を作っていっている。文化人類学や社会学の分析手法に触発されながらも，本書では，人々の多様な語りを充分に生かすことはできなかった。いつか，人々の側から都市の歴史を描くことにも挑戦してみたい。
　火災の後断念したインフォーマル経済自体に対する経済分析も，依然として気になるテーマである。インフォーマル経済の中にも，ローニッチ市場を対象に，国際的な展開を見せる生産活動が生まれつつある。そのようなダイナミズムを把握し，バリューチェーンを追いかけていく事は，都市の重層性を理解することにもつながるであろう。都市の内的循環と外的循環を丹念に追究し，再

構成していく作業を通じて，格差の構造や都市をより立体的に把握する視角を模索していきたいと考える。
　ところで，様々な場で報告や議論をしていると，必ず聞かれるのが，「これらの人々のダイナミクスは，マクロな構造を変革する力を持ちうるか」という問いである。都市下層民やインフォーマル経済従事者の創意工夫は，しょせん格差構造の中での制約，もしくは周辺性の中での，日々を生きる為の小さな試みでしかないのではないか。そのような指摘である。正直に言えば，今の私はこの問いに十分に答えることはできない。ただし，現時点での私の限定的な回答は，人々の活動や協同の試み，他のコミュニティとのネットワーク化は，少なくても，支援政策の転換を促してきたというものである（詳しくは，遠藤2005a）。また，都市の中での経済活動が，都市の景観やダイナミズムの一端となっているのは疑う余地もないであろう。とはいえ，今後，グローバル化がますます進展する中で，どのような方向に進んでいくのか。日本で「生活史」研究を牽引してきた中野卓は，個々人の生活史が重複し，力動的に相互作用し，それらが同時にマクロな各レベルと動的構造を規定しあいながら歴史が展開するところに社会史があるとした（中野2003）。大きな状況を変化させないとしても，社会への小さな影響は確実に起こりうるとする点に学ぶ所は大きい。マクロとミクロの相互作用や規定力に関しては，今後の課題としたい。

あとがき

　初めてタイを調査で訪れたのは，修士課程2年目の6月，2000年のことだった。それから既に10年の月日が経っている。本書を書く際に，長期滞在時の日記を全て読み直してみた。どれだけ多くの人に支えられ，日々気付き，学び，葛藤していたのかが良く分かる。たくさんの出会いは，筆者にとって何よりも大切な宝であり，また本書は，これらの多くの人との出会いや議論がなければ決して完成することはなかったであろう。

　経済学研究科に所属していた私が，「インフォーマル経済」をテーマに取り上げたいと言いだした時，多くの人は反対した。データが整っておらず，定義も曖昧で実態が良く分からない研究対象を取り上げてどうするのか。確かに日本にいて色々な文献を読んでもどう対象にアプローチして良いのか，悩ましかった。当時は「インフォーマルセクター」であるが，論者によって全く見方も捉え方も違う。たった1ヶ月の調査で，現地の言葉も出来ない自分が実態について語れるとも思えなかった。ならば，それぞれのアクターが「インフォーマルセクター」をどう捉え，どうしようとしているのか。それをまず整理しようと，政策論に着手することにした。それでも，都市財政にテーマを変更するか，直前まで悩み，両方のテーマを手に調査に訪れたのが第1回目の調査だった。

　結果は情熱が勝った。学部時代に発展途上地域のスラムやインフォーマル経済関係の幾つかの著作を興奮して何度も読み，刺激を受けながらも，幾つかの疑問を抱え続けていた。日本から送ったメールにはほとんど返事がなかったが，現地に着いてせっせとファックスを送ると，国際機関の人がまず会ってくれた。その後は，様々な人の手助けもあって，芋づる式に，多くの政府機関やNGO，研究者に会うことが出来た。少しずつ全体像が見えてくると面白くなって，結局，財政の資料はほとんど集めないまま，1ヶ月の調査を終えることになった。この時に，辛抱強く私のインタビューに応じてくれた人々のおかげで，このテーマで修士論文をまとめる決心ができたのだと思う。今フィールドノートを読み返すと赤面ものの質問を繰り返しているし，また暑い国でのペース配分も分からず，調査を詰め込み過ぎて過呼吸を起こし，深夜の病院に運ばれるなど失敗

が多かった。それでも，調査の面白さを実感したのもこの時だった。

　さて，修士論文を書き上げ，最初の投稿論文を仕上げる頃，早々に私は行き詰った。政策論も，これ以上深めようと思うと，実態が分からなければどうしようもない。講義の聴講で通い始めていた東南アジア研究所では，語学を習得してスラムで実態調査をしないのかとよく問われた。当時の私にはタイ語は象形文字かアートにしか見えなかった。地域研究が何かも分からぬまま，最初は単なるケーススタディのつもりでタイを取り上げていたのだと思う。及び腰であった私が，腹を決め，タイに生活基盤を移すことにしたのは，博士過程2年目のことだった。まさかその後，滞在が2年半になるとは本人も想像していなかった。ただ，今確信を持って言えるのは，私にとってこの2年半の長期調査はかけがえのない時間になったということであり，研究の基礎は，この時に築かれたということである。

　調査は正直，楽しいことばかりでは無かった。様々なことに悩み，紆余曲折を繰り返しながら，手探りの中で進んでいった。テーマ，方法，語学の壁，調査地の選定，コミュニティの人々との関係の構築。分析と解釈。本当に理解できているのだろうか。エピソードも失敗にも事欠かないが，これらは，どんなフィールドワーカーでも通る道だろう。ここで詳しく書く事はしないが，ただ1つだけ書くとすれば，火災の話は避けて通れない。

　2004年4月。私はコミュニティでの4ヶ月に渡る世帯調査を終え，日本に一時帰国していた。24日の朝，何気なくタイの新聞をWEBで読み始め，目を疑った。前日の大火災のニュースが大きく報道されていた。ホストファミリーや質問表調査の時に出会った人々の姿が脳裏をよぎった。日本から携帯に電話をかけても誰にもつながらない。その日の夕方になってようやく，電話がつながり，不幸中の幸いで死者がいなかった事を知った。翌日にチケットを手配してタイに戻ることにした。緊急避難所に着くと，泣き続けているホストファミリーのお母さんや疲れ切った様子の家族がいた。大きな被害を目にし，火災の後数ヶ月は，調査のことを考えることも出来ず，ホストファミリーや知り合いの住民の手伝いをしたり，見舞い訪問をしたりといった日々を過ごした。そんなある日，顔見知りだった住民が私にこう言う。「火災でコミュニティが焼失してしまったし，職業調査をしたいのなら，他のコミュニティを探さないとね」。火災で燃えてしまったから他の調査地を探すというのはおかしいのではないか。火災への遭遇もまた，都市での生活の現実であり，人々の生活そのもので

ある。逃げずに，調査者としてもきちんと向き合っていかないといけないと考えを改めたのはこの一言がきっかけになっている。

とはいえ，再建をめぐる分裂が深刻化する中，私もまた自分の立ち位置に悩んだ時期があった。再建案のめどがつかないまま迷宮入りしそうになった時期には，集合アパート側の実質的なリーダーであるホストファミリーの父親は倒れて入院し，セルフヘルプ住宅を支持する貯蓄グループのリーダーや委員の皆も，諸々の調整で時間をとられ，就労が困難になった者や，家庭に影響が及んだ者，体調を壊す者も現れた。どちらにつくのかと住民に問いただされ，コミュニティに行くのが辛くなった時期もある。自分の関わり方を毎日自問しながら，模索していく中，自分の立ち位置を見つけていく過程もまた多くの住民に助けられていたように思う。悩みも，その答えもコミュニティの中にあった。

火災の後の再建と復興の過程から研究者として考えたことは，本書の中に反映されており，改めて繰り返すことはしない。ここではコミュニティ内の住民の関係に関してだけ，補足しておこう。分裂の過程を経て，2つのプロジェクトの間には，コミュニティの人々が「ベルリンの壁」と呼んだ壁が立っているが，復興が落ち着いてからは交流を再開した人も多い。わざわざ大回りするのは面倒だと，壁にハシゴが立てかけられ，「よいしょっ」と乗り越えて行き来している人の姿もよく見かける。住まいも生産手段も全てを失った人々が，どうにか生活を再建しようと必死になる中，意見が1つに集約しないのはむしろ当たり前だったのかもしれない。政府の提示の仕方や情報の伝達の問題を差し引いても，コミュニティが一枚岩であるというのは神話でしかない。もめることよりも，どう着地点を見つけられるか。その事が大事なのだと考えるようになった。住民同士の関係も可変的で，今また，新しい在り方が少しずつ作られようとしている。

さてお世話になる一方で，何も恩返し出来ていないが，特に「日本語で出版してどうするの？　早くタイ語にしてね」とコミュニティの人々に言われると返す言葉がない。ただし，今の日本を考えた時，むしろ我々がタイから学ぶことがたくさんあるのではないかと感じる。講義の中で，「ワーキング・プア」という言葉が，1970年代のケニヤにおける「インフォーマルセクター」調査の時に定義されたと話すと，学生は驚いた顔をする。この言葉が，最近の日本で生まれたのだと思いこんでいるからだ。

不安定性，リスクの時代と言われる現代では，経済発展の度合いに関わらず，

共通する課題を抱えるようになってきている。もともと社会保障などなく，その中でも「持てるもの」を最大限生かして，日々を生き抜いているバンコクのコミュニティの人々の姿を見ていて思うのは，リスク時代を生き抜く知恵は，制度硬直的な日本よりも，むしろこういう所に蓄積されているのではないかということである。時には法律から逸脱した行為が展開されないわけではないが，多くの人は「怠け者」でもコミュニティの中に閉じこもっているわけでもなく，日々懸命に働き，創意工夫しながら生きている。ただし，一方で，それだけでは限界があるのも確かである。格差の構造は，彼らが作り出しているわけではない。住民を過度にたくましい存在として描くことも，逆に一方的に搾取される可哀そうな存在として描くことも，恐らく現実的ではない。幾つかの側面の緊張関係をきちんと見据え，それらをどう理解するのか。恐らくこれからも悩み続けるであろう。

　こうやって振り返ってみると，筆者の研究方法は，極めて場当たり的であった。調査をしながら何かに気づき，新しい問いが生まれ，その問いに答えるにはどうしたら良いかと，分野に関係なく様々な人に相談し，議論し，本を漁る。そんな事を繰り返している内に，だんだん自身のディシプリンが何なのか，一言では言えなくなってしまった。そのことに悩んだ時期も長いが，それでも，この中途半端さゆえに見えたこともあったような気がするのである。現実の都市には課題が山積みである。現実からかけ離れた場所で理論を作るのが適切とは思えない。とはいえ，現実から出発しながらも，その知見をどう理論として再構築していくのか。これは，筆者が抱える大きな宿題である。

　本書が完成に至るまでには多くの方々にお世話になった。京都大学大学院経済学研究科の指導教官である岡田知弘先生は，とかく関心が広がりがちな筆者を「1つの個性」として温かく見守りながら，常にご指導下さった。政策とその背後にある理論，そして実態の間の緊張関係をしっかりと捉えることの大切さは先生から学んだ。現地調査から得てきた「データ」が語る内容を読み取っていく過程は，先生との議論とご指導がなければ深められなかった。改めて感謝したい。

　本書は2007年2月に京都大学大学院経済学研究科に提出した博士論文を元にしながらも，大部分は書きおろしになっている。その過程は，末廣昭先生（東京大学）の粘り強いご指導がなければ，乗り越えられなかったであろう。2007

年8月のある日，バンコクのレストランで，飲食をする皆とは別のテーブルで，文字通り1ページ目から最後のページまで真っ赤に書きこみされている草稿を元に1時間半以上，たっぷりと絞られた。周りは私が落ち込んでいるだろうと心配して，翌日に密かに電話をかけて来てくれたりした。それでも私は嬉しかった。何度か書き直そうとしては挫折していたのが，少し道筋が見えてきたような気がしたからだった。ただし，それからの道のりが長かった。一筋の光が見えたような気がしてはすぐに闇に紛れ込んでしまう。最終的に原稿が仕上がるには，途中職場を移動したこともあったが，結局2年以上かかってしまった。遅々としてしか進まぬ執筆過程では何度も叱咤激励して下さった。ご多忙にもかかわらず，無理な日程の中，改訂稿を読んで頂いたりとご迷惑ばかりかけてしまった。改めてお礼を申し上げたい。また，杉原薫先生（京都大学）にも同様に，草稿にコメントを頂き，その後の執筆過程で何度もご指導を受けてきた。時として同じ所で巡廻してしまう筆者に決断を促し，「流行りを追わなくて良いからシンプルでも堅実に仕上げなさい」と叱咤激励して下さった。厳しくコメントしても最後は絶対に励ましの言葉で締めくくるのが先生である。先生方に頂いた課題の多くはまだ越えられていないが，今後もその課題を，一つずつ乗り越えていくことで，その学恩に報いていければと思う。

大学院生時代の副指導教官であった植田和弘先生にも，何度も発表の場を与えて頂き，ご指導頂いた。学振特別研究員時代（PD）に所属した東南アジア研究所では，水野広祐先生，藤田幸一先生のお2人に地域研究，経済学の視点から様々なご指導・助言を頂いた。フィールド調査のノウハウ，質問表の作成から分析方法まで，様々な事を教わった。田坂敏雄先生（大阪市立大学）は，コミュニティやNGOの組織化・ネットワーク化に関する研究会への参加や執筆の機会を与えて下さり，ご指導頂いた。重冨真一先生（アジア経済研究所）は，家計簿調査に関して色々と相談に乗って下さった。改めて感謝したい。

また本書の原稿が完成した際には，韓載香氏（東京大学）と，中西嘉宏氏（アジア経済研究所）に読んでもらい，数々の貴重なコメントを頂いた。「完成した」と言いながら，その後も何度か書き直しては2人に読んでもらう事を繰り返してしまった。忙しい中，根気よく議論の相手を続け，励ましてくれた2人に感謝する。

タイではチュラーロンコーン大学社会調査研究所が受け入れ機関であった。所長（当時）のSuwattana Thadaniti先生を初め，Naruemol Bunjongjit先生，

Narumon Arunotai 先生には本当にお世話になった。また，NGO の Homenet Thailand 代表（当時・現 ILO）の Rakawin Leechanavanichanpan 氏，同じく Homenet Thailand のアドバイサー（当時）Daonoi Srikajon 氏には，インフォーマル経済の実態，分析の視角に関して，常に鋭い指摘とご指導を頂いた。多くのコミュニティや内外のインフォーマル経済従事者に関わる NGO と知り合うきっかけができたのも，お2人のご助力のおかげである。また，都心コミュニティ S と知り合うきっかけを作って下さったのは NGO の SVA のスタッフ，特に代表（当時）の秦辰也氏，そして，故・Santi Yamsan 氏である。Santi さんとは，いつもコミュニティで顔を合わせていた。39 歳という若さで急逝してしまった Santi さんのご冥福を祈ると同時に，心から感謝の気持ちを伝えたい。

　私のタイ語の先生である Namrin Dampan 先生は，同時にタイでの母の1人であった。常にタイ人の見方を伝授しようと心がけ，泥棒が下宿に入ろうとしたときは駆けつけ，また質問表作成時は私がつたないタイ語に訳したものを，8時間ぶっ通しで一緒にチェックしてくれたことさえある。数知れないご助力・激励を頂いた。Satit Trithipwanich 氏，ホストファミリーの長女 Nong Aen にはコミュニティの調査でタイ語の補助，筆記の手伝いをお願いした。白川友美氏には，データの入力でお世話になった。地図の加工は，駒野恭子氏（総合地球環境学研究所）にご助力頂いた。また，火災の後には，日本・タイの多くの研究者や友人が直接・間接的にコミュニティの支援をしてくれた。記して感謝したい。

　また「熱い」若手研究者仲間との出会いは，とても貴重なものであり，多くの元気をもらい続けた。狭くなった視角が広がったり，広がりすぎた時は焦点があったりと，一歩一歩前に進む過程は，多くのこれらの仲間との議論によって作られてきた。森田敦朗氏（大阪大学），岩城考信氏（法政大学）の2人は，フィールドで課題に直面するたびに叱咤激励してくれた。フィールドに溶け込めない事を悩んだ初期の頃から，常に良き相談相手であった。一緒にバンコクを歩いた日々も懐かしい。2人を初め多様な分野・ディシプリンを持つメンバーが集まって始めたバンコクでの研究会（タイスックサー）からは多くの事を学んだ。夜遅くまで一緒に議論し，飲み，語り合う時間はとても幸せな時間だった。また，経済学研究科で一緒だった宇都宮千穂氏（愛媛大学）はどんな時代も良き相談相手であり，常に支えてくれた。2004 年に移った東南アジア研究所で出会った仲間も同様である。特に，河野元子氏（GRIPs），故・水谷康

弘氏とは博士論文執筆時に「3人研究会」と称し，頻繁に原稿を持ちより議論・相談し合っていた。2006年に急逝した水谷君との，議論した時間や情景は今でも鮮明に覚えている。完成した本書の感想を直接聞けない事がただただ悲しい。

　2つのコミュニティの住民には多くの事を負っている。全員の名前を1人1人あげたい所ではあるが，まずはホストファミリーの両親にはどれほどの感謝の言葉を並べても足りない。多くの心労がある中も，分裂したコミュニティの政治的な揉め事が私に波及しそうになると，集合アパート側のリーダーであるという難しい立場を超えて，全力で守ろうとしてくれた。セルフヘルプ住宅派とも親しくしている私を良く思っていない人もいただろう。それでも，「家族は守るものだ」と言い続けてくれた。近年，忙しい中に出張して体調を少し崩すことがある。そんな時，夕方には必ず，お母さんからの電話が入る。「今日はコミュニティに来る？　来るなら消化に良い物を作っておくから」と。実の娘のように気にかけてくれている2人には，少しは孝行もせねばと思いながらも，心配をかけてばかりである。

　セルフヘルプ住宅のリーダーや住民にも多く支えられた。大変な過程も，次々に湧き上がる困難にも決して諦めない姿には学ぶことばかりであった。皆をまとめ上げ，思慮深い一言を紡ぎ出す初代リーダー，酔っぱらうとコミュニティの将来と夢を語り続ける建設総括リーダー。その他，様々な人の顔を思いだす。逆境の中でも，冗談を飛ばし，大声で歌い，飲食を共にしながら語りあう。そんな住民の姿があった。「住宅の完成と環の博士号とどちらが先か」と冗談で言っていたオジサンたちが，学位授与を祝って酒盛りをしてくれた時はとても嬉しかった。自身の生活が大変なはずなのに，いつも私の事を気遣ってくれた人ばかりだった。コミュニティで過ごす時間が最も豊かな時間だった。

　なお，本研究の調査は，特別研究員奨励費（2001〜2004年，2004〜2007年），科学研究費補助金（基盤研究C：2007年〜2011年）によって可能となった。本書の刊行には2010年度科学研究費補助金（研究成果公開促進費）を頂いた。また埼玉大学経済学会からも助成を頂いた。調査を続け，成果を発表する事が出来たのは，これらの助成のおかげである。深く感謝したい。博士論文に対する第6回井植記念アジア太平洋研究賞（佳作）の受賞は大きな励みにもなった。京都大学学術出版会の鈴木哲也氏，斎藤至氏には，草稿の段階から多くの有益なご意見，ご助力を頂いた。心からお礼を申し上げたい。

最後に，私的なことではあるが，この場を借りて，両親に感謝したい。
　コミュニティの人々に学んだのは，困難に向き合う姿勢だった。今思うと，両親にその教えの原型があったことに気づく。「落とし穴のない人生なんてない」。母の口癖の1つである。困難のない人生などなく，その困難にどう向き合い，乗り越えるかで人生が決まるのであると。悩む局面や弱音を吐いてしまう瞬間も，母の色々な一言に救われてきた。
　また，父からは研究者として生きる姿勢を学んできたと思う。迷う時ほど，色々と付随する事柄に絡め取られず，シンプルに筋を通すこと。それが父の教えだと思っている。高校生や学部生の頃は，研究者ではなく別の道を目指したいと思っていた。それが，ふと気付くと，分野こそ違うけれども，いつしか研究者として歩み始めた自分がいる。同業者ならではの心配を抱えたこともあるだろう。誰よりも厳しく，誰よりも暖かく見守り続けてくれたように思う。オーバードクターで一時期無収入になった際には，私の中にあったであろう奢りを指摘した上で，メールの最後は，「一歩後退，二歩前進で行って下さい」と結んであった。博士論文の追い込みで研究室に籠っていた2006年の年末。事故の後遺症とその他の諸々の出来事が重なり，心身共に極限まで追いつめられていた私を出張のついでだと言って父が会いに来た。急に体重が8キロも落ち，一回り小さくなっていた父の姿におかしいと思いつつも，腸に腫瘍が見つかった事を隠しているとは夢にも思わなかった。1月に入り，最終稿を脱稿した日に，ちょうど最終検査の結果が出て，父から初めて手術の予定を聞かされた。幾つになっても心配をかけるばかりなのだと自身が情けないやら，そんな大事な事を隠していたのかと呆れるやらであった。論文の編集作業を，病院で手術に立ち会いながら完成したのも今となっては懐かしい思い出である。そんな父には（すっかりメタボ体質に戻っているが），ここ数年，誕生日や父の日のプレゼントを渡しても，「こんなモノより早く本が見たい」と言われ続けてきた。やっと本書を手渡せることが嬉しい。あいかわらず何かが起こるとジタバタしてしまい，さほど強くなったとは思わないが，少しずつ2人の背中に近づいて行ければと思う。心から感謝して本書を両親に捧げたい。

2011年1月
遠　藤　　環

Appendix

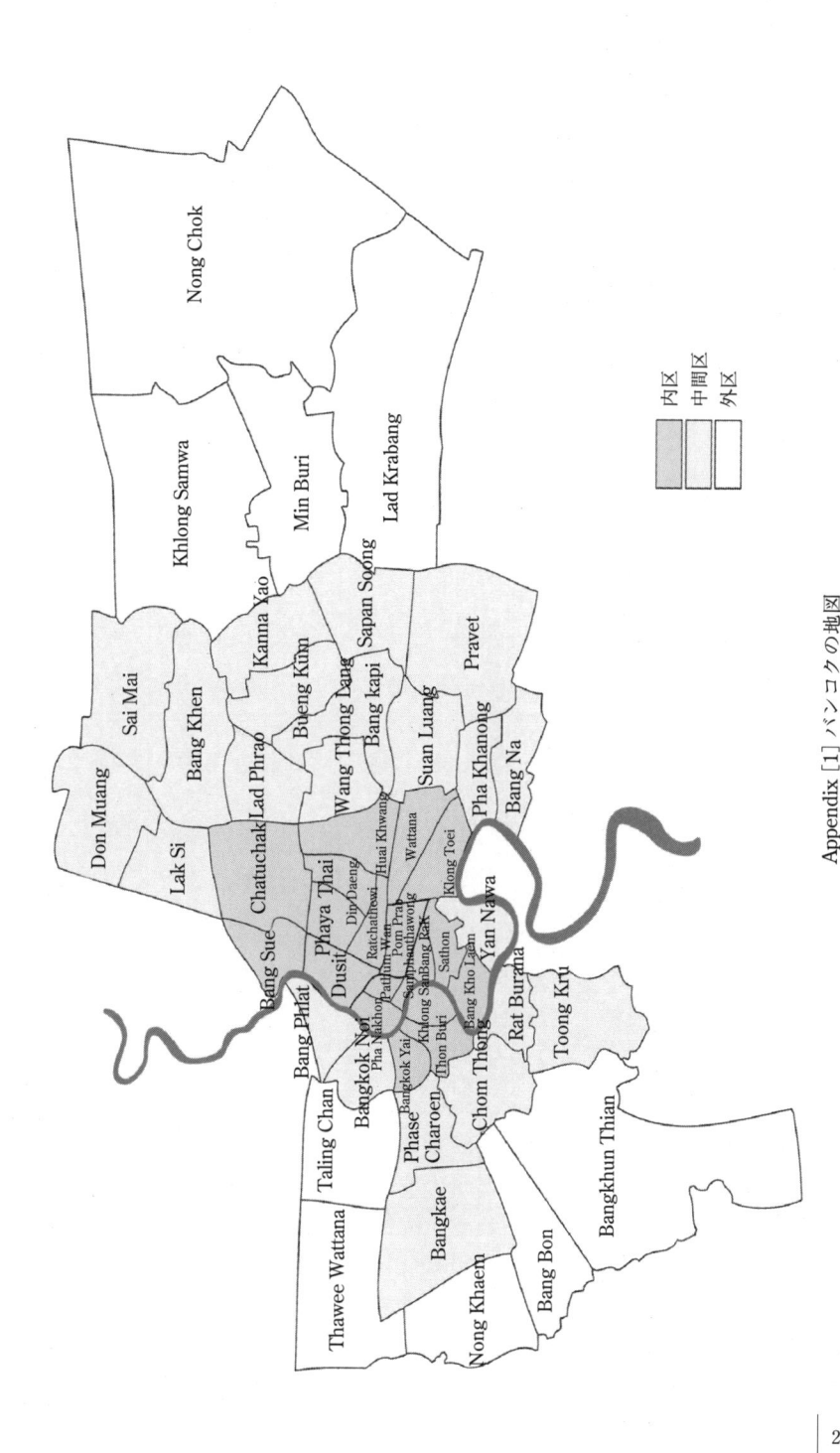

Appendix [1] バンコクの地図

注：1996年時点での内区、中間区、外区の行政区分を表す。ただし、当時は38区であったが、区域再編を経て、2006年時点では全50区である。第2章表2-1は、当地区の区分による。なお、第2章で紹介したCUSRI (1999) では、Bangkok Noiは内区、Don MuangおよびLak Siは外区となっている。

Appendix [2] 主要調査内容概略

調査内容	時期	対象	調査内容	方法	サンプル数	メモ
下見調査	2003年前半	多数のコミュニティへのインタビュー、NGO、政府、その他		インタビュー		
コミュニティ選定と下見調査	2003年後半	10ヶ所のコミュニティで5世帯ずつ簡易質問表→本調査用コミュニティ3ヶ所の選定とインフォーマルな参与観察	居住／経済社会／家計	インタビュー／質問表（面接）	5世帯×10	
本調査① 世帯調査・職業	2003年12月～2004年3月	コミュニティ（3ヶ所）で質問表調査を実施。別々に同じ質問表調査を実施。夫婦		質問表（面接）		①、②はアシスタント （①NGO関係者もしくは住民、②はコミュニティ住民）と一緒に筆者が実施。③はNGO関係者が協力。
		①元郊外コミュニティU	居住条件／居住歴		50世帯	
		②都心コミュニティS	経済／社会／家計		66世帯	
		③移転コミュニティSK	職業経験		46世帯	
		地理的条件（空間的機能）の違いを配慮して調査地を選択。①は元郊外地、②は都心、③は移転地。			計約300人	
	2004年3月～4月	②都心コミュニティSにて参与観察開始。	職業調査の対象者選定	参与観察／職業調査の準備		
火災発生	2004年4月23日	713軒中612軒が全焼。被災家族1,710世帯				
火災直後の見舞い訪問	2004年5月～6月	質問表調査の被調査者66世帯。内、追跡可能な50世帯+α				被災地、仮設などを継続訪問。
本調査②-1 開発政策・組織	2004年後半まで	コミュニティ開発政策・コミュニティのネットワーク化のため、多数のコミュニティ・NGO、政府機関訪問	コミュニティ組織・活動内容／NGO・行政・コミュニティの連携／政策	インタビュー		
②-2		①と②に関しては、参与観察、訪問を継続。 ②職業調査②火災後の復興過程	職業調査／リスクへの対応	参与観察／インタビュー		
②-3 家計	2005年2月～6月	家計調査（家計簿）①1世帯 ②2世帯	家計・営業調査	家計簿の記入	3世帯	
②-4 家計・経営	2005年5月・9月	雑貨屋経営帳簿の調査（2店舗）	営業・経理	帳簿の記入	2世帯	
本調査③ リスクへの対応	2005年5月～6月	②都心コミュニティSにて、火災後1年の生活実態調査。	居住／仮設条件／職業	質問表（面接）／インタビュー	被調査世帯のうち、追跡できた55世帯。	
本調査④ リスクへの対応	2005年8月～9月	②都心コミュニティSの火災後の復興とリスクマネジメントに関する全戸調査。	居住／仮設／職業／家計／世帯／復興過程への評価	質問表（自己記入方式）	回収386世帯	
本調査⑤ 前方・後方連関	2005年9月～	①元郊外コミュニティUの職業調査の一貫で、元請工場、下請け関係の調査	生産関係・経営情報	インタビュー		コミュニティの人々と協力実施。

Appendix [3] 住民の基本情報

	都心コミュニティ S	元郊外コミュニティ U
調査世帯数	66 世帯 内，65 世帯（有効）	50 世帯
世帯主・世帯の基本属性	世帯主	世帯主
男　性	41 人	38 人
女　性	24 人	12 人
年齢		
20-29 歳	9.2%	8.0%
30-39 歳	24.6%	32.0%
40-49 歳	38.5%	22.0%
50-59 歳	23.1%	24.0%
60-69 歳	3.0%	14.0%
70 歳歳以上	1.5%	0.0%
就学年数（平均）	5.9 年	7.9 年
既婚・未婚の別		
未婚	6.2%	16.0%
既婚	78.4%	76.0%
死別	12.3%	4.0%
離婚	6.2%	4.0%
子供（平均人数）	2.3 人	2.2 人
同居人数（平均）	4.7 人	4.2 人
家計共有単位（平均）	3.8 人	3.6 人
有職者数（平均）：同居内	2.3 人	2.3 人
有職者数（平均）：家計範囲内	1.9 人	2.0 人
居住形態		
持家層	67.7%	68.0%
貸家	10.8%	20.0%
貸部屋	21.5%	12.0%
持家の住居面積（平均）	18.6m^2	31.7m^2
出身地		
バンコク都	26.2%	40.0%
中部	16.9%	26.0%
東北部	44.6%	22.0%
北部	12.3%	10.0%
南部	0.0%	2.0%
平均滞在年数		
バンコク出身者を除く	25.5 年	29.0 年
移住平均年齢		
（地方出身者）	18.4 歳	19.2 歳

バンコクへの流入理由		
求職／所得向上	75.6%	74.4%
結婚	0.0%	2.9%
父母に同行	8.9%	14.3%
家族に同行	4.4%	2.9%
親戚に同行	0.0%	0.0%
子息の勉学のため	0.0%	2.9%
勉学のため	4.4%	2.9%
コミュニティ平均居住年数	18.9年	23.4年
内，地方出身者のみ	18.1年	19.4年
コミュニティへの流入平均年齢	24.3歳	28.0歳
バンコクにおける居住地数平均	2.8ヶ所	3.0ヵ所
現居住地に関する情報の入手方法		
自身で探した	12.3%	10.0%
家族の情報	24.6%	28.0%
親戚	27.7%	22.0%
友人	23.1%	18.0%
広告など一般媒体	0.0%	2.0%
現居住地への流入理由		
移転	2.3%	5.1%
撤去	16.1%	7.6%
火災	2.3%	8.9%
土地の賃借料がかからない・より安い	19.5%	21.5%
工場・会社の閉鎖	2.3%	2.5%
解雇	2.3%	0.0%
職業変更	8.0%	2.5%
前居住地近辺に職がなかった	0.0%	2.5%
職場から遠い	6.9%	6.3%
結婚	14.9%	15.2%
家族の移動に同行	16.1%	7.6%
新居購入	4.6%	2.5%
住居が狭かったため	0.0%	2.5%
生計費の切り下げのため	0.0%	2.5%
近隣関係の問題	0.0%	2.5%
子供の教育のため	2.3%	0.0%
その他	2.3%	10.1%
帰省頻度（地方出身者のみ）		
帰省する	64.6%	60.6%
仕事のため	(6.4%)	(10%)
帰省・訪問	(71.0%)	(70%)
未回答	(22.6%)	(20%)
帰省しない	33.3%	39.4%

将来，地方に帰郷するか？		
帰郷したい	41.7%	21.2%
バンコクに留まる	50.0%	75.8%
未定	8.3%	3.0%
耐久消費財		
ラジオ	81.5%	76.0%
テレビ	95.4%	94.0%
扇風機	100.0%	100.0%
ミシン	15.4%	20.0%
掃除機	6.2%	4.0%
冷蔵庫	70.8%	90.0%
洗濯機	38.5%	34.0%
エアコン	6.2%	2.0%
電話	49.2%	54.0%
携帯電話	87.7%	70.0%
コンピューター	21.5%	8.0%
自転車	33.8%	44.0%
バイク	52.3%	28.0%
自動車	10.8%	14.0%
トイレ	81.5%	96.0%
水道	98.5%	90.0%
電気（直接配電）	100.0%	86.0%

出所：質問表調査（2003年12月～2004年3月）による。

耐久消費財	参考（バンコク都平均）
ラジオ	88.8%
テレビ	95.5%
扇風機	96.6%
冷蔵庫	85.6%
洗濯機	49.8%
エアコン	37.8%
電話	72.9%
自転車	26.1%
バイク	29.5%
自動車	39.9%
トイレ	99.8%
水道	99.2%
電気（直接配電）	94.9%

出所：NSO, Population & Housing Census, Bangkokの2000年版。

Appendix [4-1] 都心コミュニティSの職業構成と職業階層

カテゴリー	就労地位	職業階層	平均所得	最低値	最高値	度数(人)	比率(%)	週労働時間(平均)	年齢(平均)	所得/時間(バーツ)	教育(平均年)
男性	経営者	1 経営者									
	被雇用者	2 公務員									
		3 製造業労働者［自動車整備，地下鉄整備］	9,000	8,000	10,000	2	4.4	81.0	41.0	27.8	9.0
		4 一般俸給被用者［商社，営業，航空司令塔］	20,333	6,000	30,000	3	6.7	45.0	40.0	113.0	9.7
		5 サービス労働者［警備員，ビル清掃，庭師］	7,117	5,600	11,200	6 [1]	13.3	54.9	35.3	32.4	7.2
		6 商業使用人［バー，ホテル，レストラン］	6,667	4,000	10,000	3 [1]	6.7	49.5	30.7	33.7	8.3
		7 運輸通信労働者［会社運転手，メッセンジャー，配達，遺体運搬業］	7,938	4,000	10,000	8 [4]	17.8	63.3	39.5	31.3	7.6
		8 単純労働者［建設業日雇い］	9,000	9,000	−	2 [2]	4.4	79.5	50.5	28.3	6.5
	自営業者	9 自営商業（雑貨屋・屋台以外）									
		10 自営商業（雑貨屋）[1]	3,500	3,500	−	2	4.4	108.5	36.5	8.1	7.5
		11 自営商業（屋台・行商）	3,800	2,500	5,500	6	13.3	94.2	43.3	10.1	6.3
		12 建設業職人［建設・内装工］									
		13 製造業職人［縫製・車修理］[2]	1,500	−	−	1	2.2	78.0	41.0	19.2	4.0
		14 運輸通信［タクシー，バイクタクシー，トゥクトゥク運転手］	7,454	5,000	10,000	11	24.5	82.1	45.3	22.7	5.6
		15 サービス［廃品回収人］	3,250	−	−	1	2.2	98.0	42.0	8.3	4.0
		16 自由業［歌手］									
	家内労働者	17 家内労働［靴縫製］									
	男性就業者（全体）		7,635	2,500	30,000	45	100.0	73.1	40.9	26.1	6.9
女性	経営者	1 経営者									
	被雇用者	2 公務員	9,333	8,000	10,000	3 [1]	6.1	41.7	38.3	55.1	11.3
		3 製造業労働者（未熟練労働者）	5,333	4,000	6,000	3	6.1	59.0	27.3	22.6	8.0
		4 一般俸給被用者	20,000	−	−	1	2.0	45.0	37.0		9.0
		5 サービス労働者［警備員，家政婦，清掃人（バンコク都），マッサージ］	5,929	5,000	7,000	7 [4]	14.3	58.1	43.0	25.5	5.0
		6 商業使用人［スーパー，ホテル，レストラン］	6,420	4,000	9,000	5 [2]	10.2	51.8	45.0	31.0	4.8
		7 一般労働者［ヤクルト販売］	12,500	−	−	1	2.0	98.0	36.0	31.9	6.0
		8 単純労働者（日雇い）	4,767	3,500	6,000	3 [3]	6.1	70.0	46.3	17.0	1.3
	自営業者	9 自営商業［ゲーム屋］	7,000	−	−	1	2.0	70.0	26.0	25.0	9.0
		10 自営商業（雑貨屋）	4,833	3,500	7,000	6	12.2	104.4	46.8	11.6	4.0
		11 自営商業（屋台・行商）	5,318	2,500	11,000	12	24.5	85.7	46.9	15.5	5.1
		12 建設業職人									
		13 製造業職人［縫製］	8,000	6,000	10,000	2	4.0	70.0	37.5	28.6	5.0
		14 技能者（美容院）	12,500	−	−	1	2.0	84.0	46.0	37.2	4.0
		15 サービス［洗濯，廃品回収人］	2,125	1,000	3,250	3	6.1	73.5	43.7	7.3	4.0
		16 自由業									
	家内労働者	17 家内労働［箱］	6,000	−	−	1	2.0	133.0	47.0	11.3	4.0
	女性就業者（全体）		6,243	1,000	20,000	49	100.0	73.3	42.8	21.3	5.3

出所：質問表調査より筆者が作成。

注：男性就業者（45名）・女性就業者（49人）のうち，屋台・行商人の男性1人・女性1人は調査月に屋台営業が出来ず収入がなかった。したがって平均所得，労働時間の計算には計上していない。女性の被調査者（51名）のうち，産休中［商業使用人］，無職［部屋貸し］の2人を除く49人を就業者として計上していない。
「職業階層」の［ ］は職業の例。職業階層「被雇用者」2-8の「度数（人）」の［ ］内数値は，福利厚生・社会保障を享受していない労働者数。
合計数値は，四捨五入しているため，必ずしも合計が100%にならない。

1) 自営商業（雑貨屋）は，夫婦で営業している場合は，屋台と同様に，所得を半額ずつで計上しているが，屋台・行商人と異なり，一人当たりの労働強度はかなり低い。したがって，労働生産性は過小評価となっている可能性がある。

2) 自営業者（男性）の製造業職人は，縫製に従事しているが，調査月は注文がなく，6日間（13時間／日）のみ従事した。したがって，時間給（所得／時間）は，1週間分の所得を週労働時間で除している。

Appendix [4-2]　元郊外コミュニティUの職業構成と職業階層

カテゴリー	就労地位	職業階層	平均所得	最低値	最高値	度数(人)	比率(%)	週労働時間	年齢(平均)	所得/時間(バーツ)	教育(平均年)
男性	経営者	1　経営者	−								
	被雇用者	2　公務員	8,667	6,000	13,000	3	7.7	48.7	43.7	44.5	11.0
		3　製造業労働者[電子機械・鉄板工・整備工・プラスティックなど]	9,167	6,500	12,000	6 [2]	15.4	52.8	39.7	43.3	8.8
		4　一般俸給被用者[商社,営業など]	11,825	8,800	15,000	4	10.3	59.3	35.8	49.9	11.5
		5　サービス労働者	6,000			1	2.6	72.0	30.0	20.8	6.0
		6　商業使用人	−								
		7　運輸通信労働者[会社運転手,など]	9,250	7,000	12,000	4 [1]	10.3	57.0	46.5	40.6	7.0
		8　単純労働者[建設業日雇い] [1]	3,867	3,000	5,000	4 [4]	10.3	57.0	39.8	17.0	8.8
	自営業者	9　自営商業(雑貨屋・屋台以外)	−								
		10　自営商業(雑貨屋)	−								
		11　自営商業(屋台・行商)	9,250	3,500	15,000	2	5.1	104.5	40.5	22.1	4.0
		12　建設業職人[建設・内装工・塗装工・床職]	9,167	7,500	12,000	3	7.7	56.7	51.3	40.4	6.7
		13　製造業職人[縫製・車修理]	13,000	10,000	13,000	2	5.1	70.0	59.0	46.4	4.0
		14　運輸通信[タクシー,バイクタクシー]	8,000	5,000	12,000	4	10.3	91.0	48.8	22.0	4.5
		15　サービス[廃品回収人]	8,750	6,000	15,000	4	10.3	62.1	48.3	35.2	7.3
		16　自由業[歌手]	4,000			1	2.6	63.0	48.0	15.9	4.0
	家内労働者	17　家内労働[靴縫製]	2,000			1	2.6	98.0	66.0	5.1	4.0
	男性就業者(全体)		8,408	3,000	16,000	39	100.0	65.5	44.7	31.0	7.5
女性	経営者	1　経営者	−								
	被雇用者	2　公務員	−								
		3　製造業労働者(未熟練労働者)	5,767	4,600	8,000	6 [3]	13.6	54.8	31.3	26.3	8.5
		4　一般俸給被用者	−								
		5　サービス労働者[家事使用人,清掃人]	5,150	4,300	6,000	2	4.5	67.5	37.5	19.1	5.0
		6　商業使用人	−								
		7　一般労働者	-								
		8　単純労働者(日雇い)	0			1 [1]	2.3				4.0
	自営業者	9　自営商業[釣堀]	7,000			1	2.3	84.0	67.0	20.8	4.0
		10　自営商業(雑貨屋)	8,500			1	2.3	119.0	35.0	17.9	12.0
		11　自営商業(屋台・行商)[2]	5,873	600	15,000	15	34.1	75.3	49.5	19.5	6.3
		12　建設業職人	3,500			1	2.3	54.0	41.0	16.2	4.0
		13　製造業職人[縫製]	4,500			1	2.3	56.0	42.0	20.1	9.0
		14　技能者(美容院)	9,000			1	2.3	60.0	48.0	37.5	9.0
		15　サービス	4,500	2,500	8,000	4	9.1	56.8	42.0	19.8	6.3
		16　自由業	−								
	家内労働者	17　家内労働[靴縫製・宝石研磨][3]	2,336	600	5,500	11	25.0	66.1	44.0	8.8	5.6
	女性就業者(全体)		4,755	600	15,000	44	100.0	68.0	44.1	20.6	6.5

出所：質問表調査より筆者が作成。

注：「職業階層」の［　］内は職業の例。

　　職業階層「被雇用者」2-8の「度数（人）」の［　］内数値は，福利厚生・社会保障を享受していない労働者数。合計数値は，四捨五入しているため，必ずしも合計が100%にならない。

1) 調査月に注文がなかった被調査者（収入は0と記載）は，時間給（所得/時間）の計算には計上していない。

2) 週に2, 3日のみ従事する高齢者が労働時間・平均所得を下げているが，一方で，週労働が100時間を超える従事者も2人いる。高齢者2人を除いた平均値は月収6,500バーツ，週労働時間84.8時間，時間給19.2バーツである。

3) 家内労働者の最高値（月収5,500バーツ）は，仲介人を兼ねている女性であり，品質管理に対する手当てを受け取っている。それ以外の一般従事者の最高値は3,000バーツである。

Appendix [5] 職業階層の分類（高生産性・低生産性部門） （単位：バーツ・年）

性別	職業階層大分類	職業階層	所得 元郊外U	所得 都心S	所得／時間 元郊外U	所得／時間 都心S	教育（年）元郊外U	教育（年）都心S
男性	被雇用（高）	公務員	8,667		44.5		11.0	
		製造業労働者	9,167	9,000	43.3	27.8	8.8	9.0
		一般俸給被用者	11,825	20,333	49.9	113.0	11.5	9.7
	被雇用（低）	サービス労働者	6,000*	7,117	20.8	32.4	6.0	7.2
		商業使用人		6,667		33.7		8.3
		運輸通信労働者	9,250	7,938	40.6	31.3	7.0	7.6
	（日雇い）	単純労働者（日雇い）	3,867	9,000*	17.0	28.3	8.8	6.5
	自営業（高）	自営商業（雑貨屋・屋台以外）						
		自営商業（雑貨屋）		3,500*		8.1		7.5
		建設業職人	9,167		40.4		6.7	
		製造業職人	13,000	1,500*	46.4	19.2	4.0	4.0
		技能者						
	自営業（低）	自営商業（屋台・行商）	9,250		22.1	10.1	4.0	6.3
		運輸通信	8,000	7,455	22.0	22.7	4.5	5.6
		サービス	8,750	3,250*	35.2	8.3	7.3	4.0
		自由業	4,000*		15.9		4.0	
	家内労働	家内労働（靴）	2,000*		5.1		4.0	
男性就業者		合計・平均			31.0	26.1	7.5	6.9
女性	被雇用（高）	公務員		9,334		55.1		11.3
		一般俸給被用者		20,000*				9.0
		一般労働者		12,500*		31.9		6.0
	被雇用（低）	製造業労働者	5,767	5,334	26.3	22.6	8.5	8.0
		サービス労働者	5,150	5,929	19.1	25.5	5.0	5.0
		商業使用人		6,420		31.0		4.8
	（日雇い）	単純労働者（日雇い）		4,767		17.0	4.0	1.3
	自営業（高）	自営商業（雑貨屋・屋台以外）	7,000*	7,000*	20.8	25.0		9.0
		自営商業（雑貨屋）	8,500*	4,834	17.9	11.6	12.0	4.0
		技能者〔美容院〕	9,000*	12,500*	37.5	37.2	9.0	4.0
		製造業職人〔縫製〕	4,500*	8,000	20.1	28.6	9.0	5.0
	自営業（低）	自営商業（屋台・行商）	5,873	5,318	19.5	15.5	6.3	5.1
		建設業職人	3,500*		16.2		4.0	
		サービス	4,500	2,125	19.8	7.3	6.3	4.0
		自由業						
	家内労働	家内労働〔靴・宝石〕	2,336		8.8		5.6	
		家内労働〔箱〕		6,000		11.3		4.0
女性就業者		合計・平均			20.6	21.3	6.5	5.3

出所：調査結果を元に筆者が作成。

注：従事者が1人のみの職業は，該当者の収入のみ記載し，＊をつけている。
　　度数（従事者数）が少ない職種もあり，コミュニティ間比較（地理的比較）を行うには充分なデータとは言えない。
　　ただし，同地域内の一定の傾向を説明することは可能であり，相対的な階層性区分を規定するための作業用素材として扱っている。「元郊外U」＝元郊外コミュニティU，「都心S」＝都心コミュニティS

Appendix [6]　世帯構成表（詳細）

都心コミュニティSの世帯構成表　（表5-1の詳細表）

世帯構成			世帯	%
単身世帯	本人		2	3.1
単純家族世帯	核家族			
	夫婦のみ		7	10.8
	夫婦＋子供		22	34.0
	夫婦＋養子		1	1.5
	本人＋子供		5	7.6
直系家族	拡大家族世帯（2世代）			
	夫婦＋子＋子供夫婦		1	1.5
	夫婦＋母親		1	1.5
	拡大家族世帯（3世代）			
	夫婦＋子供＋孫		2	3.1
	夫婦＋子供夫婦＋孫	1)	3	4.6
	寡婦（夫）＋子供夫婦＋孫	2)	4	6.1
	夫婦＋孫		1	1.5
	拡大家族世帯（4世代）			
	本人＋子供＋孫＋ひ孫		1	1.5
複合家族（直系家族以外）	核家族＋親戚			
	夫婦＋子供＋親戚	3)	3	4.7
	直系家族＋傍系家族			
	夫婦＋子供＋両親＋親戚	4)	3	4.7
	本人＋子供＋両親＋親戚	5)	3	4.7
	夫婦＋子供＋子供夫婦＋孫＋親戚	6)	1	1.5
	本人＋子供夫婦＋孫＋親戚	7)	1	1.5
	本人（未婚）＋母親＋弟＋親戚	8)	1	1.5
	傍系家族			
	本人＋姉		1	1.5
非家族世帯	非家族同居			
	友人		2	3.1
合計			65	100

出所：質問表調査より作成。
注：世帯主夫婦からみた関係。　　（別）＝別会計，（養）＝扶養
1)　複数の子供夫婦が同居しているケースも見られる。
2)　最も多いケースで4組の子供夫婦が同居。2世帯は孫も5人が同居。
3)　親戚　①姪（2人）（養）　②姪（1人）（養）　③甥（1人）（養）
4)　親戚　①弟夫婦（別）＋妹夫婦（養）＋甥夫婦（養）　②姪（別）　③姉夫婦（1組）（別）＋兄夫婦（3組）（別）
5)　親戚　①姪夫婦（別）＋姪夫婦実子　②弟（別）＋姪［弟の実子］　③甥姪（2人）（養）
6)　親戚　弟夫婦（別）＋姪（弟の実子）
7)　親戚　①姉（別）
8)　親戚　①甥（2人）（養）

元郊外コミュニティUの世帯構成表　（表5-2の詳細表）

世帯構成		世帯数	%
単身世帯	本人	2	4.0
単純家族世帯	核家族		
	夫婦のみ	7	14.0
	夫婦＋子供	15	30.0
	本人＋子供	1	2.0
直系家族	拡大家族世帯（3世代）		
	夫婦＋子供＋両親 [1]	3	6.0
	夫婦＋子供＋孫	1	2.0
	夫婦＋未婚子＋子供夫婦＋孫	1	2.0
	夫婦＋孫	2	4.0
	拡大家族世帯（4世代）		
	夫婦＋子供＋孫＋ひ孫	1	2.0
複合家族 （直系家族以外）	核家族＋親戚		
	夫婦＋子供＋親戚 [2]	3	6.0
	本人（未婚）＋両親＋親戚 [3]	2	4.0
	直系家族＋傍系家族		
	夫婦＋子供＋両親＋親戚 [4]	3	6.0
	夫婦＋子供＋孫＋母親＋親戚 [5]	1	2.0
	傍系家族		
	本人＋兄弟姉妹＋親戚 [6]	5	10.0
	本人＋親戚 [7]	2	4.0
非家族世帯	非家族同居		
	友人	1	2.0
合計		50	100

出所：質問表調査より作成。
注：世帯主夫婦からみた関係。（別）＝別会計，（養）＝扶養
1)　1世帯は，夫婦両方の両親が同居している。
2)　親戚　①姪（別）　②甥（無職・養）　③弟夫婦（別）
3)　親戚　①姉＋叔母（別）　②姪（養）
4)　親戚　①妻の弟（3人）（養）　②妹（1人）（別）　③甥（4人）（養）
5)　親戚　①妹＋姪（別）
6)　兄弟姉妹＋親戚　①姉（養）＋姪（別）　②弟＋甥姪［弟の実子］（別）　③姉夫婦（別）＋弟（別）④弟夫婦（別）＋甥姪［弟実子3人］（別）＋甥姪の実子（2人）　⑤妹＋妹夫婦（別）＋甥姪
7)　親戚　①甥（養）＋甥の実子（2人）（養）　②叔母（養）＋いとこ（別）

Appendix [7] 都心コミュニティS火災後の調査（「全戸調査」：2005年8・9月実施）
被災世帯に関する基本データ　　　　　　　　　　　　　　　　　　　　　　　　（単純集計）

回収数　386　有効回答数　369

1. 被災状況

	世帯数	比率（％）
全焼	281	76.2
半焼	41	11.1
被災せず	47	12.7

注：被災世帯322世帯の内，1世帯はデータが不十分で使用せず。

被災世帯（321世帯）に関する基本情報

2. 世帯主（性別）　　　　　　　（単位：人・％）

男性	211	65.7
女性	110	34.3
合計		100.0

3. 世帯主（年齢）　　　　　　　　　　（単位：％）

20–29	9.1
30–39	27.1
40–49	33.9
50–59	20.5
60–69	7.2
70–	2.2
合計	100.0

4. 世帯主（教育水準）　　　　　　　　（単位：％）

0年	6.3
1–3年	1.6
4年	41.8
5–6年	21.7
7–9年	13.5
12年	7.2
14年	4.1
16年	3.8
合計	100.0

5. 結婚　　　　　　　　　　　　　　　（単位：％）

未婚	10.9
結婚	77.6
寡夫・寡婦	7.8
離婚	3.1
別居	0.6
合計	100.0

注：再婚者は「結婚」に含む。

6. 世帯主（出生地）　　　　　　　　　（単位：％）

バンコク	35.5
中部	14.3
東北部	41.4
北部	7.8
南部	1.0
合計	100.0

7. 世帯主（バンコク在住年）　　　　　（単位：％）

10年以下	4.9
10–19年	19.0
20–29	28.2
30–39	26.9
40–49	12.8
50–59	5.2
60–69	2.3
70年以上	0.7
合計	100.0

8. 世帯主の月収（調査時点） （単位：％）

無収入	8.7
3,000 未満	1.5
3,000–6,000 未満	26.2
6,000–9,000 未満	37.7
9,000–12,000 未満	14.3
12,000–15,000 未満	3.7
15,000–18,000 未満	5.9
18,000–21,000 未満	1.8
合計	100.0

9. コミュニティ滞在年数 （単位：％）

10 年以下	9.8
10–19 年	31.5
20–29	38.5
30–39	15.0
40–49	3.8
50–59	0.6
60–69	0.8
合計	100.0

10. 親戚数（コミュニティ内）

親戚有り	71.5％
平均親戚世帯数	2.98 世帯

11. 火災の影響

所得の増減	世帯所得	世帯主の月収
		（単位：％）
減少	52.0	31.2
同じ	40.2	57.3
上昇	7.2	10.9
合計	100.0	100.0
		（単位：バーツ）
減少幅（平均）		3,846
火災後の平均所得	13,109	7,608

12. 火災後の支援状況 （単位：％）

	政府	政府以外
支援有	89.4	23.3
支援無	10.6	76.7
使途（複数回答）		
日常の生活費	83.0	
教育費	51.4	
投資	29.4	
仮設住宅建設費用	29.1	
家賃	43.3	
病気・医療費	34.8	
借金返済	17.4	
貯蓄組合活動への貯蓄	18.8	
その他	23.3	

13. 借金　　　　　　　　　（単位：％，バーツ）

	火災後新規	全体
有	42.8	45.5
無	57.2	55.5
平均（バーツ）	35,512	69,834
中位（バーツ）	18,500	20,000
最高（バーツ）	700,000	800,000
使途（複数回答）		
日常経費	64.9	
教育費	47.0	
投資	35.8	
仮設住宅建設費用	25.4	
家賃	26.1	
病気・医療費	20.9	
借金返済	17.2	
貯蓄活動への貯蓄	6.0	
その他	8.2	

14. 貯蓄　　　　　　　　　（単位：％，バーツ）

	火災以前	火災後
有	30.8	23.0
無	69.2	77.0
平均貯蓄額（バーツ）	51,778	34,880

15. 政府・NGO のプロジェクトへの参加（火災以前から）　　　　（単位：％）

30 バーツ医療保険制度	68.3
職業訓練	1.1
村落及びコミュニティ開発基金	1.6
人民銀行	0.5
奨学金（政府）	10.6
奨学金（NGO）	12.7
一村一品	0.8
貧困者登録	35.2
その他	3.8

注：369 世帯のデータ。

16. 火災の影響（居住・職業以外）
　　　　　　　　　　　　　（単位：％）

有	88.0
無	12.0
影響の内容	
家族関係の変化・悪化	38.9
子供の教育	33.6
健康問題	34.3
コミュニティ内関係の変化	60.7
借金の増大	46.8
精神的ストレス	81.4
その他	8.9

Appendix [8-1]　第2世代・第3世代の基本情報（都心コミュニティS：全戸調査）

1. 被調査者との関係　　　（単位：人・％）

子供（第2世代）	507	82.3
孫（第3世代）	109	17.7
合計	616	100.0

注：世帯辺りの子供平均数（含：別居子）は2.3人。

2. 性別　　　（単位：人・％）

男性	311	50.5
女性	295	47.9
不明	10	1.6
合計	616	100.0

3. 年齢　　　（単位：％）

	全体	第2世代	第3世代
0–4	15.3	9.8	40.4
5–9	15.1	14.2	19.2
10–14	20.8	21.3	18.4
15–19	16.4	17.6	11.0
20–29	23.0	25.9	10.1
30–39	8.2	9.8	0.9
40–49	1.2	1.4	0
合計	100.0	100.0	100.0

4. 教育水準　　　（単位：％）

	全体	卒業者	現役学生
就学前など	11.6	0.0	0.0
0年	0.8	0.8	0.0
幼稚園・保育園	9.3	0.0	9.3
1–4年	15.2	2.3	12.9
5–6年	18.4	9.5	8.9
7–9年	20.1	9.9	10.2
10–12年	13.4	6.5	6.9
13–14年	6.2	5.7	0.5
15年以上	4.7	3.2	1.5
不明	0.3		
合計	100.0		

5. 結婚　　　（単位：％）

	全体	第2世代	第3世代
未婚	86.6	84.1	98.1
結婚	11.9	14.1	1.9
寡夫・寡婦	0.5	0.6	0.0
離婚	0.7	0.8	0.0
別居	0.3	0.4	0.0
合計	100.0	100.0	100.0

注：「結婚」は再婚を含む。

6. 出生地　　　（単位：％）

	全体	第2世代	第3世代
バンコク	87.9	87.9	87.4
中部	1.9	1.9	2.0
東北部	9.4	9.4	9.8
北部	0.6	0.6	0.8
南部	0.2	0.2	0.0
合計	100.0	100.0	100.0

Appendix [8-2]　第2世代・第3世代の職業構成　（都心コミュニティ S：全戸調査）

職業階層	男性		女性	
	人数	比率（%）	人数	比率（%）
被雇用（高）部門	16	5.1	26	8.9
公務員・教師	2	0.6	4	1.4
製造業労働者（熟練）(M)	2	0.6	0	0.0
一般俸給被用者	12	3.9	22	7.5
一般労働者 (F)	0	0.0	0	0.0
被雇用（低）部門	46	14.8	27	9.2
製造業労働者（未熟練）(F)	0	0.0	2	0.7
サービス労働者	13	4.2	13	4.4
商業使用人	14	4.5	9	3.1
運輸通信労働者	8	2.6	0	0.0
単純労働者（日雇い）	11	3.5	3	1.0
自営業（高）部門	2	0.6	1	0.3
自営商業（雑貨屋）	0	0.0	0	0.0
建設業職人 (M)	2	0.6	0	0.0
製造業職人	0	0.0	0	0.0
技能者（床屋・美容院）	0	0.0	1	0.3
自営業（低）部門	17	5.5	9	3.0
自営商業（屋台・行商）	5	1.6	8	2.7
運輸通信	12	3.9	0	0.0
サービス	0	0.0	1	0.3
非労働力人口	230	73.9	232	78.7
主婦・夫	1	0.3	5	1.7
失業	25	8.0	23	7.8
僧 (M)	2	0.6	0	0.0
学生	165	53.1	158	53.6
幼児	37	11.9	46	15.6
合計	311	100.0	295	100.0

出所：質問表調査より筆者作成。
注：グレーの部分は高生産性部門。(M)(F) はそれぞれ、男女固有のカテゴリーを指す。男女合わせて10人は不確かな情報があったため除いている。
　　有職者は144人。男女を合計した場合の各階層比率（有職者の内）は下記の通り。被雇用（高）：29.2%　被雇用（低）：50.7%　自営業（高）：2.1%　自営業（低）：18.1%

参考文献（アルファベット順）

【著書・論文・政策文書】

Agency for Real Estate Affairs [1998] *Bangkok Land Prices 1994-2000*, Bangkok: Agency for Real Estate Affairs.
Agency for Real Estate Affairs [1999] *Thailand Property Outlook 1999*, Bangkok: Agency for Real Estate Affairs.
Akimoto, Tatsuru (ed) [1998] *Shrinking of Urban Slums in Asia and their Employment Aspects*, Bangkok: ILO.
Akin Rabibhadana [1975] "Bangkok Slum: Aspect of Social Organization", PhD Dissertation, Cornell University, USA.
Akin Rabibhadana [1980] Patron-Client Relationship and the Self-help Organization of the Poor, University of Amsterdam.
秋野晶二［1998］「多国籍企業の展開とエレクトロニクス産業の立地運動」，田坂敏雄編『アジアの大都市［1］バンコク』，日本評論社．
Allal, Maurice [1999] *Working Paper 1 Business Development Services for Micro and Small Enterprises in Thailand*, Bangkok: ILO/UNDP.
Amara Pngsapich, Rakawin Leechanawanichphan and Naruemol Bunjongjit [2002] "Social Protection in Thailand", in Erfrend Adam, et al (eds), *Social Protection in Southeast & East Asia*, Singapore: Friedrich Ebert Stiftung.
Amin, A. T. M. N. [2001] "The Informal Sector in Asia from the Decent Work Perspective", Employment Paper 2002/4, Geneva: ILO.
Ammar Suyamwala and Somchai Jitsuchon et al [2006].ประเมินผลกระทบทางเศรษฐกิจของนโยบายรัฐบาลทักษิณ（『タクシン政権における各政策の経済に対する実績評価』), Bangkok: TDRI.
青山和佳［2006］，『貧困の民族誌：フィリピン・ダバオ市のサマの生活』，東京大学出版会．
Armstrong, W. R. and McGee, T. G. [1968] "Revolutionary change and the Third World City: A Theory of Urban Involution", *Civilisations*, Vol. 18 No. 3, pp. 353-378.
浅見靖仁［2000］「タイ：経済危機への取り組みと変革の胎動」，日本労働研究機構編『アジア経済危機と各国の労働・雇用問題：模索する改革の方向』，日本労働研究機構．
浅見靖仁［2003］「タイにおけるソーシャル・セーフティネット」，寺西重郎編『アジアのソーシャル・セーフティネット』，勁草書房．
Askew, Marc [2002] *Bangkok: Place, Practice and Representation*, London: Routledge.
バンコク日本人商工会議所［1991］『タイ国概況　1991年度版』，バンコク日本人商工会議所．
バンコク日本人商工会議所［1998/1999］『タイ国概況　1998/1999年度版』，バンコク日本人商工会議所．
バンコク日本人商工会議所［2002/2003］『タイ国概況　2002/2003年度版』，バンコク日本人商工会議所．
Becker, G. [1981] *Treatise on the Family*, Cambridge, Mass.: Harvard University Press.
Behrman, Jere R. and Pranee Tinakorn [2000] "The Surprisingly Limited Impact of the Thai Crisis on Labor Including on Many Allegedly 'More Vulnerable' Workers", Bangkok: TDRI.

Bergsma, Paul et al [1987] "Klong Settlements Bangkok", Delft: Delft University of Technology.
Bromley, Ray. [1978] "Introduction- The Urban Informal Sector: Why Is It Worth Discussing?", *World Development* Vol. 6, No. 9/10, pp. 1033-1039.
バンディット・タナチャイセータウィット（末廣昭，浅見靖仁編集）［1999］「タイの経済危機と労働問題（1）：労働者の状況」，『労働法旬報』1451 号，3 月.
Carr, Marilyn and Chen, Martha Alter [2002] "Globalization and the Informal Economy: How Global Trade and Investment Impact on the Working Poor", Working Paper on the Informal Economy, Geneva: ILO.
カステル・マニュエル（大澤善信訳・解説）［1999］『都市・情報・グローバル経済』，青木書店.
Castells, M., A. Portes and L. A Benton (eds) [1989] *The Informal Economy -Studies in Advanced and Less Developed Countries*, Baltimore: The John Hopkins University Press.
Chalongphob Sussangkarn [1987] *The Thai Labor Market: A Study of Seasonality and Segmentation*, Bangkok: TDRI.
Chandsri Bunnag and Somsook Boonyabancha [1985] "Land Sharing in Bangkok Assessment of Past Experience and Potential for Future Development", Bangkok: NHA.
チラ・ホングラダロム，糸賀滋編［1992］『タイの人的資源開発：過去・現在・未来』アジア経済研究所.
Chira Sakornpan and Tongchat Hongladaromp, et al [1973] "Klong Toey-1973: A House to House Survey of the Squatter Slum and the Processing of Data", Patumthani: AIT.
Chris Dixon [1999] *The Thai: Uneven Development and Internationalisation*, London: Routledge.
Clausen, John A. [1986] *The Life Course: A Sociological Perspective*, New Jersey: Prentice-Hall (佐藤慶幸，小島茂訳［2000］『ライフコースの社会学』，早稲田大学出版部).
Chomlada Loprayoon [1991] "Vending Activity in Bangkok", MA Thesis, Faculty of Economics, Thammasat University, Thailand.
CODI [2004]. ผลการดำเนินงาน4ปี พอช ((『CODI 4 年間の活動実績』), Bangkok:Community Organization Development Institute.
CUSRI [1992] "Informal Sector", *Journal of Social Research*, Vol. 15, No. 2, Chulalongkorn University Social Research Institute.
CUSRI [1999], "Final Report Fact Finding Study on Poverty in Urban Areas (Bangkok)", Submitted to JICA.
Daonoi Srikajon, Rosalinda Pineda Ofreneo and Donna L. Doane [2003] "Social Protection for Workers in the Informal Economy: A Case Study of the Garments Industry", ILO-STEP and WIEGO.
De Soto, Hernando[1989] *The Other Path*, New York: Harper & Row.
Dow Mongkolsmai, et al [1998] "Health Insurance for the Urban Poor: The Case of Slum Dwellers in Bangkok", Faculty of Economics, Thammasat University, Thailand.
Elder, Glen. H. Jr [1985] "Perspectives on the Life Course", Elder, Glen H. Jr (ed), *Life Course Dynamics: Trajectories and Transitions, 1968 to 1980*, Ithacha: Cornel University Press.
Elder, Glen. H. Jr, and Giele, Janet Z. (eds) [1998] *Methods of Life Course Research: Qualitative and Quantitative Approaches*, London: Sage Publications (正岡寛司・藤見純子訳『ライフコース研究の方法：質的ならびに量的アプローチ』，明石書店，2003 年).
遠藤環［2001］「タイにおける都市貧困政策とインフォーマルセクター論」，修士論文，京都大学大学院経済学研究科，2001 年 1 月.

Endo, Tamaki [2002] "Promotional Policies for the Urban Informal Sector in Thailand: Analyzing from the Perspective of Policies for the Urban Poor", Kyoto University Economic Society Ph. D Candidates' Monograph Series No. 200212006.
遠藤環 [2003]「タイにおける都市貧困政策とインフォーマルセクター論:二元論を越えて」『アジア研究』, 第 49 巻第 2 号, pp. 64-85.
遠藤環 [2005a]「バンコクの都市コミュニティとネットワーク形成」, 田坂敏雄編『東アジア都市論の構想:東アジアの都市環境層とシビル・ソサエティ構想』, 御茶の水書房.
Endo, Tamaki [2005b] "From Formal to Informal? Global Restructuring and the Life Course of Women Workers in Thailand", *Gender, Technology and Development,* Vol. 9, No. 3, pp. 347-372.
Endo, Tamaki [2006] "Informal Economy and Global Restructuring: From the Perspectives of an Urban Low Income Community in Bangkok", *Selected Papers from the 2nd International Conference on Culture and Development Celebrating Diversity, Achieving Equity*, SEAMEO SPAFA, pp. 10-21
遠藤環 [2007]「グローバル化時代のバンコクにおける構造変化とインフォーマル経済」, 博士学位請求論文, 京都大学大学院経済学研究科.
遠州尋美 [1997],「内発的発展への参加型アプローチ:貯蓄・信用組合と主体形成:タイ UCDO の挑戦」『日本福祉大学経済論集』, 第 14 号, pp. 1-38.
ESCAP [1993], *State of Urbanization in Asia and the Pacific 1993*, Bangkok: ESCAP.
絵所秀紀 [1997]『開発の政治経済学』日本評論社.
Friedmann, John [1986] "The World City Hypothesis", *Development and Change*, Vol. 17-1, pp. 69-83.
Fröbel, F., Heinrichs, J. and Kreye, O. [1980] *The New International Division of Labour*, Cambridge: Cambridge University Press.
藤田弘夫 [2003]『都市と文明の比較社会学:環境・リスク・公共性』, 東京大学出版会.
藤原千沙 [1994]「生計費と世帯:生活給思想と貧困研究における生活の把握」, 修士論文, 東京大学大学院経済学研究科.
船津鶴代, 籠谷和弘 [2002]「タイの中間層:都市学歴エリートの生成と社会意識」, 服部民夫, 船津鶴代, 鳥居高編『アジア中間層の生成と特質』, アジア経済研究所.
布野修司 [1991]『カンポンの世界:ジャワの庶民住居誌』, PARCO 出版.
Gary Suwannarat [2003] "Southeast Asia: Learning from Crisis", in Sarah Cook, Kabeer, Naila and Suwannarat, Gary (eds), *Social Protection in Asia*, New Dehli: Har-anand Publications.
Geertz, Clifford [1963] *Peddlers and Princes*, Chicago: The University of Chicago Press.
Giele, Janet Z. [1998] "Innovation in the Typical Life Course", in Glen. H. Elder Jr, and Janet Z Giele (eds), *Methods of Life Course Research: Qualitative and Quantitative Approaches*, London: Sage Publications (正岡寛司・藤見純子訳『ライフコース研究の方法:質的ならびに量的アプローチ』, 明石書店, 2003 年).
Gough, Ian and Doyal, Len [1991] *A Theory of Human Need*, New York: The Guilford Press.
Gray, Rossiarin [1999] "The Effect of Globalization on Labour Force and Migration in Thailand", Paper Prepared for the Policy Seminar on the Impact of Globalization on Population Change and Poverty in Rural Areas at ESCAP, Bangkok: Thailand.
Hart, Keith [1973] "Informal Income Earning Opportunities and Urban Employment in Ghana", *Journal of Modern African Studies*, Vol. 11, pp. 61-69.
幡谷則子 [1986]「ラテンアメリカにおける『都市インフォーマル・セクター論』」,『アジア経済』

第 27 巻第 12 号，アジア経済研究所．
幡谷則子［1998］「発展途上国の都市住民組織：その社会開発における役割」，幡谷則子編『発展途上国の都市住民組織』，アジア経済研究所．
Homenet Thailand [2002] *Impact of the Economic Crisis on Homeworkers in Thailand*, Bangkok: ILO.
穂坂光彦［1997］「オルタナティヴな計画プロセスの展望：アジア大都市のインフォーマル宅地開発をめぐって」『日本福祉大学経済論集』第 14 号，pp. 109-129.
Human Resources and Social Development Program and Thailand Development Research Institute Foundation [1998] "A Study on the Extension of Social Security to the Self-employed", Submitted to Social Security Office, Ministry of Labour and Social Welfare, Thailand.
Igel, Barbara [1992] "The Economy of Survival in the Slums of Bangkok", Bangkok: Asian Institute of Technology.
池野旬編［1996］『アフリカ諸国におけるインフォーマルセクター：その研究動向』，アジア経済研究所．
池野旬・武内進一編［1998］『アフリカのインフォーマル・セクター再考』，アジア経済研究所．
ILO [1972] *Employment Income and Equality: A Strategy for Increasing Productive Employment in Kenya*, Geneva: ILO.
ILO [1989] "Technology Adaptation in Bangkok's Informal Sector", World Employment Programme Research Working Papers, Geneva: ILO.
ILO [1992] *Report of the Director-General (Part 1), The Dilemma of the Informal Sector*, International Labour Conference 78th Session, Geneva: ILO.
ILO [1996] "C177 Home Work Convention", ILO.
ILO [2002] *Decent Work and the Informal Economy: Sixth Item on the Agenda*, from International Labour Conference 90th Session 2002, ILO（『ディーセント・ワークとインフォーマル経済』2002 年第 90 回 ILO 総会議題報告書 VI, ILO, 2003 年).
ILO [2004a] *Technical Note on the Extension of Social Security to the Informal Economy in Thailand*, Bangkok: ILO.
ILO [2004b] *Thailand Social Security Priority and Needs Survey*, Bangkok: ILO.
ILO-ARTEP [1988] *Urban Self-Employment in Thailand A Study of Two Districts in Metropolitan Bangkok*, Bangkok: ILO.
ILO-ARTEP [1991] *A Policy Agenda for the Informal Sector in Thailand*, Bangkok: ILO.
ILO and MOLSW [1994] "Social Exclusion and Development Policy in Thailand", Proceedings, Bangkok: ILO.
ILO and MOLSW [1995] "Strategic Approaches toward Employment Promotion: Enabling Policy Framework for Urban Informal Sector", Bangkok: ILO.
Ingeborg Ponne [2000] *Extension of Social Protection*, Bangkok: ILO-STEP.
Isara Sarntisart [1999] "Economic Welfare Implication of the Crisis", ADB Technical Assistance No. 2995-THA Social Sector Reform, Brooker Group Consortium.
Jere R. Behrman & Pranee Tinakorn [2000], *The Surprisingly Limited Impact of the Thai Crisis on Labor Including on Many Allegedly "More Vulnerable" Workers*, TDRI.
Joan Biji et al [2002] "Slum Eviction and Relocation in Bangkok", Delft: Delft University of Technology.
Kabeer, Naila [1994] *Reversed Realities: Gender Hierarchies in Development Thought*, London: Verso

Books.

Kabeer, Naila [2000] *Power to Choose: Bangladeshi Women and Labor Market Decisions in London and Dhaka,* London: Verso Books.

家計経済研究所編 [1992]『ザ・現代家計：家計組織化に関する研究』, 大蔵省印刷局.

Kakwni, N. [1998], "Impact of Economic Crisis on Employment, Unemployment and Real Income", Bangkok: NESDB and ADB.

Kakwani, N. and J. Pathong [1999] "Impact of Economic Crisis on the Standard of Living in Thailand", Bangkok: Development Evaluation Division, NESDB, mimio.

Kakwani, N. and Medhi Krongkaew [1999] "Poverty in Thailand: Defining, Measuring and Analysing", Bangkok: Development Evaluation Division, NESDB.

加茂利男, 遠州尋美編 [1998]『東南アジア：サステナブル世界への挑戦』, 有斐閣選書.

Kasikorn Research Center [2004a], "Poverty in Thai society and Household Debts", Kasikorn Research Center.

Kasikorn Research Center [2004b]. ""ความต้องการที่อยู่อาศัย（住宅需要）", กระแสทรรศน์（クラセータサナー：潮流展望）2004年9月2日号（1639号）.

河森正人 [2005]「バンコク「郊外」の空間構造とサステイナブルな発展」, 田坂敏雄編『東アジア都市論の構想：東アジアの都市環境層とシビル・ソサエティ構想』, 御茶の水書房.

北原淳, 赤木攻編 [1995]『タイ工業化と地域社会の変動』, 法律文化社.

国際協力銀行 [2000] 国際協力銀行ニューズレター, No. 2.

Lazo, Lucita [1996] *Out of the Shadow Practical Actions for the Social Protection of Homeworkers in Thailand,* Bangkok: ILO.

Lewis, W. A. [1954] "Economic Development with Unlimited Supplies of Labor", *Manchester School of Economic Development and Social Studies,* Vol. 22, No. 2, pp. 139–91.

Lim, Linda [1990] "Women's Work in Export Factories: The Politics of a Cause" in Tinker, Irene [ed], *Persistent Inequalities: Women and World Development,* New York: Oxford University Press.

Lubell, Harold [1991] *The Informal Sector in the 1980s and 1990s,* Paris: OECD.

松田素二 [1996]『都市を飼い慣らす：アフリカの都市人類学』, 河出書房新社.

町村敬志 [1994]『「世界都市」東京の構造転換：都市リストラクチュアリングの社会学』, 東京大学出版会.

Maitree Wasuntiwongse [1999] *Working Paper 5 Needs and Characteristics of a Sample of Micro and Small Enterprises in Thailand,* Bangkok: ILO/UNDP.

Mark Paetkau [1999] *Working Paper 4 Financial Support for Micro and Small Enterprises In Thailand,* Bangkok: ILO/UNDP.

松薗［橋本］裕子 [1998a]「バンコクの都市住民組織」, 幡谷則子編『発展途上国の都市住民組織』, アジア経済研究所, pp. 125-151.

松薗［橋本］祐子 [1998b]「就業構造と住民生活」, 田坂敏雄編『アジアの大都市 [1] バンコク』, 日本評論社, pp. 141-209.

Maurice Allal [1999a] *Working Paper 1 Business Development Services for Micro and Small Enterprises in Thailand,* Bangkok: ILO/UNDP.

Maurice Allal [1999b] *Working Paper 2 International Best Practice in Micro and Small Enterprise Development,* Bangkok: ILO/UNDP.

Maurice Allal [1999c] *Working Paper 6 Micro and Small Enterprises in Thailand: Definitions and Contributions,* Bangkok: ILO/UNDP.

Medhi Krongkaew et al [1986] *Final Report A Study on the Urban Poor in Thailand: Phase 1*, Bangkok: Thai Khadi Research Institute, Thammasat University.

Medhi Krongkaew et al [1987] *Final Report A Study on the Urban Poor in Thailand: Phase 2*, Bangkok: Thai Khadi Research Institute, Thammasat University.

水野浩一 [1981]『タイ農村の社会組織』, 創文社.

Ministry of Labour and Social Welfare, [1995] *Thailand Standard Classification of Occupations*, Bangkok: Department of Employment, Ministry of Labour and Social Welfare.

Ministry of Finance [2005].ภาพรวมสถานะการออม-การลงทุนของประเทศไทย (『タイにおける貯蓄・投資の普及状況』), Ministry of Finance.

Morell, Susan and David [1972] *Six Slum in Bangkok: Problems of Life and Option for Action*, Bangkok: UNICEF.

室住眞麻子 [2000]『世代・ジェンダー関係からみた家計』, 法律文化社.

Moser, Caroline O. N. [1978] "Informal Sector or Petty Commodity Production: Dualism or Dependence in Urban Development?", *World Development* Vol. 6, No. 9/10, pp. 1041-1064.

Moser, Caroline O. N. [1998] "The Asset Vulnerability Framework: Reassessing Urban Poverty Reduction Strategies", *World Development*, Vol. 26, No. 1, pp. 1-19.

Murray, Alison [1991], *No money, no honey*, Oxford University Press (熊谷圭知, 内藤耕, 葉倩瑋訳『ノーマネー, ノーハネー：ジャカルタの女露天商と売春婦たち』, 木犀社, 1994 年).

中野卓 [2003]『中野卓著作集生活史シリーズ1 生活史の研究』, 東信堂.

中西徹 [1991]『スラムの経済学』, 東京大学出版会.

中西徹 [1994]「東南アジアにおける農村都市間移動と都市化」, 中兼和津次編『講座現代アジア2 近代化と構造変動』, 東京大学出版会.

Napat Sirisambhand [1994] *Hidden Producers in Bangkok Metropolis-Women in the Urban Informal Sector*, Bangkok: Friedrich-Ebert-Stiftung, Bangkok Office.

Naruemol Bunjongjit and Xavier Oudin [1992] "Small-scale Industries and Institutional Framework in Thailand", Techinical Papers No.81, Paris: OECD Development Centre.

Narumol Nirathon [2005]. "หาบเร่แผงลอยอาหาร: ความสำเร็จและตัวบ่งชี้ (『露天商：成功とその指標』)", PhD Dissertation, Thammasat University, Thailand.

NESDB [1987] *Report of the National Seminar on Urban Informal Sector in Thailand*, Organized by NESDB Human Resource Planning Division and ILO, Bangkok: NESDB.

NESDB [1992] *The Seventh National Economic and Social Development Plan [1992-1996]*, Bangkok: Office of the Prime Minister.

NESDB [1997] *Final Report: Establishment of Key Indicators System for the 8th Plan Monitor and Evaluation*, Bangkok: Office of the Prime Minister.

NESDB [1997-1999] "Indicators of Well-Being and Policy Analysis", *Newsletters*, NESDB Development Evaluation Division Vol.1 No.1-Vol.3, No.3.

NESDB[2003]. รายงานฉบับสุดท้าย โครงการพัฒนาระบบฐานข้อมูลเศรษฐกิจและสังคมเพื่อการวางแผน (『計画作成のための経済及び社会データシステム開発プロジェクト 最終報告書』), Bangkok：NESDB.

NESDB [2004a].รายงานการประเมินนโยบายเศรษฐกิจรากหญ้าและหลักประกันสังคม (『グラスルート経済及び社会基盤強化政策に関する評価レポート』), Bangkok：NESDB.

NESDB[2004b]. "ยุทธศาสตร์การบริหารจัดการเศรษฐกิจนอกระบบ, เอกสารประกอบการประชุมประจำปี 2547, (『2005 年年次総会 制度外経済』)", NESDB.

NESDB [2004c]. "เศรษฐกิจนอกระบบ (『制度外経済』)", Newsletter, Vol.2 No.2, NESDB.
NESDB and ADB [1999] *Social Sector Impact Synthesis Report on Socioeconomic Challenges of the Economic Crisis in Thailand*, Bangkok: NESDB.
NESDB and ILO [1988] *Report of the National Seminar on Urban Informal Sector in Thailand*, Bangkok: NESDB and ILO.
NESDB, UNDP and TDRI [1991] *National Urban Development Policy Framework, Final Report, Vol.2 [Study Area 6]*, Bangkok: NESDB.
NHA [1991] *Slum Development*, Bangkok: National Housing Authority.
新津晃一 [1998]「スラムの形成過程と政策的対応」, 田坂敏雄編『アジアの大都市 [1]』, 大阪市立大学経済研究所.
新津晃一編 [1989]『現代アジアのスラム：発展途上国都市の研究』, 明石書店.
新津晃一, 森健編 [1984]「特集　発展途上国のスラムと社会変動」,『アジア経済』第 25 巻第 4 号.
Nipon Poapongsakorn [1991] "The Informal Sector in Thailand" in A. Lawrence and Mohamed Salandine (eds), *The Silent Revolution: The Informal Sector in Five Asian and Near Eastern Countries*, California: Ics Pr.
大泉啓一郎 [2005]「ASEAN4 の少子高齢化と社会保障制度：タイの事例を中心に」, 田坂敏雄編『東アジア都市論の構想：東アジアの都市間競争とシビル・ソサエティ構想』, 御茶の水書房.
大泉啓一郎 [2007]『老いてゆくアジア』, 中公新書.
Orawan Sriudom [1992] *Silom Road*, Bangkok: The Thai Danu Bank.
Osawa, Mari [2001] "People in Irregular Modes of Employment: Are They Really Not Subject to Discrimination?" *Social Science Japan Journal*, Vol. 4, No. 2 pp. 183-199.
Pasuk Phongpaichit [1980] *Rural Women of Thailand: From Peasant Girls to Bangkok Masseuses*, Geneva: ILO.
Pasuk Pongpaichit [1991] "Nu, Nit Noi and Thailand's Informal Sector in Rapid Growth", in Hongladarom, C. and Itoga, S. (eds) *Human Resource Development Strategy in Thailand: Past, Present and Future*, Tokyo: IDE.
Pasuk Pongpaichit [1992] "The Urban Informal Sector in Thailand: An Overview", in Pasuk Pongpaichit and Itoga, Shigeru, *The Informal Sector in Thai Economic Development*, Tokyo: IDE.
パスク・ポンパイチット, 糸賀滋編 [1993]『タイの経済発展とインフォーマルセクター』, アジア経済研究所.
Pasuk Phongpaichit et al [1996] *Challenging Social Exclusion: Rights and Livelihood in Thailand*, Geneva: ILO.
Pasuk Phongpaichit and Chris Baker [2004] *Thaksin: The Business of Politics in Thailand*, Chiang Mai: Silkworm Books.
Pasuk Phongpaichit, Sungsidh Piriyarangsan and Nualnoi Treerat [1998] *Guns Girls Gambling Ganja: Thailand's Illegal Economy and Public Policy*, Chiang Mai: Silkworm Books.
Pawadee Tonguthai [2002] *Gender Equality and Decent Work in Thailand*, Bangkok: ILO and ADB.
Pearson, Ruth [1992] "Gender Issues in Industrialisation" in T. Hewitt et al. (eds) *Industrialisation and Development*, Oxford: Oxford University Press.
Pearson, Ruth [1998] "'Nimble Fingers' Revisited", in C. Jackson and R. Person (eds), *Feminist Vision of Development: Gender Analysis and Policy*, London: Routledge.

Piore, Michael J. and Charles F. Sabel [1984] *The Second Industrial Divide: Possibilities for Prosperity*, New York Basic Books（山之内靖, 永易浩一, 石田あつみ訳『第二の産業分水嶺』, 筑摩書房, 1993年）.

Phongsaton Siratham [2002]. "ผลกระทบของการนำนโยบายหาบเร่แผงลอยของคนกรุงเทพมหานคร มาปฎิบัติ (『バンコク都による露天商政策の影響』)", MA Thesis, Ramkhamheng University, Thailand.

Putnam, Robert D., Robert Leonardi and Raffaella Nanetti [1993] *Making Democracy Work: Civic Traditions in Modern Italy*, New Jersey: Princeton University Press.（河田潤一訳『哲学する民主主義：伝統と改革の市民的構造』, NTT出版, 2001年）.

Rakawin Leechanavanichpan et al [1999] "Research on The Situation of Women Subcontracted Workers in the Garment Industry in Bangkok Thailand", mimeo.

Rakowski, Cathy (ed) [1994] *Contrapunto: The Informal Sector Debate in Latin America*, Albany: State University Press of New York.

Romijn, Henry B. [1993] "Dynamism in the Informal Sector in a Fast Growing Economy: The Case of Bangkok", ARTEP Working Papers, Bangkok: ILO.

Romijn, Henry B. and Kwanta Mongkornratana [1991] "Growth and Employment in the Informal Sector of Bangkok", Bangkok: ILO-ARTEP.

労働調査論研究会編 [1970]『戦後日本の労働調査』, 東京大学出版会.

Sassen, Sasskia [1988], *The Mobility of Labor and Capital: A Study in International Investment and Labor Flow*: New York: Cambridge University Press（森田桐郎ほか訳『労働と資本の国際移動：世界都市と移民労働者』岩波書店、1992年）.

Sassen, Sasskia [1998] *Globalization and its Discontents*, The New Press.

サッセン, サスキア（川田潤訳）[2002]「都市：「地形が示すもの」と「空間と化した力」」, T. N. プローブ編『都市の変異』, NTT出版.

佐藤仁 [2002],『稀少資源のポリティクス：タイ農村にみる開発と環境のはざま』, 東京大学出版会.

Scott, Jacqueline and Alwin, Duane [1998] "Retrospective Versus Prospective Measurement of Life Histories in Longitudinal Research", in Elder, Glen. H. Jr, and Giele, Janet Z (eds), *Methods of Life Course Research: Qualitative and Quantitative Approaches*, London: Sage Publications（正岡寛司・藤見純子訳『ライフコース研究の方法：質的ならびに量的アプローチ』, 明石書店, 2003年）.

世界銀行 [1990]『世界開発報告 1990「貧困」』, 東洋経済新報社.

世界銀行 [1995]『世界開発報告 1995「統合を深める世界における労働者」』, 東洋経済新報社.

世界銀行 [2000],『世界開発報告 2000 「貧困との闘い」』, 世界開発指標.

Sen, A. K. [1985] *Commodities and Capabilities*, Amsterdam: North-Holland（鈴村興太郎訳『福祉の経済学：財と潜在能力』, 岩波書店, 1998年）.

Sen, A. K. [1992] *Inequality Reexamined*, Oxford: Oxford University Press（池本幸生, 野上裕生, 佐藤仁訳『不平等の再検討：潜在能力と自由』, 岩波書店, 1999年）.

Sethuraman, S. V. [1981] "The Urban Informal Sector in Developing Countries: Employment, Poverty and Environment", Geneva: ILO-WEP.

社団法人地域問題研究所 [1993] *Urban Informal Sector Employment? A Cross-national Comparative Study*, 社団法人地域問題研究所.

嶋田ミカ [2001]「中部ジャワの市場における女性小商人の変容［1995年-2000年］：主婦と稼ぎ

手の間」,博士学位請求論文,龍谷大学大学院経済学研究科.
Somboon Sungoonshorn [2001] "Accessibility of Urban Informal Sector Workers to Welfare and Non-welfare Services: A Focus in Bangkok Slum", Ph. D Dissertation, AIT, Thailand.
Sopon Pornchokchai [1984] "House-Renters in Bangkok Slum-and-Squatter Settlements with Reference to 480 Existing Settlements", Bangkok: Building Together Association.
Sopon Porchokchai, [1985] *1020 Bangkok Slums*, Bangkok: School of Urban Community Research and Actions.
Sopon Porchokchai [1992] *Bangkok Slums Review and Recommendations*, Bangkok: Agency for Real Estate Affairs.
Sopon Pornchokchai [2004] "Private Housing Supply in Bangkok after the Financial Crisis: Lessons from the Perspective of Developers", PhD Dissertation, AIT, Thailand.
末廣昭 [1989]「バンコク：人口増加・経済集中・交通渋滞」大阪市立大学経済研究所編『世界の大都市6　バンコク　クアラルンプル　シンガポール　ジャカルタ』東京大学出版会.
末廣昭 [1995]「タイにおける拡大首都圏と地方経済圏」,『季刊　総合的地域研究』第9号, 文部省科学研究費補助金「重点領域研究」, 京都大学東南アジア研究センター.
末廣昭 [2000a]「アジア通貨・経済危機と労働問題：タイの事例」, 加瀬和俊・田端博邦編『失業問題の政治と経済』, 日本経済評論社.
末廣昭 [2000b]『キャッチアップ型工業化論：アジア経済の軌跡と展望』, 名古屋大学出版会.
末廣昭 [2009], 『タイ　中進国の模索』, 岩波新書.
末廣昭, 安田靖編 [1987]『タイの工業化　NAICへの挑戦』, アジア経済研究所.
末廣昭編 [1998]『タイの統計制度と主要経済・政治データ』, アジア経済研究所.
末廣昭, 東茂樹編 [2000]『タイの経済政策：制度・組織・アクター』, アジア経済研究所.
Suganya Hutaserani and Pornchai Tapwong [1990] *Urban Poor Upgrading: Analyses of Poverty Trend and Profile of the Urban Poor in Thailand*, Bangkok: TDRI.
杉原薫・玉井金五編 [1986]『大正・大阪・スラム：もうひとつの日本近代史』, 新評論.
SVA [1999], "รายงานการวิจัยการสำรวจข้อมูลชุมชนและประเมินผลการพัฒนา: กรณีศึกษาชุมชนสวนพลู ชุมชนเชื้อเพลิ (コミュニティデータ及び開発実績に関しての調査)", SVA.
高根務 [1999]『ガーナのココア生産農民：小農輸出作物生産の社会的側面』, アジア経済研究所.
田坂敏夫編 [1998]『アジアの大都市 [1] バンコク』, 日本評論社.
TDRI [1991] *Inception Report of National Urban Development Policy Framework*, Bangkok: NESDB.
TDRI [1992] *Managing the Urban Informal Sector in Thailand: A Search for Practical Policies Based on the Basic Minimum Needs Approach*, Bangkok: TDRI.
TDRI [2001]. "การสัมมนาวิชาการประจำปี 2544 เรื่อง ยุทธศาสตร์การขจัดปัญหาความยากจน (2001年年次総会「貧困問題」)" Bangkok: TDRI.
Thaksin Shinawatra [2001] "New Vision of Thailand, Speech at the Investment Seminar on 'Thailand: Invest in Our Future'", Tokyo.
Thammasat University Faculty of Social Administration [1971] "Klong Toey: A Social Work Survey of a Squatter Slum", Bangkok: Department of Social Work, Faculty of Social Administration, Thammasat University.
Thomas, Eric Johnson [1978] "Urban Social Structure: A Case Study of Slums in Bangkok, Thailand", PhD Dissertation, Hawaii: University of Hawaii.
Todaro, M. P. [1969] "A Model of Labor Migration and Urban Unemployment in Less Developed Countries", *American Economic Review*, Vol. 59, No. 1, pp. 138-148.

東京大学社会科学研究所編 [1998]『20 世紀システム 4　開発主義』東京大学出版会.
鳥居泰彦・積田和 [1981]「経済発展とインフォーマル・セクターの膨張」,『三田学会雑誌』, 第 74 巻第 5 号, pp. 1-46.
UCDO [1999] *Socioeconomic Challenges of the Economic Crisis in Thailand Background Paper UCDO Survey of Households in 28 Saving Group Networks*, Bangkok: UCDO.
氏原正治郎 [1966]『日本労働問題研究』, 東京大学出版会.
氏原正治郎, 江口英一 [1956]「都市における貧困層の分布と形成に関する一資料」『社会科学研究』, 東京大学社会科学研究所紀要.
氏原正治郎, 江口英一 [1959]「都市における貧困層の分布と形成に関する一資料 [一]」,『社会科学研究』Vol. 8 No. 1, pp. 62-150.
氏原正治郎, 江口英一, 高梨昌, 関谷耕一 [1959]「都市における貧困層の分布と形成に関する一資料 [二]」,『社会科学研究』Vol. 11 No. 2, pp. 93-129.
UNFPA[2007] State of World Population 2007: Unleashing the Potential of Urban Growth, United Nations Population Fund.
United Nations [1996] *Role of the Informal Service Sector in Urban Poverty Alleviations*, United Nations.
United Nations [1999] *World Survey on the Role of Women in Development: Globalization, Gender and Work*, New York: United Nations.
Vagneron, I. [1999] "How Can the Situation on the Domestic Labour Market Shape Subcontracting Arrangement? Evidence from the Garment Sector in Thailand", Paper presented in Workshop on Subcontracting Labour in Asia: Historical and Global Perspectives, Bangkok: Chulalongkorn University Social Research Institute.
Vichai Viratkapan [1999] "Relocation of 'Slum' and Squatter Housing Settlements under Eviction in the Greater Bangkok Area: Case Study of Three Relocation Settlements", Submitted in Partial Fulfillment of the Requirement for the PhD, Patumthani: AIT.
Vichai Viatkapan [2004] "Factors Contributing to the Development Performance of Slum Relocation Projects (1984-1995) in Bangkok", PhD Dissertation, Patumthani: AIT.
Vichai Viratkapan and Ranjith Perera [2006] "Slum Relocation Projects in Bangkok: What Has Contributed to their Success of Failure?", *Habitat International*, Vol. 30, No.1, pp. 157-174.
Voravidh Charoenloet and Teeranat Karnjanauksorn [1998] "The Impact of the Economic Crisis on Women Workers in Thailand: Social and Gender Dimensions", Working Paper, Bangkok: ILO.
Waldorf, Saral Teihet and Waldorf, William H. [1983] "Earnings of Self-Employed in an Informal Sector: A Case Study of Bangkok", The University of Chicago.
渡辺真知子 [1988]「タイの経済発展と国内人口移動：1970 年代の変化を中心として」,『アジア経済』第 29 巻第 2 号, pp. 25-47.
World Bank [1999] *Thailand Social Monitor: Coping with the crisis in Education and Health*, Bangkok: World Bank.
World Bank [2000a] *Thailand Social Monitor: Social Capital and the Crisis*, Bangkok: World Bank.
World Bank [2000b] *Thailand Social Monitor: Thai Workers and the Crisis*, Bangkok: World Bank.
World Bank [2001] *Thailand Social Monitor: Poverty and Public Policy*, Bangkok: World Bank.
Yap Kioe Shneg (ed) [1992] *Low-income housing in Bangkok: A Review of Some Housing Submarkets*, Patumthani: AIT.
Yasmeen, Gisele [2006] *Bangkok's Foodscape: Public Eating, Gender Relations and Urban Change*,

Bangkok: White Lotus.

吉村真子［1998］『マレーシアの経済発展と労働力構造：エスニシティ，ジェンダー，ナショナリティ』，法政大学出版局.

【統計書・データ】

BMA［各年版］*Statistical Profile of BMA*, Bangkok: Bangkok Metropolitan Administration.
BMA [2001]. ข้อมูลชุมชนกรุงเทพมหานคร (『バンコク都コミュニティデータ』), Bangkok: BMA.
BMA [2006]. ข้อมูลชุมชนกรุงเทพมหานคร (『バンコク都コミュニティデータ』), Bangkok: BMA.
BOI, Bank of Thailand (http://www.bot.or.th)
MOL [2003] *Year Book of Labour Protection and Welfare Statistics*, MOL.
NESDB [1988] *National Income of Thailand New Series 1970–1987*, NESDB.
NESDB [1993] *National Income of Thailand New Series 1980–1991*, NESDB.
NESDB [1997] *National Income of Thailand New Series 1995*, NESDB.
NESDB [2002] *National Income of Thailand New Series 2000*, NESDB.
NESDB [1990] *Gross Regional and Provincial Product*, NESDB.
NESDB [2004] *Gross Regional and Provincial Product*, NESDB.
NSO [1990] *Population & Housing Census 1990 Whole Kingdom*, NSO.
NSO [2000] *Population & Housing Census 2000 Whole Kingdom*, NSO.
NSO [1970] *Population & Housing Census 1970 Changwat Phra Nakon*, NSO.
NSO [1970] *Population & Housing Census 1970 Changwat Thonburi*, NSO.
NSO [1980] *Population & Housing Census 1980 Bangkok*, NSO.
NSO [1990] *Population & Housing Census 1990 Bangkok*, NSO.
NSO [2000] *Population & Housing Census 2000 Bangkok*, NSO.
NSO [2004] *Household Socio-Economic Survey 2004 Bangkok Metropolis, Nonthaburi, Pathum Thani and Samut Prakan*, NSO.
NSO [1994] *Formal and Informal Labor Force Market, 1994 Labor Force Survey*, NSO.
NSO [1997] *Statistical Booklet on Thai Women and Men*, NSO.
NSO [2000] *Report of the Labor Force Survey, Bangkok Metropolis, Round3: August 2000*, NSO.
NSO [2000] *Report of the Labor Force Survey Whole Kingdom, Round1: February 2000*, NSO.
NSO [2000] *Report of the Labor Force Survey Whole Kingdom, Round3: August 2000*, NSO.
NSO [2005], การสำรวจแรงงานนอกระบบ (『制度外労働調査』), NSO.
NSO [1999] *The Home Work Survey*, NSO.
NSO [2002] *The Home Work Survey*, NSO.

【新聞】

Bangkok Post 2003.07.21, 2003.09.20, 2004.11.16, 2005.01.11, 2009.03.19, 2009.06.06.
Nation 2004.08.18.
Post today 2004.04.24.
『週刊タイ経済』2003年11月17日号，2004年7月19日号，2004年8月23日号，2004年10月11日号，2005年7月25日号，2005年8月1日号，2005年8月8日号．

索　引

[A-Z]
APEC　5
CODI → コミュニティ組織開発機構
ILO　16-17, 20, 23
NESDB → 国家経済社会開発庁
NGO　61, 68, 156-157
NHA → 国家住宅公社
NSO → 国家統計局
Race to the Bottom → 底辺への競争
SMEs → 中小企業
UCDO → 都市コミュニティ開発事務所
working poor → 働いているのに貧しい人々

[あ　行]
アクセス　26, 100, 158
圧縮された変化　37
安定性　124, 242, 247, 256, 264
移転政策　49, 58
移転地　48, 51, 58, 152
移民労働者　18-19, 235
インフォーマル化　15, 24, 56
インフォーマル経済　8, 14-15, 19, 22, 34-35, 52, 65, 73, 109, 207, 229, 230, 246-249, 264, 267
インフォーマルセクター　14-17, 22, 45, 52, 59, 61-62, 64, 66, 76
インフォーマルセクター支援政策　23, 66-67, 74, 249
インフォーマルな借入　158
エルダー　29
エンパワーメント　23
主な稼ぎ手　83, 234 → 稼ぎ手

[か　行]
外延的発展　81, 89, 99, 100
階層　9, 14, 31, 260
階層移動　34, 195, 239, 244-247
階層性　8, 24, 129
開発経済学　15, 17, 35, 203, 241, 259, 267
核家族　136-138, 140, 226
格差　3, 96, 118, 255, 268
　　都市下層内部の格差　13
学歴　14, 125, 213, 246, 250, 255

学歴障壁　201, 247, 249, 255
家計　28, 82, 141, 224, 265-266
家計補充者　34, 84
火災　4, 26, 85, 95-96, 99, 155, 260
貸部屋　99, 148, 161
過剰都市論　13
カステル　17, 203
稼ぎ手　83, 110, 207, 224, 228, 234, 263 → 主な稼ぎ手
仮設住宅　157, 159, 161, 163, 260, 266
過渡的現象　18
家内労働(者)　34, 53, 55, 65, 107, 108, 118, 119, 208, 212-215, 230, 232, 235
カベール　19
管理中枢機能　39
技能　31, 116-118, 193, 212, 215, 230, 238, 245, 251
教育水準　212, 254
競争　231, 260, 263
居住　3, 13, 26, 40, 81, 259
居住空間　4, 49, 89, 133, 143, 163, 165, 183, 261
居住形態　26, 135, 160
近代化　8, 15, 74, 166, 255
近代工業部門　16
近代部門　35, 74, 244, 255, 262
金融のハブ　4, 37, 87
クッション　62, 69, 71
グローバル化　4, 18-19, 31, 37, 78, 207, 235, 262
グローバルバリューチェーン　19, 235
経済危機　3, 22, 29, 38, 69, 99, 211
経済成長　8, 37, 61, 76, 248
経済成長政策　69, 74, 75, 249, 259
経済発展　49, 62
経済ブーム　25, 208, 230
ケニヤ雇用調査団　16
ケニヤレポート　21
郊外　4, 49 56, 58, 88, 100, 150
恒久住宅　155, 165, 166, 168, 171, 176, 260
工業化　15, 37
工場労働者　36, 108, 125, 207-208, 244
高生産性部門　17, 32, 36, 61-62, 76, 116, 118

307

厚生水準　3, 27, 82, 155, 165, 172, 223, 224, 227, 229, 245, 262
個人　10, 19, 23, 27, 29, 31, 40, 82, 141
個人条件　113, 198, 207, 222, 233, 242, 261
国家経済社会開発計画　52, 64-65
国家経済社会開発庁（NESDB）　59, 65
国家統計局（NSO）　34, 52, 65
国家住宅公社（NHA）　47, 58, 67, 166, 173
コーホート　30, 229
コミュニティ　5, 7, 8, 10, 25, 27, 29, 45, 47, 69, 85, 133, 149, 163, 259, 266
　　コミュニティ開発　7, 69, 70, 176
　　コミュニティ内市場　96, 161, 171
　　バンコクにおける――　45-47
　　都市コミュニティ　48
　　都心コミュニティS　4, 40, 82, 85, 87, 94, 96, 110, 119, 124, 137, 144, 146-148, 155, 183, 245, 252, 254
　　元郊外コミュニティU　4, 40, 57, 82, 88-90, 97, 98, 110, 119, 124, 138, 207, 244
コミュニティ組織開発機構（CODI）　65, 67, 70, 71, 166, 177
雇用　22
　　柔軟な雇用　22
雇用創出　16, 59, 66, 74
雇用労働　15, 33

[さ　行]
災害　26, 157
再開発　51, 151, 175
再建過程　85, 155, 160, 165
再分配　7, 73
財務省　7, 73, 87, 92, 165, 166
サイトアンドサービス　58
雑貨屋　82, 96, 108 215, 221, 233, 243, 248
サッセン　17
三位一体　63, 76
産業構造　3, 35, 229
30バーツ医療サービス制度　65, 70, 157
三部門労働移動モデル　16
自営業（者）　33, 34, 53, 59, 107, 108, 114, 116, 157, 171, 185, 188, 245, 250, 256, 261
ジェンダー　28, 37, 84, 102, 120, 207, 212, 230, 268
資産　23, 146, 266
自助　63, 67, 260
自助能力　23, 59
下請け　22, 62, 64, 72, 235

失業　26, 69
市民社会　69
資本集約的産業　38, 211
自己決定権　76, 242
自己責任　27, 269
自立性　123, 124, 247, 256, 264
自力建設　97, 143, 160-161, 260
質問表調査　81, 82, 86, 155, 183
社会関係　3, 17, 23, 26, 85, 171, 174, 262
社会増　60
社会投資基金　65, 70
社会保障制度　3, 7, 23, 33, 53, 73, 113, 266
借金　77, 156, 158, 162, 227, 251
就学年数　117, 120
就業機会　19, 31, 35, 49, 57, 81, 117, 124, 143, 151, 212, 241, 261, 268
就業構造　57, 61, 76, 229, 254
就労地位　33-34, 107
集合アパート　166-170, 172 →バーン・ウアアートン
住居　141
住居登録　88, 95, 146, 157, 173, 260
重層的　19, 20, 37, 235
住宅　46, 143
主婦　224, 228
住民主体　23, 179-180
住民組織　70
主体　20, 25
少子高齢化　7, 73
上昇　14-15, 32, 36, 41, 75, 241, 244, 248, 252, 255, 264
上層　14, 74, 145
初期投資　117, 212, 230
女性　83, 122, 207, 224, 262
女性化　35
女性労働者　19, 35, 38, 207, 208
職業　3, 13, 26, 28, 32, 40, 81, 83, 183, 259
　　自営業高生産性部門　→自営業（高）
　　自営業低生産性部門　→自営業（低）
　　被雇用高生産性部門　→被雇用（高）
　　被雇用低生産性部門　→被雇用（低）
職業移動　35, 193, 194, 196, 203, 208, 241
職業階層　32-34, 107, 108, 111, 184, 192, 244
　　自営業（高）　116, 118, 204, 215 243-245, 246, 249, 250-252, 264
　　自営業（低）　116, 118, 215, 246, 255
　　被雇用（高）　116, 118, 242, 246, 249, 264
　　被雇用（低）　116, 118, 184, 190, 204, 246,

　　　　　254
　　職業階層移動　193, 204, 246, 247
　　職業階層大分類　107, 114, 116, 118
　　職業階層分類　33, 107
職業観　36, 84, 241, 242, 248
職業経験　31, 35-37, 84, 117, 124, 208, 212, 229, 252, 255, 268
職業経路　36, 37, 124, 208, 229, 230
職住近接　49, 124, 261
所得階層　145, 184-186
新宮沢構想　70
人口移動　15, 17
スラム　8, 14, 19, 46-47
　　スラム対策　45, 46, 59, 64
　　スラム内改善方式　58
生活　8, 25
生産　21, 22, 63
生産拠点　4, 88
生産手段　4, 85, 183, 184, 187, 193
生産性　63
脆弱性　13, 23, 25, 26, 31
生存の経済　61, 203
生存戦略　27, 33, 82
製造業　62, 75, 108, 116, 124, 207
静態論　13
制度外経済　53, 65, 72, 73, 77, 259
制度外労働　53
成長による再分配　21
世界銀行　21, 23, 58, 65, 69-70
世界都市論　18, 19
世帯　10, 19, 23, 25, 27, 28, 31, 82, 141
　　世帯構成　110, 133, 140, 224
　　世帯主　27, 34, 83, 89, 136-138, 156, 183, 199, 223
　　世帯条件　28, 113, 198, 204, 207, 212, 222, 224, 233, 242, 260
　　世帯調査　4, 82
　　世帯内分配　28, 212
世代　31, 37
セーフティネット　7, 22, 27, 65, 69, 70, 73, 156, 262
セルフヘルプ住宅　166, 168, 170, 172 → バーン・マンコン
先進国　15, 37, 56, 73, 244
潜在的失業者　15
潜在能力　7, 28, 31, 75, 212
選択　29, 243
相互依存関係　61, 62

相互扶助　129, 165
ソーシャルキャピタル　7, 23
ソーポン　56
村落基金　65, 70, 77-78, 100

[た　行]
対応能力　23, 31
タイミング　30, 266
タクシン政権　53, 65, 69, 70-72, 77, 100, 158, 166
ターゲットアプローチ　21, 64, 67, 75
単線的近代化論　15
地域総生産　39
中間層　14, 47-49, 71, 100, 218, 235, 255
中小企業（SMEs）　65, 72
貯蓄　158, 173, 266
貯蓄組合　100, 157, 166
直系家族　136-138, 140
賃借層　90, 128, 157, 159, 166, 257, 260
賃貸市場　46, 146, 148, 162
低所得者層　14, 46, 100, 124, 145, 148
低所得者用住宅　58, 65, 70, 144
低生産性部門　17, 32, 36, 61, 116, 118
ディーセント・ワーク　22
底辺への競争（Race to the Bottom）　267
デ・ソト　21
撤去　3, 26, 49, 59, 60, 64, 90, 95, 97, 151, 175
伝統部門　74
同居形態　133, 136-138, 142
同居世帯　97, 155, 157, 161, 166, 260
投資　144, 215
当事者　23
動態的　8, 13, 20, 24, 139, 149, 155, 162, 165, 183, 259, 268
東北地方　88, 95, 99, 235
都市　3, 13, 19, 140, 270
都市コミュニティ開発事務所（UCDO）　65, 67, 68, 70
都市の世紀　13
都市下層民　3, 8, 13, 14, 26, 31, 48, 124, 142, 148-149, 158, 174, 241, 246, 248, 255, 256, 270
都市化　9, 13, 46, 54, 78
都市拡大期　39, 45, 49, 125, 143, 229, 255
都市空間　29, 46, 150
都市雑業層　15, 35
都市人口　13, 39, 46, 60
都市定着層　40, 91, 149, 255

索　引　309

都市伝統部門　16
都市内再生産　39
都市貧困政策　39, 45, 58, 62-66, 69, 74, 76
都市貧困層　22, 32, 59, 61, 64, 66, 69, 76
都市問題　5, 60, 66
都心　4, 49
トダロ　16
トリクルダウン　20

[な 行]
内在的視点　8, 24
内職労働者　19, 34, 73, 108, 171, 214
二極化　18
二重構造論　16
ニーズ　45, 76, 86, 146, 149, 163, 174, 256
二分法　15, 17, 76, 248
ネオリベラリズム　21, 259
ネットワーク　70, 95, 270
農業従事者　33, 52, 54, 72, 252
農村　3, 15-17, 58, 64, 90, 128, 139, 230, 262
農村人口　13

[は 行]
バイクタクシー　54, 65, 72, 96, 107, 109, 118, 193, 244, 245, 268
排除　5, 60, 64
パースック　32, 53, 62
働いているのに貧しい人々（working poor）16, 261
パトロン・クライアント関係　3, 7, 17, 23
発展途上国　3, 13, 15, 33, 37, 56
バーン・ウアアートン　65, 70, 166 → 集合アパート
バンコク　3, 35, 37, 46
バンコク拡大首都圏　39, 47, 53, 54, 145
バンコク都庁　5, 51, 55, 65, 67, 94, 98
バーン・マンコン　65, 71, 166 → セルフヘルプ住宅
被雇用（者）　3, 34, 53, 107, 108, 114, 116, 157, 185, 261
被災世帯　97, 156, 158, 183, 185
非正規化　15, 18, 56, 76
非福祉サービス　66
日雇い　15, 71, 96, 107, 125, 189
貧困　16, 62, 63
貧困の文化　17
貧困削減政策　74-75, 249, 259
貧困層　7, 13, 59, 60, 64, 68, 74, 76, 248, 265

貧困問題　16, 59, 60, 62, 64, 70, 75, 76
不安定な居住形態　3
不安定性　9, 25, 66, 76, 113, 123, 183, 234, 241, 244, 248, 250, 256
フィールドワーク・調査　4, 9, 81
フォーマルセクター　15-16, 52, 59-60, 62, 66, 74, 76
フォーマル化　74, 77
フォーマル経済　18, 77
不確実性　3, 9
不完全就業　16, 59
復興過程　5, 86, 133, 155, 158, 165, 170, 176
複合家族　136-138, 140, 142, 226
福祉サービス　66
複層社会　5
プロセスとしての住居　146, 148, 266
分断　16, 53, 62, 66, 168, 246, 249
ベーシックニーズアプローチ　21
補償金　157, 196, 200

[ま 行]
マイクロクレジット　7, 23, 64, 73, 166, 180
未熟練労働者　3, 36, 56, 76, 108, 207, 211, 212, 233, 247
密集コミュニティ　47-49, 50, 81, 99, 173
密集化　49, 85, 170, 259
見舞金　156, 162
ミニマリストアプローチ　21, 64, 67
メガシティ　13
メッセンジャー　96, 107, 113, 117, 125, 194, 245
メーティー　59
モーゼ　25
持家層　91-92, 97, 144, 146, 157, 161, 166, 260

[や 行]
屋台・行商　96, 108, 118, 190, 212, 215, 230 → 露天商
輸出産業　35, 38
予算制約　84, 126, 146, 148, 244, 254, 265
余剰人口　69

[ら 行]
ライフコース　29-31, 208, 262, 266
　ライフコース分析　25, 29, 35, 84
リスク　5, 23, 29, 31, 33, 85, 114, 155, 207, 260, 269

310

——への遭遇　5, 25, 116, 155
　　——対応過程　3, 5, 25, 81, 113, 124, 207, 260, 262
　　——の重層性　26
リソース　5, 23, 28, 77, 184, 188, 198, 203, 212, 222, 228, 245, 252, 262, 268
累積的投資　146
レイオフ　5, 36, 81, 114, 211, 213, 230, 241, 254, 260
零細小企業　21
露天商　15, 53, 55, 57, 60, 64, 72, 133, 190
労働　8, 17, 21, 23, 25, 29, 63

労働時間　119, 120, 189, 191, 192, 228, 245, 254
労働市場　13, 25, 32, 35, 53, 56-57, 73, 124, 212, 233, 249, 255
労働者
　　サービス労働者　109, 125, 126
　　出稼ぎ労働者　90, 117, 235
労働集約的産業　3, 38, 62, 211
労働省　53, 65, 73
労働人口　52
労働力調査　33, 52, 109
ルイス　16

著者略歴

遠藤　環（えんどう　たまき）
埼玉大学経済学部専任講師
1975年　大阪府生まれ
1999年　京都大学法学部卒
2004年　京都大学大学院経済学研究科博士後期課程単位取得退学
　　　　日本学術振興会特別研究員（PD）（京都大学東南アジア研究所）
2007年　京都大学大学院経済学研究科より博士（経済学）取得
京都大学東南アジア研究所 GCOE 研究員（2007年）を経て，2008年より現職

都市を生きる人々 —— バンコク・都市下層民のリスク対応
（地域研究叢書22）　　　　　　　　　　　　© Tamaki ENDO 2011

平成23（2011）年2月25日　初版第一刷発行

著者　　遠　藤　　環
発行人　　檜　山　爲　次　郎

発行所　京都大学学術出版会
京都市左京区吉田近衛町69番地
京都大学吉田南構内（〒606-8315）
電　話（075）761-6182
ＦＡＸ（075）761-6190
Home page http://www.kyoto-up.or.jp
振　替　01000-8-64677

ISBN 978-4-87698-986-7　　　印刷・製本　㈱クイックス
Printed in Japan　　　　　　定価はカバーに表示してあります